权威·前沿·原创

皮书系列为
"十二五""十三五"国家重点图书出版规划项目

BLUE BOOK

智 库 成 果 出 版 与 传 播 平 台

水利风景区蓝皮书
BLUE BOOK OF WATER PARK

中国水利风景区发展报告（2021）

DEVELOPMENT REPORT OF WATER PARK IN CHINA (2021)

主　编 / 王清义　　曹淑敏

副主编 / 李灵军　李　虎　卢玫珺　董　青

社会科学文献出版社
SOCIAL SCIENCES ACADEMIC PRESS（CHINA）

图书在版编目（CIP）数据

中国水利风景区发展报告. 2021 / 王清义，曹淑敏
主编. -- 北京：社会科学文献出版社，2021. 10
（水利风景区蓝皮书）
ISBN 978 - 7 - 5201 - 9117 - 3

Ⅰ. ①中… Ⅱ. ①王… ②曹… Ⅲ. ①水利建设 - 风
景区 - 研究报告 - 中国 - 2021 Ⅳ. ①K928. 7

中国版本图书馆 CIP 数据核字（2021）第 200362 号

水利风景区蓝皮书
中国水利风景区发展报告（2021）

主　　编 / 王清义　曹淑敏
副 主 编 / 李灵军　李　虎　卢玫珺　董　青

出 版 人 / 王利民
责任编辑 / 张建中　黄金平
责任印制 / 王京美

出　　版 / 社会科学文献出版社·政法传媒分社（010）59367156
　　　　　　地址：北京市北三环中路甲 29 号院华龙大厦　邮编：100029
　　　　　　网址：www. ssap. com. cn
发　　行 / 市场营销中心（010）59367081　59367083
印　　装 / 三河市东方印刷有限公司

规　　格 / 开　本：787mm × 1092mm　1/16
　　　　　　印　张：18.5　字　数：278 千字
版　　次 / 2021 年 10 月第 1 版　2021 年 10 月第 1 次印刷
书　　号 / ISBN 978 - 7 - 5201 - 9117 - 3
定　　价 / 148.00 元

本书如有印装质量问题，请与读者服务中心（010 - 59367028）联系

《中国水利风景区发展报告（2021）》
编 委 会

前　言

　　《中国水利风景区发展报告（2021）》以习近平生态文明思想为指导，充分发挥高校优势和作用，在编写委员会的组织下，由科研院校专家学者为主体的第三方研究团队编制。《中国水利风景区发展报告》前六部的出版发行在社会公众中产生了积极广泛的影响，已经成为社会各界了解中国水利风景区建设与发展状况的重要载体，各级党委和政府开展决策的重要参考，行业管理者与业内人士开展工作的基础依据。2020年是全面建成小康社会目标实现之年，是全面打赢脱贫攻坚战和"十三五"规划收官之年。本书通过客观分析我国水利风景区发展态势，全面反映水利风景区发展成效，系统阐述水利风景区发展存在的问题，并从理论上开展创新探索分析，力求多角度、多层面、多方位总结2020年行业发展情况、反映发展特点、分析发展问题、抢抓发展机遇、预判发展挑战，提出对策建议，为水利风景区高质量发展提供理论支撑与实践探索。

　　《中国水利风景区发展报告（2021）》框架结构与《中国水利风景区发展报告（2020）》总体保持一致，编写工作历时约一年。为了能够客观反映和分析水利风景区发展状况，研究团队于2020年初成立了编写组、技术咨询组和编审组三个工作组，在大量的实地调研、资料收集、理论研讨的基础上，历经多次编撰修改、会审统审，得以成稿。每个环节，专家皆倾注心血、真诚奉献，王清义、曹淑敏、李虎、董青、汤勇生、卢玫珺、李灵军共同制定了书稿整体思路与框架结构，李虎、卢玫珺、董青、李灵军、张俊峰、柳青、韩鹏、宋海静、卢素英、吴亦宁做了统稿修改，总报告部分由卢

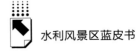

玫珺、李灵军、张俊峰、宋鑫、李虎、张宸铭、朱齐亮等共同完成编写，胡咏君、宋鑫、万金红、孔莉莉、刘林松、李世军、王晓峰、陈昌仁、汪升华、赵敏、杨颖刚、宋海静、卢素英、万云江、卢漫、赵西君、张文瑞、孙俪方、李亚娟、巫云飞等参加了本书其他部分的编写工作。

《中国水利风景区发展报告（2021）》是专家学者辛勤劳动和智慧的结晶，得到水利部领导及专家，相关基层党委、政府和水利风景区各级管理单位的关注、关心和帮助，得到河南、福建等省级水利风景区管理部门和江苏省淮安市三河闸水利风景区、甘肃省庆阳市庆阳湖水利风景区、浙江省湖州吴兴太湖溇港水利风景区等景区管理单位的支持与协助，社会科学文献出版社政法传媒分社王绯社长、张建中编辑为本书的出版给予指导，在此一并表示感谢。由于时间和调研等方面的局限，本书难免存在不足之处，我们将会在今后工作中改进和完善。

《中国水利风景区发展报告（2021）》编委会

2021年4月

摘　要

《中国水利风景区发展报告（2021）》由总报告、专题报告、典型省市域和景区发展报告以及附录四部分共 22 篇组成。

总报告分析了"十三五"时期特别是 2020 年中国水利风景区发展的基本情况、管理状况、发展特点及存在问题，总结了发展成效与基本经验，把握了发展机遇与挑战，展望了发展趋势，提出了对策建议。专题报告阐述了水利风景区高质量发展的内涵、思路、任务与举措，论述了新时代水利风景区规划编制思考，提出了乡村振兴战略背景下水利风景区发展思路，分析了黄河流域水利风景区水利遗产保护与传承利用实施途径，论述了江苏省大运河文化带建设视阈下水利风景区高质量发展的举措。

典型省市域和景区发展报告总结了河南省、福建省水利风景建设管理典型实践成效与经验，并提出发展对策与建议；分析了江苏省淮安市三河闸水利风景区、甘肃省庆阳市庆阳湖水利风景区和浙江省湖州吴兴太湖溇港水利风景区建设管理典型实践成效与经验。

关键词： 水利风景区　脱贫攻坚　融合发展

目　录 ⌐⟩❳▦▦

Ⅰ　总报告

Ⅱ　专题报告

Ⅲ　典型省市域和景区发展报告

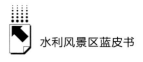
Ⅳ 附录

皮书数据库阅读**使用指南**

总 报 告

General Report

B . 1

2020年中国水利风景区
发展现状与展望

卢玫珺　李灵军　张俊峰　宋鑫　李虎　张宸铭　朱齐亮*

摘　要：　2020年是全面建成小康社会目标实现之年，是全面打赢脱贫
攻坚战和"十三五"规划收官之年。本报告聚焦2020年水利
风景区发展动态和"十三五"时期建设成就，全面分析了水
利风景区数量、结构、分布等基本情况，机构、制度、规划、
宣传等管理状况以及在创新驱动、融合发展和共建共享等方
面的发展特点，提出了水利风景区在管理体制、高质量发展
和文化挖掘等方面存在的不足，总结了水利风景区在生态、

* 卢玫珺，华北水利水电大学，教授，研究方向为人居环境设计；李灵军，水利部综合事业
局，高级工程师；张俊峰，博士，华北水利水电大学，副教授，研究方向为地理信息系统；
宋鑫，华北水利水电大学，讲师，研究方向为城乡规划设计；李虎，博士，华北水利水电大
学建筑学院院长，教授，研究方向为人居环境设计；张宸铭，博士，华北水利水电大学，讲
师，研究方向为城乡规划设计；朱齐亮，博士，华北水利水电大学建筑学院，讲师，研究方
向为计算机科学。

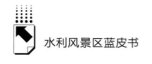
经济社会、文化和脱贫攻坚等方面的发展成效，凝练了水利风景区在融合发展、协调创新、强化监管、拓展平台和弘扬文化等方面取得的经验；紧扣国家宏观政策、行业及社会热点，分析了水利风景区发展面临的机遇与挑战，预判了水利风景区发展态势，提出了水利风景区高质量发展的对策和建议。

关键词： 水利风景区　融合发展　脱贫攻坚

一　发展现状

"十三五"期间，各级水行政主管部门围绕幸福河湖建设目标和机构改革精神，稳步推进各级各类水利风景区创建，明确水利风景区管理职能，完善制度建设，提升了水利风景区管理水平。2020年是"十三五"规划收官之年，各省（区、市）及流域机构依托水利设施、水域及其岸线，围绕黄河流域生态保护和高质量发展、大运河文化带、幸福河湖等，结合河湖长制工作，加快推进各项改革和建设工作落实、落细、落好，巩固了水利风景区发展成果。特别是在新冠肺炎疫情期间，各地水利风景区发挥自身优势，积极响应政府号召、认真履行社会责任，坚决打赢疫情防控阻击战，统筹抓好常态化疫情防控和经济社会发展，规范有序开展各项工作，面向医务工作者免费开放，扩大了社会影响力，赢得了广泛赞誉。

（一）基本情况

截至2020年，国家水利风景区总体规模已达878家，涵盖了31个省（区、市）。"十三五"时期国家级水利风景区数量规模稳步增长，类型结构逐步从以水库型为主向以多元发展为特征转变。

1. 数量规模

国家水利风景区自 2001 年开始创建，已批准 18 批。因国家机构改革和新冠肺炎疫情影响，2019 年和 2020 年未开展国家水利风景区设立工作，无新增国家水利风景区。"十三五"期间，全国新增 159 家国家水利景区，2020 年，河北、吉林、江苏、福建、江西、山东、河南、湖北、四川等省开展省级水利风景区评定，新增 35 家。国家水利风景区名录和 2020 年新增省级水利风景区分别见附录 B.12 和 B.13。

"十三五"期间各省（区、市）新增国家水利风景区分布见图 1。除北京、天津、上海无新增外，其余省份均有增加，其中江苏、四川新增数量最多，分别为 12 家和 11 家，占全国新增总量的 7.5% 和 6.9%；西藏、青海、新疆各新增 1 家。

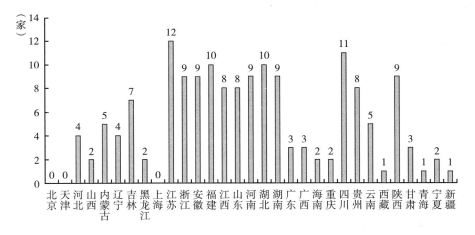

图 1 "十三五"期间各省（区、市）新增国家水利风景区分布

2. 类型结构

根据水利部印发的《水利风景区发展纲要》（水综合〔2005〕125 号），按照所依托的水利工程性质，水利风景区被划分为水库型、自然河湖型、城市河湖型、水土保持型、湿地型和灌区型六大类。"十三五"期间新增各类型国家水利风景区数量见表 1，从类型结构看，城市河湖型新增 54 家，占比 34.0%；自然河湖型新增 47 家，占比 29.6%；水库型新增 33 家，占比

20.7%；水土保持型新增 11 家，占比 6.9%；湿地型新增 9 家，占比 5.7%；灌区型新增 5 家，占比 3.1%。国家水利风景区类型结构逐步从水库型的"一枝独大"向水库型、城市河湖型、自然河湖型等多元发展转变。"十三五"期间各类型新增国家水利风景区的数量（分布）如图 2 所示。

表 1 "十三五"期间各类型新增国家水利风景区数量

单位：家

类型	每年新增的数量与占比				
	2016 年	2017 年	2018 年	总计	占比（%）
水库型	12	10	11	33	20.7
自然河湖型	18	16	13	47	29.6
城市河湖型	19	15	20	54	34.0
水土保持型	5	5	1	11	6.9
湿地型	4	5	0	9	5.7
灌区型	1	3	1	5	3.1
总计	59	54	46	159	100.0

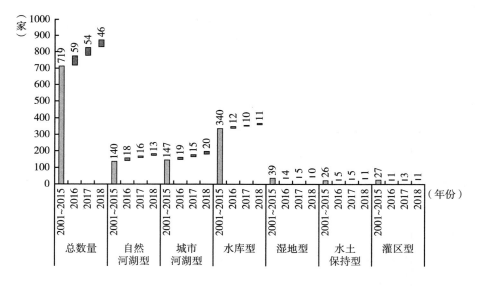

图 2 "十三五"期间各类型新增国家水利风景区的数量（分布）

3. 流域分布

我国的流域管理机构是长江、黄河、淮河、海河、珠江、松辽水利委员会和太湖流域管理局及其所属管理机构，各流域国家水利风景区数量分布见表2。长江流域分布289家国家水利风景区，黄河流域分布168家国家水利风景区，淮河流域分布140家国家水利风景区，海河流域分布65家国家水利风景区，珠江流域分布53家国家水利风景区，松辽流域分布85家国家水利风景区，太湖流域分布78家国家水利风景区。详见附录B.12国家水利风景区名录。

表2　各流域国家水利风景区数量分布（自制）

流域名称	数量（家）	占比（%）
长江	289	32.9
黄河	168	19.1
淮河	140	16.0
海河	65	7.4
珠江	53	6.0
松辽	85	9.7
太湖	78	8.9
总计	878	100.0

（二）管理状况

1.管理机构

"十三五"期间，国家机构改革进一步强化了水利风景区管理机构和职能，全国7个流域管理机构、29个省（自治区、直辖市）及新疆建设兵团水行政主管部门都继续保留了水利风景区工作机构。

2.制度建设

"十三五"期间，各地立足本地实际，因地制宜，加强对水利风景区的政策支持和引导，25个省（区、市）出台了50余项促进水利风景区建设与管理的政策法规。

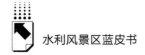
福建、江苏、河北等地出台了《福建省水利风景区管理办法》《江苏省生态河湖行动计划（2017—2020年)》《南京市生态保护补偿办法》等。其中2020年江苏省将水利风景区建设作为法律条文写入省人大《关于促进大运河文化带建设的决定》，河北省通过地方立法将水利风景区纳入《河北省河湖保护和治理条例》。

辽宁、吉林、山东、四川、浙江、河北、云南、广西等地将水利风景区工作列入河湖工作要点、美丽河湖建设等方案统筹推进。辽宁省自2017年起将水利风景区创建工作列为农田基本建设"大禹杯"竞赛考核评价体系加分项；吉林省自2018年起出台河湖长制考核细则，将水利风景区列入河湖长制考核；2020年江苏省把水利风景区作为水文化重要载体列为河湖长制工作考核评价内容；四川省将水利风景区、河湖公园建设纳入全省河长制湖长制工作年度考核指标和天府旅游名县创建加分指标；福建省把水利风景区纳入河湖治理和监管体系，借助各级河湖长力量推行分级管理，发挥各职能部门优势开展群防共治，充分调动民间力量参与保护管理，并将水利风景区纳入水生态文明城市建设、河湖长制等考核内容；山东省在《省级美丽示范河湖评定标准及评分细则（试行)》中将水利风景区作为加分项。

广西、四川、贵州、陕西等地积极探索融合创新发展模式。广西壮族自治区发布了《关于促进乡村旅游高质量发展的若干措施》，四川省印发了《关于大力发展文旅经济　加快建设文化强省旅游强省的意见》，贵州省印发了《贵州省加快生态旅游发展实施意见》，陕西省出台了《关于推进旅游与水利融合发展的实施意见》，等等，提出推动水利与旅游融合发展，支持发展水利旅游、水利风景区相关工作要求，推进水利风景区建设不断提档升级。

福建、四川、江苏、贵州等地加强地方标准建设，分别出台了《福建省水利风景区评价标准》《四川省河湖公园评价规范》《江苏省水利风景区评价规范》等标准，特别是2020年，贵州省启动《水利水电工程系列定额与计价管理规定》（2011版）修订工作，将水生态、水环境、水科普、水文化等元素项目纳入水利水电工程系列定额，力求推进水利风景区与水利工程同步规划、同步建设。"十三五"期间各地水利风景区相关政策法规见附录 B.22。

3. 规划工作

"十三五"期间,水利部印发《全国水利风景区建设发展规划(2017—2025 年)》,31 个省(区、市)和新疆生产建设兵团均编制了本地区水利风景区发展规划,已初步建立全国发展规划体系;同时通过编制一系列与水利风景区相关的专项规划进一步强化规划引领作用。水利风景区工作已被纳入"十四五"水利科技创新规划和"十四五"水文化规划。江苏、山西等 16 个省(自治区、直辖市)编制的"十四五"水利规划中,或明确了水利风景区专项规划相关内容,或将水利风景区建设管理纳入其中,如江苏省编制了《江苏水利文化和水利风景区建设发展规划意见》,明确新时期建设发展目标和任务,并将其纳入全省水利"十四五"规划进行同步实施;湖北省将水利风景区创建工作纳入《湖北省"十四五"水安全保障规划》。贵州、四川、江苏等地已将水利风景区建设任务分别纳入《四川省水利风景区(河湖公园)建设发展规划(2016—2025 年)》《贵州省水利 + 旅游融合发展规划》《江苏省大运河河道水系治理管护专项规划》等相关水利专项规划或行业部门规划,为推动水利风景区高质量发展提供引领。

4. 宣传主题

"十三五"期间,全国 20 余省(区、市)采用实体刊物、网络文章、视频、线上线下学术会议及专题展览等多种形式开展了水利风景区宣传推介活动,积极推进水科普及水文化教育,提升水利风景区品牌影响力、社会知名度和群众满意度。如江苏省水利厅联合省委宣传部开展"最美水地标"评选、"寻找大运河江苏记忆"、河长制 LOGO 征集大赛等多项大型宣传活动,不仅充分展现了江苏省水利风景区的风采魅力,也提高了水利风景区的社会认知度和关注度。2020 年,江苏省发起"河湖故事大家讲活动",利用新媒体平台和高校载体,线上线下同步推进,13 个地市、62 条河湖首次集中展示河湖文化。自 2017 年起湖北省每年发布湖北省水利风景区蓝皮书,摸清景区发展态势,分析湖北省水利风景区建设的经验与成果,在景区创建发展和宣传推介中切实发挥重要作用;开展"寻找湖北最美水利风景区"

评选活动、制作"水润荆楚·幸福河湖——走进水利风景区"视频宣传片并投放到各大媒体；15 家水利风景区获得湖北省"幸福河湖示范"殊荣。四川、广西、浙江、贵州等地通过典型水利风景区建设发展，讲好河湖故事，展现了水利在脱贫攻坚、治水兴水和建设美丽中国工作中的辉煌成就，塑造了水利风景区的品牌形象。四川省坚持每年推出一次水利风景区大型主题活动，成功举办"水秀蜀乡——寻找最美人工湖""驻川桂全国人大代表四川行""全国河湖公园建设（西昌）论坛""全国水文化、水生态、水休闲博览会""四川水利风景区、河湖公园 LOGO 征集大赛"等宣传活动；高质量编制四川省水利风景区、河湖公园形象宣传片，出版了《水润天府自在四川——四川水利风景区集锦》，宣传推介四川水利风景区的自然生态之美、多彩人文之韵。

2020 年 3 月，水利部发起"向劳动者致敬、向抗疫英雄致敬，畅游水利风景区，打卡美丽幸福河"的倡议，全国 400 余家国家水利风景区积极响应，主动承担社会责任，免费接待抗疫工作者及其家属共 688.37 万人，大幅提升水利风景区的社会服务功能，赢得社会认可和群众点赞。湖北省 72 家水利风景区在全省疫情全面控制以后，向全国游客免费开放；四川省开展"向抗疫英雄致敬！畅游水利风景区！打卡美丽幸福河！"活动，117 家水利风景区向全国抗疫工作者免费开放；江苏省开展致敬"最美逆行者"活动，157 家水利风景区对全国医务工作者免费开放；福建省开展"致敬最美逆行者，福建水利风景区在行动"活动，36 家水利风景区以免门票和其他优惠方式表达对医务工作者的敬意；江西省开展"战疫情，迎春天"活动，90 家水利风景区向全国医务工作者免收门票，部分景区还推出了随行免票和住宿、餐饮优惠活动；长江委属各水利风景区积极参与"与爱同行 惠游湖北"活动，并接待多批次援鄂医疗队员参观。

5. 人才培训

"十三五"期间，水利部不断完善水利风景区培训课程体系、强化师资力量，针对水利风景区建设管理、水利风景区规划设计、水生态文明、水科普文化、水利遗产保护与利用、智慧景区建设等内容，共举办全国水利风景区培训班 18 期，设置培训课程 137 门，培训学员 1727 人次，覆盖水利风景区管理机构和部门人员、规划设计技术人员等各个层次。为进一步拓宽培训渠道，增加业务学习受众面，水利部帮助 20 余省份开展本地区水利风景区培训，连续多年在全国县级水利局长培训班上开设水利风景区课程，在水利教育培训网开设水利风景区网络课程，为水利干部和职工学习了解水利风景区相关知识提供新途径。浙江省成立了浙江水利学会水利风景区专委会，福建省成立了水利风景区协会，充分发挥学会、协会的平台优势，推动行业发展。

2020 年，水利部及各地围绕水利风景区高质量发展和建设幸福河湖，开展水利风景区各类型人才培训工作。水利部在广西南宁和江西南昌举办两期水利风景区建设管理培训班，联合文化和旅游部举办以讲好"黄河故事"为主题的线上培训。黑龙江、江苏、浙江、江西、河南、湖北、湖南、贵州、陕西、甘肃等地均举办培训班，特别是黑龙江省开展网络培训，贵州省以"依靠政策，依托工程，发展水利风景区"为主题开展线上培训。华北水利水电大学承办中国水利学会年会水利风景区分会，采用"线上线下"的形式，近 500 人参与交流研讨。

（三）发展特点

1. 创新驱动

各地积极探索资源共享、优势互补的实践创新模式，采取国家水利风景区联盟、文旅发展联盟等方式，统筹推进水利风景区协调发展，为服务经济社会发展提供新的实践模式。湖北省成立"水利风景区联盟"，立足"平台共建、优势互补、价值共享"理念，整合全省水利风景资源，逐步深化调研、投资、共享等方面的合作，以实现互利共赢；同时，水利风景区携手水情教育基地、水土保持示范园、节水示范基地、水法制宣传教育基地等共同建设，联合打造。2020 年内蒙古自治区组建二黄河、黄河三盛公、乌加河国家水利风景区联盟，推出菜单式精品旅游线路，深度融合黄河文化旅游带，推进河套灌区绿色生态全域景区建设，开展科普文化读物、文创产品的开发合作，实现水利科普和水利文化资源共享、优势互补。2020 年四川省成立"大灌区"文旅发展联盟，推出以"水利文化体验旅游"为引领的 7 条精品旅游线路。其中，在都江堰和东风堰灌区的水利工程设施基础上，将水利与农耕文化作为景区文化核心，灌区范围内自然山水、田园林盘、精品景区、特色城镇、美丽乡村、民俗风情等自然、社会资源作为景区基础支撑，联手发展观光、休闲、旅游、康养、度假、文创等综合旅游的新业态。

各地积极探索产业转型发展的实践创新模式，以水利风景区为纽带，促进产业发展、实现多方共赢。浙江省衢州市将信安湖作为纽带，整合周边产业资源，依靠水系岸线的延伸构建具有区域特色的产业带，为区域营造优美的水系环境，为地区吸引绿色产业的落地，为百姓致富带来新路径；依托独特的历史文化、山水文化资源，以发展"文化旅游＋历史、运动、科技、生态、康养"等多种新业态为目标，增加产业储备，形成附加值高、成长性好的文化旅游融合现代产业体系。浙江省丽水市围绕瓯江水环境综合整治，做足水文章，做好水旅游，依托山水乡愁景观，立足周边产业基础，重点发展文化、养老服务、旅游服务等产业，形成融生态养生、文化创意、乡村旅游、运动健身为一体的生态文化旅游景区；通过绿道串联多个景点，对接周边旅游景区和开发板块，创建水利风景区，实现全流域产业转型发展。

水利部及各地主动探索水利遗产保护与利用、文化科普建设的实践创新模式，以点带面，示范引领，培育了湖州吴兴太湖溇港、淮安市水利枢纽、宿州新汴河等水文化科普示范基地建设试点。围绕"泽灌千年，古韵溇港"主题，湖州吴兴太湖溇港水利风景区将数字文化与文旅发展结合，推出溇港智慧游、VR 游、文化产品线上销售等新模式；制作科普手册，讲述溇港水利功能原理和历史故事，以溇港文化展示馆为依托，制定科普及水情教育课程。淮安市水利枢纽水利风景区把大运河、漕运、淮河变迁等历史文化因子融入景区文化建设；建设安澜展示馆、水泵文化广场和闸门文化广场、微缩淮河等；制作水利工程平面图和立面图、历次加固改造水系图等科普标牌。

2. 融合发展

"十三五"期间，福建、浙江、江苏、四川等地树立"大水利""大景区"的发展理念，打破行业界限，将水利风景区建设发展融入地方经济社会发展全局，使水利风景区规划融入水利发展规划，并与国土、文旅、林业等其他行业发展规划相衔接，以整合水利、林业、农业农村、生态环境、文旅等部门资源，抓好项目资金，统一规划、上下联动、条块结合，形成水利风景区建设的强大合力。如福建省永春县按照"生态优先、系统治理，立足水利、多规融合"基本原则，统筹考虑流域综合治理、乡村振兴与城乡一体化推进，水利风景区与文旅、农业、科技、体育等产业不断融合，形成生态旅游、绿色农业、文化科普、康养休闲等业态聚集。

3. 共建共享

本着"平台共建、价值共享"理念，整合资源，实现多方共赢，创建联动、合力发展的平台。山东省人民政府启动的全省十大文化旅游目的地品牌建设中，每一个品牌建设规划中都包含水利风景区。

水利风景区与文旅、农业、自然资源等多部门创建立体化联动发展平台，使其成为国家4A级以上旅游景区、全国全域旅游示范区、世界灌溉工程遗产等品牌共建共享的重要载体。已建成的878家国家水利风景区中被纳入国家4A级以上旅游景区的有236家；168个全国全域旅游示范区中75个建有数量不等的国家水利风景区；24个世界灌溉工程遗产中有12家国家水利风景区。具体见附录B.14～B.16。

水利风景区与水利行业的水土保持科技示范园、全国水生态文明城市试点、国家水情教育基地、水工程与水文化有机融合案例、示范河湖等合力创建共建共享平台。其中，133个水利部水土保持科技示范园区中有22家国家水利风景区；99个全国水生态文明建设试点城市有82个城市均建有数量不等的国家水利风景区；63个国家水情教育基地中有27家国家水利风景区；22个水工程与水文化有机融合案例中有15家国家水利风景区；17个示范河湖中有8家国家水利风景区。具体见附录B.17～B.21。

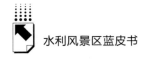

（四）存在问题

"十三五"期间，各地水利风景区仍然存在发展质量不高、政策制度有待加强、规划引领不够充分、文化特色不够鲜明、文化产品品质不够高的问题。

二　发展成效

水利风景区已成为水利部门发挥水利工程综合效益、拓展社会综合服务功能的重要载体。近年来，因各级党委、政府高度重视，以及广大水利工作者辛勤建设，水利风景区建设与管理工作取得了显著成效，规模不断扩大、投入有序增加、管理逐步加强、服务持续提高、效益稳步增长、影响日益增大，发展已进入稳步提高的新阶段。近20年的国家水利风景区创建工作中，水利风景区建设工作已经逐步融入地方经济社会发展，为生态、文化建设贡献了力量，为人民群众提供了优质的水生态产品，助力脱贫攻坚，提高了水利行业的社会认可度。

（一）促进生态建设，提供水利生态产品

"十三五"时期，生态文明建设被提升到前所未有的战略高度，习近平总书记多次强调"绿水青山就是金山银山""生态兴则文明兴，生态衰则文明衰"。水利风景区以生态环境容量和资源承载力为底线约束，以"生态优先、绿色发展"为原则，统筹山水林田湖草沙系统治理，节约集约利用水域、岸线和水利设施，营造优美的水生态，改善人居环境，为人们提供优质的生态产品。

水利风景区建设拓展水利设施生态功能，促进河湖生态治理水平提高。水利工程设施从传统意义上看，是对河流的改造和控制，目的是满足防洪和水资源利用等多种需求；生态水利是人类文明发展到生态文明时代的水资源利用方式，其主旨为尊重和维护生态环境，开发水利、发展经济，服务人类

社会。水利风景区围绕"涵养水源，修复生态"，突出水生态保护，严格水污染防治，水土流失治理率不断提高，水源涵养能力日益提升，水质不断优化，水生态修复成效显著。

"十三五"期间，新增的159家国家水利风景区均实现污水达标后排放，50%上的水利风景区水质得到提升，且提升幅度均为1~2个等级，水质达到Ⅱ类及以上标准的景区占56%，空气质量达到一级标准的景区占60%。通过水利风景区建设，福建省水利风景区河（库）水质达Ⅲ类及以上标准，其中，超过1/3的景区水质达Ⅱ类及以上标准，区域生态优势明显。四川省77%的水利风景区水生态环境较批准前好转，23%的水利风景区水生态环境维持稳定，构建"长江上游生态屏障"、建设"美丽四川"已成为水利风景区建设的题中应有之义。

浙江省浦阳县结合"五水共治"和浦阳江生态治理工程，全面落实"河长制"和水利工程标准化管理制度，通过创建金华浦阳江水利风景区，浦阳江出境断面水质从整治前的连续8年劣Ⅴ类稳定提升至地表水Ⅲ类及以上，流域内包括池塘、沟渠在内的所有Ⅳ类以下水质的小微水体全部被消灭，基本实现了全域水质Ⅲ类及以上标准。

中卫市沙坡头水利风景区为水库型水利风景区，其依托黄河沙坡头水利枢纽工程，实现了传统水利向生态水利的转变，改善了当地生产条件和生态环境。其中，水土流失治理度93.3%，植被恢复系数98%，林草覆盖率40%，较好地发挥了保护水土资源的作用，明显改善了周边生态环境。

吴江区太湖浦江源水利风景区，2020年景区内11条河道疏浚任务完成进度为75%，4条黑臭河道整治任务完成进度为80%，4225亩池塘标准化改造建设接近尾声，促进了河湖水源涵养能力提升和水质不断优化。

水利风景区依托水利工程所在的水体及周边风景资源和环境条件建设而成，生态良好、环境优美的物质空间条件满足了人民群众的社会需要。"十三五"期间，60余家国家水利风景区年均游客量超过50万人次，湖州吴兴太湖溇港、宜昌高岚河、西昌邛海等一大批国家水利风景区为当地人民群众提供了集休闲娱乐、运动健身、旅游观赏、科普教育、文化活动等为一体的

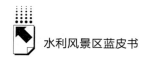
清新灵秀的场所空间，大幅度提升了群众的生活幸福感和获得感。

湖州吴兴太湖溇港水利风景区是依托"世界灌溉工程遗产——太湖溇港"而建的灌区型水利风景区。湖州市吴兴区充分发挥水利风景区的独特作用，吸引一大批社会资本投入景区，先后实施了生态环境整治、美丽乡村建设、小城镇建设、国家级旅游景区创建以及杨溇水产产业园、现代高效渔业生态养殖、田园物联网农业建设等 10 大类建设项目，进一步丰富了水利风景区内涵，提升了水利风景区知名度，带动了乡村旅游的发展。

（二）推动经济振兴，赋予水利发展动能

水利风景区提供科普文化教育、休闲游憩的场所，为群众提供多样化、高品质的文化和旅游产品，满足人们不断增长的消费需求。水利风景区涉及面广、产业关联性和带动性强，水利风景区建设可积极对接地方全域旅游发展，进一步延长产业链，有效整合产业要素，促进机制整合、产业融合、人才聚合，以提高资源配置效率，活跃地方经济，改善就业状况、推进城镇化建设。

据不完全统计，2020 年国家水利风景区全年接待游客共 7.8 亿人次，所得经营性收入 301.85 亿元，提供就业岗位 53.6 万个。2019 年福建省水利风景区接待游客 3900 万人次，创造旅游产值 135 亿元，其中经营性收入 7.4 亿元；2020 年受疫情影响，效益有所下降，但接待游客量仍达到 2800 万人次，经营性收入 4.5 亿元。

"十三五"期间，陕西省水利风景区年均接待游客 2069 万人次，实现年门票收入 7159.96 万元，旅游经营年收入 18024.27 万元。四川省水利风景区年均接待游客量 2270 万人次，水利旅游综合性收入 53.9 亿元，提供就业岗位 6.95 万个。

水利风景区也助推了城市转型发展。水利风景区作为人水和谐环境建设的典范，为实现人水和谐提供切入要点，为营建良好的城市滨水休闲空间提供场所。水利风景区建设使得城市环境得到美化，城市品位得到提高。水利

风景区的创建，有利于改善周边环境，提升周边土地价值，带动相关产业发展，推动周边区域经济发展，提升城市居民就业率和经济收入以及城市居民的幸福指数，有利于促进城市转型发展。

湖南省长沙市结合水生态文明试点城市建设，依托"一江、六河、八湖、十三洲岛"的自然环境，打造了"麓山为屏、湘江为带、六河绕城、碧水连洲"的城市山水生态新格局，建成8家省级及以上水利风景区，其中5家为国家水利风景区，这些风景区都成为生态旅游的热门景点、水利形象的展示窗口。将湘江两岸、浏阳河两岸打造成城市特色景观区，将湘江洲岛建设成城市中央生态公园带，以湘江为轴，打造了各具特色的水景观廊道、水文化主题公园、洲岛景区等，建成沿江、沿河风光带200多公里、市民亲水休闲场所100余处，创造了一系列主题性、特色性滨水文化活动，丰富了城市观光与滨水休闲体验；湘江风光带每天至少10万人次出入，成为长沙最大的"市民公园"。

邢台七里河水利风景区把生态文明建设作为推动邢台市高质量发展的核心内容。一是积极践行生态治理理念，补足截污治污、防洪排涝等设施短板，极大改善整体水环境，大大提升城市行洪能力，为构建城市生态体系、打造邢台市环城水系奠定坚实的基础；二是有力推进滩地游园绿化建设工作，通过治理，使区域生态环境得到了改善，恢复了七里河最具原始风貌的河流生态系统，有效促进了水资源保护和旅游等功能的提升，同时吸引了10余家优秀企业入驻开发，形成了水林花草与城市发展空间的无缝对接；三是完善城市配套设施，逐步完善公园、游乐园、小学、体育场等配套设施，以休闲旅游观光、高品质居住为主导的滨水型、生态型、复合型城市板块逐渐由蓝图变为现实，对区域发展起到强有力的促进作用，增强了该区域在城市发展中的竞争力。

（三）增强文化自信，扩大水利宣传平台

水利风景区已成为展示水文化和弘扬水利精神的重要平台。在景区建设与管理中，展示水文化、普及水知识，既是文化进步的客观要求，也是

文化发展、建设文化强国的客观需要。水利风景区以水利工程为依托，现已成为水利工程设施、技术和历史等水文化集中展示的重要载体。水利风景区不仅可使人们陶冶情操，还可进一步发掘并展示我国悠久的治水历史和水利科学知识，传播当代水利事业的巨大成就和水文化的深刻内涵，以此达到使广大群众增强对水利的认识与热爱，并向社会宣传水利事业的目的。

水利风景区是水利科普教育的主阵地。水利风景区是开展水利宣传教育、社会教育，提升人民文化素养的重要途径。2020 年，习近平总书记在江都水利枢纽考察时指出，要积极开展国情和水情教育，引导干部群众特别是青少年增强节约水资源、保护水生态的思想意识和行动自觉，加快推动生产生活方式绿色转型。

全国半数以上水利风景区建有水文化展示、科普场馆，200 余家景区配置科普解说系统，推出了一批具有水文化传承、地方文化展示、红色文物展览、科普宣教等特色的文化产品，截至 2020 年底累计向 4 亿人次开展了水情教育、研学游等水文化科普活动。大运河江苏段沿线已建成省级及以上水利风景区 99 家（其中国家级 21 家），成为大运河文化带的标志性工程，成为保护、传承、弘扬水文化的主要阵地。

陆水水库水利风景区作为水利科普教育基地、大中专院校学生实习和中小学生研学基地，"十三五"期间共接待高等院校实训和中小学研学师生近 6 万人次。丹江口大坝水利风景区工程展览馆近 3 年共接待 5 万余名中小学生开展研学活动；黄河委属 22 家国家水利风景区中，有 9 家已经建成水文化科普设施展馆和展室，有 11 家具备室外水文化展示栏、科普解说系统；吴江区太湖浦江源水利风景区通过搭建流域河长制湖长制交流平台，开展知识竞赛、大学生暑期社会实践、公益服务等丰富的活动，组织媒体深入宣传报道，提升了水利风景区的社会影响力。

福建省以水文化为引领，深入挖掘景区特色亮点，打造水景观、写好水文章、讲好水故事，2020 年该省投入 1.14 亿元，在 55 家景区打造了一批具有当地特色的人文景观、宣教基地和主题公园。长汀水土保持科教园水利风景区建设水土保持科教楼，设有陈列馆，并通过多媒体图文展示、视听资料，系统展示了长汀县"荒山—绿洲—家园"的治理发展历程，并开展技术培训，成为普及水土保持知识和研究南方水土流失治理的重要平台和传播"长汀经验"的重要载体，景区已成为群众体验生态的活动区和特色旅游目的地。2018年，莆田市木兰陂水利风景区建设的木兰溪防洪工程奠基点被中共福建省委党校、福建行政学院设为异地教学科研基地，和木兰陂习近平同志治水理念参观点一起，成为人们全面了解木兰溪治理艰辛历程和劳动者精神的重要窗口，也成为各企事业单位开展主题党日活动的首要阵地。景区2019年接待409批9688人次参观，2020年尽管受疫情影响，仍接待89批2000多人次参观。

山东省沂河刘家道口枢纽水利风景区建设了水文化长廊、凉亭和历史陈列区，将水的元素充分融入景区建设，充分发挥景区优势，开展水科普文化建设。江苏省骆马湖嶂山水利风景区面向公众开展水利工程教育活动，借助"世界水日、中国水周"等，结合水法宣传等活动，定期开展"公众开放日"，积极推进水利工作的社会化、群众化；每年对河海大学、扬州大学的实习学生做专题技术报告，深化他们对理论知识的理解；定期对宿迁市中小学生开展含有骆马湖嶂山闸等水元素的科普公开课等活动。

甘肃省景电水利风景区筹划建设具有综合收藏、展陈、科普、宣传、教育、研究、交流和休闲等多种功能的景电水利博物馆，目前已收集各类展品1500多件；甘肃省高台县大湖湾水利风景区打造水文化旅游品牌，到2019年连续承办了14届"端午游湖""龙舟赛"等具有较大影响力的旅游节会活动，尤其是2018年度"龙舟赛"被央视媒体直播，网络播放总点击量突破百万，提升了水利风景区品牌的知名度和影响力。

（四）助力脱贫攻坚，拓展水利发展路径

在乡村振兴和脱贫攻坚工作中水利风景区具有独特的自然资源禀赋优势，大力发展水利风景区可作为扶持贫困地区加快特色产业发展、助力脱贫攻坚的重要途径。其中水库型、自然河湖型、灌区型、水土保持型等类型水

利风景区成为旅游扶贫的重点领域，为其所在地区经济社会发展带来了新动力。水利风景区通过对休闲农业、乡村民宿和休闲康养的整合与开发，加大对贫困村、贫困户发展特色农产品及其加工业的鼓励与支持力度，协助拓宽贫困户就业增收渠道。

"十三五"期间，陕西省围绕脱贫攻坚工作，积极在全省水利风景区中培育扶贫帮困示范景区，完善景区配套服务设施。该省66处水利风景区共安置当地农户528户，临聘群众3097人，被安置的当地农户年均收入达到3.8万元以上。四川省水利风景区带动就业人数达10万人；福建省水利风景区带动就业人数有3.5万人。

湖北省兴山县把水利风景区建设作为打通"绿水青山"向"金山银山"转化的主要通道。把水生态治理作为水利风景区的基础性投资，建成了生态堰27座、生态梯级水面32万平方米、景点码头6个，建设10多处自然水景观，通过结合生态治理与修复"十大工程"的一系列建设，为水利风景区建设打下坚实基础。先将三峡香溪河全流域国家水利风景区打造作为抓手，再以中国500强企业兴发集团为实施主体，最后实行整县推进。兴发集团累计投入6.5亿元用于开展水利风景区建设，重点集中于高岚河、古夫河、南阳河等河流的主要河段，现已建成宜昌高岚河国家水利风景区1个、省级水利风景区2个。该县水利风景区累计接待游客达334万余人次，综合收入达23.3亿元，已承担起了全县经济转型发展的主引擎。由于水利风景区的建设和带动，湖北省兴山县随之建成国家美丽乡村1个以及省级美丽乡村6个，建成农家乐320家，提供就业岗位3359个，更是成功促进了库区和景区周边5600多名贫困户脱贫致富，13个建档立卡贫困村实现了脱贫。

福建省宁德市秉持"绿水青山就是金山银山"的发展理念，通过中小河流治理、生态水系建设、水资源保护、水土流失综合治理等水利工程，已建成7个国家水利风景区和10个省级水利风景区；充分发挥了山水景观与生态资源的优势，同时也发展特色水利旅游，吸引城市居民旅游消费，如宁德洋中水利风景区年均接待旅游人数20万人次，宁德霍童水利风景区年均接待旅游人数35万人次。水利风景区建设促进了贫困地区经济发展，提升了贫困地区收入水平，为贫困地区创造了大量就业机会。

安徽省六安市金寨县是全国首批国家级贫困县，也是水利部定点扶贫对口支援单位。水利部批准印发了《金寨县"十三五"水利精准扶贫实施方案（2016—2020）》，水利风景区建设是该水利精准扶贫实施方案重要建设项目之一。通过原有的水库、峡谷、中小河流等水利工程，安徽省新建了一批以燕子河大峡谷为首的水利风景区，促进了金寨县旅游业发展，带动了周边贫困地区乃至周边城市的经济发展。金寨燕子河大峡谷水利风景区2016年获批国家水利风景区，让周边贫困地区群众真正享受到了水利发展带来的红利。

三　基本经验

集"工程、资源、生态、文化"等诸多功能于一体的水利风景区，在我国现代化国家建设中，发挥着越来越重要的作用。随着管理机构、职能的逐步落实，2020年国家水利风景区在美丽河湖建设、河湖水域岸线综合利用等方面积极探索，勇于创新，建设管理水平不断提升。

（一）融合发展，激发内生动力

1. 主动融入国家重大战略，构筑水利风景区高质量发展新优势

我国水利风景区广泛分布于全国主要江河流域，依托良好的资源优势和水生态环境，其对支撑区域经济高质量发展和国家战略的实施具有突出作用。在国家推动实施"一带一路"倡议、西部大开发、长江经济带发展、黄河流域生态保护和高质量发展、大运河文化带建设、京津冀协同发展、长三角一体化发展、粤港澳大湾区建设等国际合作、国家战略、区域发展战略过程中，水利风景区有着独特的功能价值，蕴藏着巨大发展潜力。

浙江省丽水市着力瓯江干流青田水利枢纽等梯级水库建设，梯级水库库库相连，极大改善了航运条件。同时建设浙西南大中型水库群，建立梯级枢

纽生态航运调度系统，提升和保障瓯江干流航运能力，从而打通丽水的出海口，响应国家"一带一路"倡议和"海上丝绸之路"倡议，开启对接海洋经济的新时代。通过瓯江治理二期、龙泉溪治理二期工程等河道整治工程，建立瓯江绿色生态发展走廊，追根溯源重塑"海上丝绸之路"，形成沿江绿色产业带。

江苏省扬州运河三湾风景区，以运河三湾及周边湿地风光为依托，配置人文景观及休闲设施形成大型生态人文景区。景区内三道水湾是水工遗存，2014年前，三湾片区杂草丛生、厂房林立、环境杂乱，河道水质较差，通过综合整治，2016年其被评为扬州古运河国家水利风景区。景区严格遵守大运河文化带建设的各项要求，并努力在各处建设中做到对水利风景区水利遗产的保护与利用，积极弘扬水文化，展现新时代水利精神。2019年，运河三湾风景区获"最美运河地标"称号；2020年，中国大运河博物馆落户景区。

2. 主动融入地方经济社会发展，增强水利风景区高质量发展新动能

水利风景区建设主动适应地方经济社会发展要求，主动对接地方经济社会发展项目，与其他部门资源共享，推动项目落地。各水利风景区加快建设步伐，树立全局观念，在当前经济社会发展大环境中，积极探索发展机遇。

江苏省淮安市三河闸水利风景区以保护和开发好水利风景资源为目标，在坚持"洪泽湖大堤防洪功能不改变、工程管理职能不削弱，大堤的管理主体地位、工程属性、土地性质不能变"基本原则的基础上，在强调要尽量减少人为活动对水利工程设施干扰和对水利工程安全影响的前提下，景区管理处协同地方政府合力对水利风景资源进行开发，实现互利共赢。管理处与蒋坝镇政府、洪泽区古堰管理委员会通力合作，主动沟通，建立联系人工作制度。2015年，管理处配合古堰管理委员会将洪泽湖古堰申报国家4A级旅游景区并成功获批，逐步将其融入当地的旅游经济发展大局。

近年来，淮安市三河闸水利风景区发展态势迅猛，游览人数及旅游创收不断突破新高。根据统计数据，仅2019年一年中，三河闸景区所接待游客

总量达 10 万余人次，洪泽湖古堰景区接待游客更是高达 100 万余人次。水利风景区的建设与运营极大地拉动了当地周边地区餐饮、住宿、购物、娱乐及交通等产业的发展。周边居民的收入水平从风景区创建前 5000 元/年提高到 50000 元/年。此外，三河闸水利风景区建设还带动了周边地区房地产价值的提升，有效拉动了地方经济发展。

3. 主动配合水利行业各部门政策，落实水利风景区高质量发展新要求

建设水利风景区不仅是水利部门履行水利设施、水域及其岸线综合利用职责的重要举措，更是维护河湖健康美丽、深化河湖管理工作的重要抓手。水利风景区是河湖建设的重要示范，为推动河长制、湖长制从"有名"全面转向"有实"，持续改善河湖面貌，水利部开展示范河湖建设，形成治水效果明显、管护机制完善、可复制可推广的典型案例。水利风景区建设与管理水平可以作为衡量河湖长制建设成效。

福建省把水利风景区纳入河湖治理和监管体系，借助各级河湖长力量推行分级管理，发挥各职能部门优势开展群防共治，充分调动民间力量参与保护管理，依托全省 1 万多名河道管理员，加强对景区的日常巡查；借助各级河湖长制管理信息系统，加大对景区河湖"四乱"监控。同时，将水利风景区建设管理工作，纳入水生态文明城市建设、河湖长制等考核内容。四川省为调动地方推动水利风景区、河湖公园提质增效的积极性，提高景区生态保护和建设管理水平，将水利风景区、河湖公园建设纳入了全省河长制湖长制工作年度考核指标和天府旅游名县创建加分指标，通过顶层设计，使地方积极建立健全政府统筹、部门协作、社会参与的工作机制，以实现水利风景区生态效益、社会效益和经济效益有机统一。

（二）协同创新，提升发展活力

1. 行业协同凝聚景区发展合力

水利风景区建设涉及社会各界，各水利风景区大力实施跨行业发展，协调文旅、康养、体育等多部门，共同推动景区建设，实现优势互补、资源共享，从而形成了独特的发展路径。

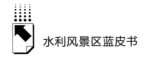
浙江省衢州市信安湖水利风景区协调文化产业，以文化凝心聚力，凝聚起治水管水的强大力量。弘扬新时代水利行业精神，努力讲好信安湖故事，以多种形式广泛宣传白居易、谢高华等历史与当代"最美水利人"的感人事迹和崇高精神，传递管水治水正能量。加强水文化传播载体建设，融合美丽乡村建设、地域文化特色创建等。复建浮石古埠，建成水利党建文化展示厅。发掘信安湖诗歌文化，出版信安湖诗选集，建设信安湖碑廊等河湖文化宣传窗口，打造沿岸百姓的精神文化纽带。高度重视水生态文明建设，将河道建设与生态、景观、休闲相结合；注重水利精神文明塑造，提炼相关治水精神；着重水文化建设，致力打造"诗画信安湖""幸福信安湖"。

同时，浙江省衢州市信安湖水利风景区协调旅游产业。2016年信安湖湖畔水亭门历史文化街区建成，当年增加旅游人数约20万人次，增加旅游收入近1亿元；2020年杭衢游、信安湖水上观光游、四好衢州等一批文旅项目落地，将船上旅游与水文化相结合，推动"船运旅游"新模式发展；通过品牌体育赛事，提升了衢州城市知名度，带动了体育经济，形成了体育产业；结合旅游开发与美丽乡村建设，助力休闲产业信安湖畔沙湾村"阳光沙湾——美遇风光"建设，沿湖绿道贯通全村，内设一米菜园、商业街和特色民宿等，流域内水产业的进驻为沿线居民增收创富，推进生态富民。

2. 创新业态丰富景区发展要素

水利风景区集多种功能于一身，资源的多样性为服务业态的创新提供了坚实的基础。景区在发展进程中不断探索新的经营方式、新的经营技术、新的经营手段，并积极创造出不同形式、不同风格、不同组合的服务面向不同的顾客，满足多样化的消费需求，推动景区的可持续发展。

浙江省宁波东钱湖水利风景区引入专业机构培育新业态，按国际标准推出产品，延伸产业链，打造观赛、培训、娱乐等多元体验和多元产品，形成完整休闲旅游产品体系。2020年新冠肺炎疫情影响了传统景区的服务供给，也催生了"云上景区"等新的服务模式。在智慧景区平台的基础上，宁波东钱湖水利风景区全面完善重点区域的无线网络覆盖，完成主要景点的自助导览、自助售票系统建设，建成游客流量监测、客源分析等系统，提升游客智慧旅游体验度。2020年上半年，受新冠肺炎疫情影响，景区坚持一手抓疫情防控促稳定，一手抓复工复产促发展。为加快产业复苏，推出了健康运动类、自驾类、乡村体验类等6大类产品，促进旅游经济的全面恢复。同时，联合景区内旅游企业，推出10万张旅游消费抵用券引导消费，总计优惠让利500万元。响应宁波服务业倍增发展行动方案决策部署，重点打造湖畔夜间经济示范街区，创新推出夜猫子夜市，产生了巨大的"吸睛效应"。

（三）强化监管，筑牢生态底色

河湖"清四乱"专项行动客观上推动了水利风景区环境的改善，促进了景区夯实生态底色。2018年7月起，水利部开展了全国河湖"清四乱"专项行动，全面摸清和清理整治河湖管理范围内乱占、乱采、乱堆、乱建等"四乱"突出问题。通过行动，河湖面貌明显改善，河湖管理与保护长效机制不断建立健全。2020年，河湖"清四乱"行动进入常态化、规范化阶段，"清四乱"整治范围由大江大河大湖向中小河流、农村河湖延伸，实现河湖全覆盖（无人区除外）。对于大江大河大湖，突出整治涉河违建、非法围河围湖、非法堆弃和填埋固体废物等重大违法违规问题，将长江、黄河、大运河等流域以及华北地下水超采区作为自查自纠的重中之重；农村河湖围绕乡村振兴战略，着力解决垃圾乱堆乱放、违法私搭乱建房屋、违法种植养殖问题，推进农村人居环境改善。

（四）拓展功能，提高幸福指数

水利风景区建设全面融入地方经济社会发展，以满足人民群众的需要为目的。各地将水利风景区建设成为人民群众身边的景区，让人民群众切身体会到经济社会发展带来的改变。景区建设体现公益性，突出水利特色，以人为本，服务民生，通过制度创新，将水利工程建设与生态、景观、文化、旅游等联系，创造将"绿水青山"变为"金山银山"的水利路径，提高人民群众的获得感，提升民生幸福指数。

陕西省汉中市石门水利风景区是植根于汉中市人文资源和水利生态优势

的精品景区。通过与携程、美团、驴妈妈等电商合作，其2019年网络售票额达344.4万元；通过与抖音短视频、腾讯、今日头条等公司合作，投放微信朋友圈广告，组织宣传推介会，提升了石门旅游品牌影响力；通过开展汉舞表演、鼓舞表演、褒姒迎亲等演艺节目，大大提升了游客参与度和满意度；通过为游客提供休息场所、行李免费寄存服务、全天候应答旅游咨询，以及免费提供游览资料、饮用水、手机充电器、儿童推车、拐杖轮椅等，景区亲和力大大增强；通过对景区内外经营户实行常态化监督与整治，确保景区良好的旅游环境，景区被陕西省旅游发展委员会、陕西网等联合评选为"陕西最美休闲旅游度假地"。

浙江省丽水市南明湖及生态河川水利风景区沿瓯江城区段由西向东建设的超级马拉松赛道被称为"最美超马绿道"，涵盖了城市、绿道和乡村等景观，拥有生态功能的同时，更是城市文化建设叠加的重要载体。景区内有近20公里高标准防洪堤和近40公顷江滨绿化带，特色鲜明，绿化带内市民可以漫步休闲、骑行，防洪堤以及水面上会有水幕表演以及赛龙舟等，给市民提供了更多的亲水空间。景区建设以共享为目标，对接全域休闲旅游体系，打造以瓯江生态资源为载体，集生态养生、文化创意、乡村旅游、运动健身为一体的瓯江生态文化旅游景区。通过绿道串联多个景点，对接周边旅游景区和开发板块，创建水利风景区，规划丰富的旅游路线，打造丽水具有独特魅力的旅游名片。景区建设以惠民为根本，提高周边百姓的生活幸福指数。该景区全面完成美丽乡村建设，改善了周边居住环境、周边配套基础设施和服务设施，沟通周边县市景区，发展了一系列特色产业，带动了周边百姓经济创收，成为践行"绿水青山就是金山银山"理念的全国标杆。

（五）弘扬文化，彰显水利特色

我国景区类型多种多样，水利风景区在建设中要加强水利文化引领，突出水文化特色，才能从众多景区中脱颖而出。而科普文化建设是体现水利风景区特色与内涵的重要因素、提高水利风景区影响力的重要保证。人民群众对美好生活的期待不仅包含物质层面，也包含精神层面；水利风景区丰富的水文化内涵，让人们在享受现代水利和优美环境景观、陶冶情操的同时，了解我国悠久的治水历史和水利科学知识，感受当代水利事业的巨大成就和水文化的深刻内涵。水利风景区发展注重发挥水利工程防洪与排水、灌溉与发电、航运与调水等水利基本功能，突出水利特色；重视景区水工建筑物景观化，利用河流滨水空间，彰显地域文化，讲好河流故事，弘扬优秀水文化。水利风景区成为水利宣传教育的示范基地、水利行业为社会提供高质量文化产品的重要载体。

江西省吉安峡江水利枢纽水利风景区积极实施水文化建设工程，促进景区建设与水文化的深度融合。一是建成水文化展示馆。该展示馆回顾工程建设历程，总结建管经验，开展水利科普，使人们在享受现代水利、优美景观的同时，进一步了解水利科学知识，感受当代水利事业的巨大成就和水文化的深刻内涵，从而达到认识水利、热爱水利、宣传水利的目的；该馆是江西省首个集工程展示、经验总结、水利水电科普等功能于一体的大型水利展馆。二是打造廉文化园。挖掘并展现江西和吉安本地浓厚的廉政文化，将水利廉政文化与多元廉政文化和水文化相融合，着力表现蕴含当地特色和水利行业精神的廉政思想。三是建设五河兴赣主题喷泉广场和古代江西治水达人长廊。以赣江、抚河、信江、饶河、修河为五柱，表达五河入都、五河兴赣的文化主题，同时以省会城市南昌和五河流域文化意境为主题制作弧形石雕墙，着力表现治水安澜的民生情怀、艰苦奋斗的红色精神和耕读济世的文化意蕴。

江苏省淮安市清晏园水利风景区以水文化工程为依托，以打造水情教育的窗口为目标，充分发挥历史遗迹、人文景观的深厚底蕴，向社会展示古代江河治理的理念、智慧、成效，宣传中国治水名人与历史故事，在传承水文化、水历史和开展国情水情教育等方面独具特色。既拥有丰富的历史文化先天优势，又加强了新颖的现代传播平台建设。园内实施了收藏、展陈、科普、宣传、教育、研究、交流和休闲等不同功能展区，综合运用模型、展板、实物、多媒体演示系统以及互动体验设施等现代信息技术和手段，传播水历史、水文化和水知识，增强公众水情教育的参与性和互动性。

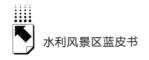

四　发展机遇与挑战

（一）发展机遇

2020 年是极不平凡的一年，世界面临百年未有之大变局，严峻复杂的国内外环境特别是新冠肺炎疫情的严重冲击，影响波及产业发展、企业经营、就业民生等经济社会的方方面面。水利风景区工作如同其他工作一样，也出现了许多新情况、新问题。党中央、国务院审时度势，充分估计困难、风险和不确定性，强化底线思维，及时加大宏观政策应对力度，科学统筹疫情防控和经济社会发展，着力抓重点、补短板、强弱项，通过上下不懈的努力，终使包括水利风景区在内的各项工作在机遇和挑战共存中创新，在希望和困难同在中前行。2020 年，从国家发展大局来看，水利风景区依然存在良好的发展机遇。

1. 生态文明思想和文化强国战略为水利风景区发展指明了方向

党的十八大将生态文明建设纳入中国特色社会主义事业"五位一体"的总体布局，要求"把生态文明建设放在突出地位，融入经济建设、政治建设、文化建设、社会建设各方面和全过程"。习近平总书记高度重视生态文明建设，提出了一系列新理念新思想新战略，立意高远、内涵丰富、思想深刻，为建设中国人民心向往之的美丽中国指明了方向。习近平总书记明确提出了"节水优先、空间均衡、系统治理、两手发力"的十六字治水方针，为做好新时代节水工作提供了根本遵循和科学指南。从生态文明建设的整体视野提出"山水林田湖草沙是生命共同体"的论断，强调"统筹山水林田湖草沙系统治理""全方位、全地域、全过程开展生态文明建设"。推进我国的生态文明建设，要符合生态的系统性，要坚持系统思维和协同推进的理念。

党的十九大提出实施乡村振兴战略，推进新型城市化建设，从而实现城乡共同发展，建设美丽中国。长江是中华民族的"母亲河"，长江经济带是

"一带一路"的主要交汇地带。"共抓大保护、不搞大开发"是习近平总书记为长江经济带发展定下的总基调、大前提。2019年9月，习近平总书记在黄河流域生态保护和高质量发展座谈会上做出部署，黄河流域生态保护和高质量发展上升为重大国家战略。习近平总书记在会议中指出，"治理黄河，重在保护，要在治理"，应"积极探索富有地域特色的高质量发展新路子"。2020年8月，中共中央政治局审议《黄河流域生态保护和高质量发展规划纲要》。会议指出，将黄河流域生态保护和高质量发展作为事关中华民族伟大复兴的千秋大计，在遵循自然规律和客观规律的基础上，贯彻新发展理念，统筹推进山水林田湖草沙综合、系统、源头治理，改善黄河流域生态环境，优化水资源配置，从而促进全流域高质量发展，改善人民群众生活，保护传承弘扬黄河文化，将黄河打造成为造福人民的幸福河。

"十四五"时期，水利风景区的建设要在发展理念、政策目标、重点领域等方面制定绿色发展框架。在发展理念中，深化"绿水青山就是金山银山"的理念，形成绿色消费、生产、流通、金融等经济体系。在政策目标中，建立"十四五"规划综合性指标。在重点领域中，要推动绿色发展，构建韧性经济。在体制机制中，要综合统筹，将短期目标和中长期目标相互衔接，提升绿色治理的协调性与效率。在关键技术方面：一是要解决好绿色发展中的"算账"问题，实现生态资本服务价值可度量、可核算；二是要把绿色创新作为全部创新的重要内容和前置环节，向全社会推荐推广绿色城镇化进程中的重大技术。

习近平生态文明思想和坚定文化自信、建设文化强国的一系列决策、部署，不仅为水利风景区的工作提供了理论武装，明确了工作目标，也夯实了工作基础。水利风景区迎来千载难逢的重大发展机遇。

2. 生态文明和文化强国相关政策的出台助力了水利风景区发展

一是助力国家区域发展的重大战略，为水利风景区发展提供了新机遇。随着黄河流域生态保护和高质量发展上升为国家战略，我国在区域发展方面形成了以五大重大国家战略为引领的区域协调发展新格局。五大重大国家战略连南接北、承东启西，与四大区域板块交错互融，构建起了优势互补高质量发展的区域发展格局。"一带一路"倡议从国际视角，倡导开放交流、合作共赢；京津冀协同发展、粤港澳大湾区建设从区域视角，提出目标同向、措施一体、优势互补的协同发展；黄河流域生态保护和高质量发展、长江经济带发展，从流域视角，促进人水和谐，统筹开发与保护，协调生态与发展。以上这些国家战略的实施为新时代水利风景区发展提出了开放、融合的新理念。

二是实施新型城镇化的战略，为水利风景区发展提出了新要求。《国家新型城镇化规划（2014—2020 年)》明确指出走以人为本、四化同步、优化布局、生态文明、文化传承的中国特色新型城镇化道路，要求把生态文明理念全面融入城镇化进程，着力推进绿色发展、循环发展、低碳发展。水利风景区以其特有的禀赋，包括良好的水生态环境、浑然一体的山水林田湖草沙等自然要素、多元多层的水文化等，早已融入新型城镇化建设。不少城镇建设都着力打造城市河湖型水利风景区，不仅为城镇增强了"绿色廊道"和多彩风景，而且通过水利主管部门对水情的调度控制，保障了城市水清、水活，增加了城市灵气。

三是大力推进乡村振兴战略，为水利风景区的发展开辟了新领域。过去水利风景区的兴建主要是以城市河湖型、水库型为主，尽管也关注农村地区水利风景区建设，但主要是依托大中型灌区和重大水土保持项目建设。随着乡村振兴战略的推进，农村已自发地建设了不少小型的水美乡村式水利风景区，如山东沂南县竹泉、福建永春县桃溪等水利风景区。乡村振兴战略的实施必然要求兴建大批的水美乡村式水利风景区。乡村振兴战略的实施扩宽了水利风景区工作思路，开辟了新的工作领域。这就要求水利风景区工作不仅要抓大的，更要关注小的。依托中小水库，建设打造水库型水利风景区；依托灌区改造，修建沟渠田林路、桥涵闸站并配套设施，打造灌区型水利风景区；结合丘陵山区的水土流失治理，打造水土保持型水利风景区；结合农村的河道治理，打造河道型水利风景区；结合农村小塘坝的整治和沟渠的串通，建设水美乡村式的水利风景区。水利风景区建设在农村具有广阔前景和发展空间，将为振兴乡村助力添彩。

四是国家发展全域旅游战略，为水利风景区工作提供了新途径。国家发展改革委、国家旅游局联合印发《全国生态旅游发展规划（2016—2025年)》，将水利风景区的工作纳入其中；2016年国务院发布的《"十三五"旅游业发展规划》中明确指出将水利风景区作为重点，打造一批生态环境优美、文化优良的水利风景区和旅游产品；2018年国务院办公厅发布《关于促进全域旅游发展的指导意见》，要求科学合理利用水域和水利工程，发展观光、游憩、休闲度假等水利旅游。水利风景区综合功能强、外溢效益显著、关联产业带动作用大，为人民群众所喜爱，因此，发展水利风景区成为国家发展全域旅游的重要选项，也必然成为水利行业发展的重要事项。

五是建设大运河文化带的方略，为水利风景区工作奠定了新基础。打造大运河文化带，紧密结合国家重大区域协调发展战略实施，统筹大运河相关资源的合理开发利用，推进文化旅游和相关产业融合发展，以文化为引领促进区域经济高质量发展、当地社会和谐繁荣，将为新时代区域创新融合协调发展提供示范样板。2020年，文化和旅游部、国家发展改革委等部门联合印发了《大运河文化和旅游融合发展规划》，明确提出要坚持以文化和旅游融合为主线，以融合发展为导向，促进文化和旅游资源叠加、优势互补，更好带动大运河沿线经济社会高质量发展，将为水利风景区以文化为魂、水旅融合发展提供良好环境。

3. 水利工作新理念为水利风景区的发展提出了新要求，注入了新活力

为贯彻落实习近平总书记"建设幸福河湖"的指示，水利部提出实施"防洪保安全，优质水资源，健康水生态，宜居水环境，先进水文化"的细化工作要求。水利部出台了实行"河长制"的工作方案，并在2020年提出"开展河湖健康评价体系研究，推动水利风景区建设提质增效"的工作要求。细化幸福河湖的具体内容及实施河长制等行动方案都为水利风景区工作提出了新要求，注入了新活力。按照"行业强监管"要求，一是进一步规范景区利用水域及其岸线，维护河湖健康，监管水利风景资源，落实主体责

任，细化工作管理，提升景区的品质品位，增强其效益效能；二是发挥水利风景资源支撑宜居水环境的作用，将水利风景区作为实现水域及其岸线综合利用、维护河湖健康美丽的重要途径，完善监管机制，创新监管手段，强化行业监管，提升水利行业社会管理能力，提高水利设施、水域及其岸线的综合利用水平，充分满足人民群众对优美水生态环境和优质水生态产品的需要。按照"工程补短板"要求，水利风景区工作要不断查找不足，建设要规范，标准要提高，内涵要丰富；从水体到水质，从景观到文化，从管理到服务，从人才素质到对外形象，都要平衡发展，提质增效，缺什么补什么，差什么改什么，防止因某一个方面失缺或不足造成"木桶效应"。重点补齐水利风景资源利用的短板，研究制定水利风景资源资产化评估与市场投入机制，支持地方探索并建立生态补偿机制，拓展水利风景区多元投资渠道。探索以水利改革发展为契机，整合中小河流治理、水生态保护和修复、水土保持等水利专项资金，支持保护水利风景资源不退化；进一步提升水利风景区文化科普设施建设水平，通过创新水利文化遗产的保护与利用方式，挖掘并展示水文化蕴含的时代价值，讲好河湖故事，为水利部门增强文化自信、提升文化软实力提供重要发力点。

4. 水利风景区已初具规模，扩大了社会认知，积累了工作经验，为今后发展打下了基础

水利风景区工作自 2001 年起，经过近 20 年的努力，已初步形成了一定规模。截至目前，已创建国家级水利风景区 878 家，省级水利风景区 2000 多家，正在建设并准备申报国家、省级水利风景区的后备数量众多，社会认知度很高，上下工作积极性很强，基层发展势头强劲。同时水利行业对水利风景区的工作已探索出一套行之有效的评审制度、管理导则、工作规程等。这些都为水利风景区建设和发展打下了坚实的基础。

（二）面临挑战

水利风景区工作始终是希望和困难同在、机遇和挑战并存。目前，我国经济恢复基础尚不牢固，居民消费仍受制约，投资增长后劲不足，关键领域

创新能力不强，生态环保任重道远。

1. 国内外环境深刻变化导致社会投融资渠道收窄

习近平总书记立足我国发展新的历史方位，纵观世界发展大势，提出"当今世界正经历百年未有之大变局"，指出世界发展变化的动因、趋势和规律，具有重大的指导意义。与此同时，社会信息化、文化多样化持续发展，文明间的互鉴更为迫切。中国特色社会主义制度进一步完善，国家治理体系和治理能力现代化持续提升，我国国际影响力和号召力不断加强。政府投资基金发挥主导作用，弥补市场化的不足。在水利风景区市场融资渠道收窄的大背景下，行业发展所受影响备受各方关注。

2. 突发新冠肺炎疫情导致景区发展受到影响

新冠肺炎疫情全球大流行使世界大变局加速演变，国际格局面临重大调整。我国践行人类命运共同体的理念，倡导人类卫生健康共同体的构建，树立了负责任的国际大国形象。新冠肺炎疫情对全国经济社会正常发展带来了不小的影响，限制人员流动、企业停产停工等举措使我国经济在短期内受到冲击，但这些举措有利于防控疫情。疫情时期经济社会被压抑的需求将在疫情过后出现集中反弹，并带动经济回温。从中长期来看，疫情不会改变我国经济发展长期向好的大趋势。鉴于目前世界范围内疫情仍在持续，防范境外输入仍不可松懈，这种情况不可避免地成为水利风景区工作的制约因素。

3. 长期制约因素尚未得到彻底解决

当前国家实行以项目定投入的财政政策，只有进入国家财政"大盘子"的项目方可得到国家资金投入。但水利风景区无法以合理的项目名称进入国家投入的"大盘子"，只能从水利建设的其他项目中获得倾斜，虽重要但又处于被"边缘化"状态。国家投入渠道尚不顺畅，缺乏政策性资金支持，多数景区只能依靠自身经营性收入或者地方政府投资，这对景区高质量建设及服务社会的功能有一定程度的影响。这在西部等经济欠发达区域尤为突出，这些区域因缺乏引导性资金扶持，虽对水利风景区建设有热情、有想法，但建设工作停滞。

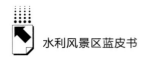
当前水利风景区建设尚未单列专项资金，多数景区不能很好地利用国家及地方政策，社会资本也未得到有效运用。景区存在建设经费不足的现象，基础设施、安全设施、文化科普设施等的建设资金缺乏；景区经营创收能力有限，无法有效积累资金，管护经费缺乏来源渠道，导致景区游客服务设施更新升级改造慢，难以满足旅游者对景区高质量的需求。

一些地方水利风景区管理跟不上，提质增效不够，与人民群众的期待尚有差距。水利风景区建设过程中自身监督管理能力不足，水利部门也缺少对水利风景资源开发利用的监督管理，如在工程安全、参观游览安全以及水资源安全等方面疏于管护，缺乏相应的监管制度和监管队伍，监管内容和方式不够明晰，未能形成闭合的水利风景区管理机制，尚未建立完善的退出机制，部分发展不好的景区影响了全国水利风景区整体的发展质量。

五　发展趋势

（一）将形成大中小并举的新格局

党的十八大以来，党和政府出台了生态文明建设、乡村振兴等重大战略，强调以人民为中心，服务民生，推动形成数量众多的"人民身边的水利风景区"；黄河流域生态保护和高质量发展、大运河文化带建设等一系列区域战略，促进形成水利风景集群，将大中型水利工程作为核心，进一步形成大中小水利风景区并举的新格局。

1. 水利风景区将出现串点成线环湖成面的新格局

在国家推动实施区域发展战略的过程中，水利风景区体现出独特价值，依托良好的资源优势和水生态环境，对支撑区域经济高质量发展发挥了突出作用。围绕国家"五位一体"总体布局和黄河流域生态保护与高质量发展、大运河文化带建设等战略部署，按照《黄河流域生态保护和高质量发展规划纲要》，编制黄河流域水利风景区总体规划，建设一批工程景观壮观、生态环境优美、文化氛围浓厚、社会赞誉度高的水利风景区，逐步形成典型示范、选段布点、扩容衔接、持续引领的空间格局。按照《大运河文化和旅游融合发展规划》，编制大运河沿线水利风景区总体规划，大运河沿线各地按照"河为线，城为珠，线串珠，珠带面"的思路，以主轴带动整体发展、五大片区重塑大运河实体、六大高地凸显文化引领、多点联动形成发展合力，将逐步形成全线介入、深度挖掘、融合共建、打造精品的空间格局；依托南水北调工程、重大水利工程等重点项目的实施，结合水利风景区重点区域发展规划编制，一批有全国影响力的水利风景区集群必将出现。

2. 未来依托大中型水利工程将建成一批高质量水利风景区

随着我国基础设施建设的加快，未来依托大中型水利工程的实施必将建成一批高质量的水利风景区。2020年及后续的150项重大水利工程建设的相继实施将推动一批依托重大工程精品景区的创建；河湖水系连通、河湖生态修复、流域综合治理项目全面铺开，将推动大批河湖生态康养精品景区的创建；大中型灌区续建配套及现代化改造将推动灌区田园综合体的创建；世界灌溉工程遗产等水利遗产保护和利用项目将推动建设水利遗产精品水利风景区的创建。

3. 未来市县将涌现更多群众身边的水利风景区

在关于"三农"工作的重要论述中，习近平总书记指出要"尊重自然、顺应自然、保护自然，以河流为脉络，按照生态系统的整体性、系统性及内在规律，统筹自然生态各要素，做好水文章，实现人与自然的和谐共生、水与乡村的有机统一"。水美乡村建设是贯彻落实该思想的重要手段。新时代下，水美乡村建设要坚持以水为纲，并立足乡村振兴战略，紧扣"产业兴旺、生态宜居、乡风文明、治理有效、生活富裕"，以水利风景区建设为抓手，打造一批群众身边的水利风景区，真正提升人民群众的获得感、幸福感和安全感。

（二）将形成城乡同步发展新局面

面对当前城市越来越大、乡村越来越空的现实困境，为更好解决人民日益增长的美好生活需要和不平衡不充分的发展之间的矛盾，实现全面建成小康社会和中华民族伟大复兴的宏伟目标，必须坚持城市与乡村同步发展。水

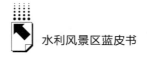

利风景区以其特有的禀赋融入这一工作，城市乡村同步发展的新局面逐步形成。

1. 新型城镇化的持续推进，必将孕育出一批新的河湖型水利风景区

中国特色的新型城镇化建设要求城市生活和谐宜居，有效保护自然景观和文化特色，扩大城市空间；水利风景区与新型城镇化在生态、文化、社会、经济等方面的建设中具有高度的一致性，水利风景区可通过改善水质、促进美好人居环境建设等实现文化的弘扬与创新；水利风景区通过滨水空间防洪、游憩等设施建设来完善城市功能；通过建设景区品牌、提升服务质量、增设旅游项目、提高基础设施利用率等，水利风景区可以促进生态旅游的发展，进一步带动区域经济发展。福建永春桃溪水利风景区，本着水源地保护及生态立县的发展定位，在建设过程中将水利风景区创建、乡村振兴、流域治理管护等有机融合，创新发展，打造人民的幸福河，让"水生态"催生"水效益"。

2. 乡村振兴战略的深入实施，将持续推进建成一批水美乡村式的水利风景区

依据乡村振兴战略，在脱贫攻坚与精准扶贫工作中水利风景区发挥了优势，有效作为，各级地方政府对其工作给予了高度认可。水利风景区的建设，将带动周边区域经济发展和劳动力就业，也可实现山水林田湖草沙生态系统的良性循环，推动农村产业融合，凝聚乡村历史文化发展，促进农村人居环境质量和乡村生活水平的全面提升。据统计，超过半数的水利风景区分布于广大农村地区，其所依托的水利设施、河湖水域既是支撑地方经济社会发展的基础保障，又是融合生产、生活、生态的重点区域，还是区域生态系统的安全屏障、农文旅融合发展模式的关键资源、人居环境建设的核心骨架，其资源综合价值正在被进一步挖掘。广大的乡村地区可以依托中小水库，打造水库型水利风景区；可以依托灌区改造，打造沟渠田林路、桥涵闸站井配套设施，建设灌区型水利风景区；可以结合丘陵山区的水土流失治理，打造水土保持型水利风景区；可以结合农村的河道治理，打造河道型水利风景区；可以结合农村小塘坝的整治和沟渠的串通，建设水美乡村式的水利风景区。水利风景区工作在农村的广为延伸，必将为乡村振兴助力增彩。

（三）将形成"水利＋"融合发展新态势

水利风景区自身具有独特的自然资源禀赋，是水利部门与其他部门协调、产业融合的纽带，在水利风景区建设中应推动形成水利"＋旅游""＋经济""＋生态""＋文化"等"水利＋"融合发展的新态势，使其成为全域旅游中的绿色明珠。

1. 将创新推动"水利＋旅游"模式

国务院办公厅印发的《关于促进全域旅游发展的指导意见》明确提出要科学合理利用水域和水利工程，发展观光、游憩、休闲度假等水利旅游。水利风景区不仅是人与自然和谐共生的示范区，也是水利资源与旅游业相结合的"旅游＋"或"＋旅游"产物，更是创建全域旅游示范区的重要组成部分。

水利风景区综合功能强、外溢效应显著、关联产业带动作用大，将其作为全域旅游的重要抓手，不仅有助于发挥水利风景区生态和产业带动优势，体现"绿水青山就是金山银山"的发展理念，也可通过加快其与农业观光、休闲民宿、康养旅游等相关产业的融合，推动形成精品旅游产业发展的集群体系。其中代表如，江苏省金湖县全域旅游绿道以"交通＋旅游＋特色产业＋体育＋田园综合体＋电商物流"等乡村振兴、利民、富民新模式，串联起荷花荡、水上森林、三河湾水利风景区、尧文化体验区、金南马草滩、十里果林等景点以及特色田园乡村、美丽渔村。

2. 将融合发展"水利＋经济"建设

河湖水域不仅是支撑地方经济社会发展的基础保障，而且能为当地提供融合生产、生活、生态的高品质人居环境。江苏苏州市胥·浦·塘水利风景区引入集群概念，打造水利与生态共融的国家水利风景区。该水利风景区以胥口枢纽、西塘河枢纽、阳澄湖枢纽、江边枢纽四大水利枢纽为依托，构建"一核四纽多节点"的空间格局，范围包括环城河、胥江七浦塘、西塘河以及阳澄西湖，统筹景区周边集镇、村落、公园等多个资源节点，开发旅游项目，实现水利工程生态经济效益和环境效益的有机统一。

当前在新型城镇化背景下，地方政府作为水利风景区建设发展的责任主体，积极将水利风景区建设纳入地方经济社会发展规划，在水利、城建、农业、林业、文旅、美丽乡村建设中，打破部门、产业界限，统筹考虑基础设施、安全保障设施、科普文化设施和游览服务设施等的建设，协同推进水利风景区融合发展，带动周边经济发展。

3. 将持续推进"水利 + 生态"建设

生态环境在群众生活幸福指数中的地位不断凸显，优美的生态环境成为人民对美好生活向往的重要内容；水利风景区成为水利部门向人民群众提供高质量的优质生态产品的重要载体。通过其创建，打造绿色绕城市、水系连城市等城市风貌，最终实现城在林中、路在绿中、人在景中的"水利 + 生态"城市，筑牢水利生态屏障，使优美生态环境作为水利风景区的主要优势，进一步为人民群众提供优质的水利生态产品。

湖北省兴山县践行"绿水青山就是金山银山"的发展理念，着力建设宜昌高岚河水利风景区，不仅精准地找到了小水电产业绿色生态转型的"金钥匙"，而且使该景区成为助力县域经济发展、助推脱贫攻坚和乡村振兴的绿色新引擎；内蒙古自治区乌兰浩特市以水为媒介，充分利用现有的资源优势，贯彻落实"绿水青山就是金山银山"的发展理念，以洮儿河为景区中心、以四座水利枢纽为主要节点，串联洮儿河沿岸水利旅游项目及景点，打造乌兰浩特洮儿河水利风景区，奏响"河畅、水清、岸绿、景美"的良好生态乐章，将水环境、水生态、水资源的保护提高到新的高度。

4. 将创新发展"水利 + 文化"建设

水利风景区是展现水域风光、弘扬水利文化、开展水情教育、宣传水利成就和现代化水利进步的重要窗口，同旅游业具有共同的价值取向和深度融合发展的资源条件。大运河沿线各省份发展规划聚焦打造大运河璀璨文化带、绿色生态带、缤纷旅游带，各省份分别提出发展定位：北京"一河、两道、三区"发展格局，天津"一条流动的文化旅游带"，河北"运河风韵串珠成链"，山东"讲好千年运河的齐鲁故事"，江苏"运河牌"已经成为"先手牌"，浙江"1 + 5"打造"华彩段"，河南"两轴三极七片区"空间布局以及安徽的"皖北文旅焕发新生机"；2020 年 11 月由南京博物院牵头，组建了大运河博物馆联盟。为进一步弘扬优秀治水文化，讲好正能量河湖故事，宣传新时期治水成就，江苏省启动了"水韵江苏 幸福河湖"河湖故事大家讲活动，"水利＋文化"的创新尝试，更是贯彻落实大运河文化带建设决策部署的一项务实举措。在黄河流域生态保护和高质量发展、大运河文化带建设等国家战略背景下，水利风景区通过跨区域资源要素整合，实现协同发展；通过加强与文化旅游产业的融合发展，更好地发挥水利风景区生态旅游功能和文化弘扬功能。对标幸福河湖建设，为满足人民群众对优美水生态环境和优质水生态文化产品的需求，水利风景区将创新水文化建设思路，探索水利与文化融合发展的模式。

（四）将形成高科技引领的智慧景区发展新常态

随着云计算、大数据、人工智能等技术日益成熟，且逐步走向商业化，水利风景区必然需要在信息化建设方面持续发力，充分运用信息化技术打造智慧景区，提升监管水平，同时景区要想吸引游客、留住游客，不能仅靠秀美风光和优惠门票，更需要依靠高质量的旅游服务。河南省云台山水利风景区以"资源保护数字化、经营管理智能化、产业整合网络化"为目标，建设实施了数字化工程，景区管理、服务与开发中应用数字、信息、网络技术，大幅度提升了景区的现代化管理水平和服务水平，推动了景区资源与旅游产业可持续发展。

智慧景区建设不仅可以充分利用新媒体技术特性，提升宣传效果，扩大水利风景区的社会影响力，落实水利信息数字化，加强水利信息的上下互联互通，也可以全面展现景区优质特色，提升强化景区服务质量，丰富游客观光体验，达到景区人与自然、经济与社会的和谐发展。

六　对策建议

水利风景区建设管理取得了一定的成效与经验，但仍存在政策制度有待加强、规划引领不够充分、文化特色不够鲜明等问题。为此，新时代水利风景区建设应围绕国家重大战略实施和重大水利工程布局，准确把握发展机遇，有效应对各类风险挑战，努力从制度、规划、文化等方面持续发力，进一步推动水利风景区提质增效，提升水利风景区品牌影响力，满足人民群众日益增长的美好生活需要，打造幸福河湖建设新标杆，实现水利风景区高质量发展。

（一）发展对策

1. 加强水利风景区制度建设

制度建设是实现水利风景区高质量发展的保障。从政策法规层面看，出台《水利风景区管理办法》迫在眉睫，应积极推进将水利风景区建设管理工作纳入《河道管理条例》等相关法律法规，为水利风景区建设提供法规依据和制度保证；还应及时制定出台指导新时代水利风景区高质量发展的相关政策，鼓励各地积极探索，因地制宜推进制定或完善水利风景区生态补偿、财政支持、信息共享和多元化投资等相关政策。各地要在国家相关政策法规的基础上，结合各地实际，制定有关实施细则，有条件的地区应将水利风景区建设纳入地方相关立法内容；从技术标准制定层面来看，《水利风景区评价标准》《水利风景区规划编制导则》也应及时修订，并制定出台《水利风景区水科普文化建设规范》等技术文件，以适应新时代水利风景区发展要求。各地要结合自身实际，制定本地区水利风景区建设管理技术标准文件，推动水利行业在技术标准制定、修订过程中将水利风景区建设内容和要求纳入其中。

从水利风景区自身看，要建立健全水利风景区的各项规章制度，包括明确岗位责任制、监督考评制、游客接待管理制度等，通过创新体制机制，处理好景区各利益主体间关系，激发水利风景区建设和发展活力，保障水利风景区的健康运营与长效发展。

2. 强化水利风景区规划引领

坚持规划优先，加强顶层设计，引领水利风景区有序推进。水利部及各地应将水利风景区相关内容和建设要求融入"十四五"水安全保障规划及相关水利规划中；围绕战略部署，结合重大水利工程项目的实施，编制重点区域水利风景区发展规划，推动建设一批有全国影响力的水利风景区集群和依托重大水利工程的水利风景区。

水利部及各地应将水利风景区规划纳入水利行业规划体系工作，保障规划落实，明确水利风景区规划约束性指标和刚性管控要求，将规划作为国家和省级水利风景区实施的前提，在规划中结合地方资源体现特色和差异化。各地应积极协调将水利风景区规划体现在地方经济社会发展规划中，做好水利风景区规划与其他相关规划的衔接，融合发展，实现新时代水利风景区高质量发展。

3. 推动水文化传承与机制创新

文化是一个民族存续发展的灵魂，水文化是水利风景区的重要元素。水行政主管部门应将水利风景区与水情教育基地、水土保持科技示范园区、节水示范基地、水法制宣传教育基地等多项水文化建设工作充分结合，形成合力，并积极争取水文化建设专项资金投入。

水利部门应加强与发展和改革委、宣传、财政、文旅、科技、教育等相关部门协作，推进水利风景区科普文化建设，加强水利遗产保护与利用的探索；通过打造国家水利风景区水科普文化建设示范基地等创新形式，争取科普研学等财政资金支持，探索"水利+文化、研学、体育等"融合发展实施路径，突破体制机制瓶颈，建立政府统筹、水利牵头、行业协同、社会参与的发展机制，塑造有水利行业特色且具有全国影响力的水文化品牌。

充分运用现代信息技术手段，如VR/AR、大数据分析等，创新投资运营模式，开展"云展览""云展示"，丰富展示体验方式，增强水文化科普的体验感，提升展示、宣传效果，重构水利风景区的空间场景和功能谱系；推动传统展览数字化转型，整合现有资源，打造网络展览集群，探索线上线下同步互动、有机融合的新模式。

4. 完善水利风景区服务体系

服务体系是景区运营管理的基础，应着力构建景区基础设施、智慧化管理和高素质管理人员服务体系。水利风景区管理单位应加强景区交通、游览、安全、卫生等基础设施的建设，提高基础设施匹配度，完善景区公共服务设施，不断满足人民群众日益增长的美好生活需要，提升水利风景区行业内外的品牌影响力。紧扣现代信息技术，加大5G、大数据与景区的深度融合，强化水利风景区智慧化管理手段，通过构建水利风景区信息基础平台和数据库，搭建智慧管理平台，提升景区综合管理和运营能力。加强水利风景区行业交流培训，加快提升管理人员综合素质和服务能力，提高景区面对突发事件处置的应急能力，特别是应对突发公共事件的管理能力，同时引进和培养人才，造就一批熟悉水利技术管理，擅长景区建设、运营等的复合型人才，全面提升景区综合服务能力。

5. 搭建学术研究和产业创新的平台

水利风景区作为打造幸福河湖、改善城乡人居环境的重要载体，需通过搭建学术研究和产业创新平台，激发自身发展活力，提升社会影响力和竞争力。可依托城乡规划、风景园林、旅游管理、建筑、水利、生态、营销等多个专业领域，积极探索搭建学术研究平台的发展模式；在现有国家水利风景区发展研究中心的基础上，成立不同领域的学术委员会，加强学术交流，打造高端智库，开展相关理论研究，强化学术话语权，促进人才、资源和信息共享，为水利风景区发展提供强有力的理论支撑和智力保障。突出水利风景区的水利、文化和生态等元素，积极探索搭建产业创新平台的发展模式，建立各地水利风景区协会，通过聚合社会资本、落实国家战略、创建水利风景区产业联盟，集聚产业势能，激发内生动力，实现共建共管共享发展。

（二）发展建议

1. 围绕国家战略，打造幸福河湖建设标杆

紧密围绕国家"五位一体"总体布局和黄河流域生态保护与高质量发展、京津冀协同发展、大运河文化带建设等战略部署，进一步优化空间布局，在东、中部等工作基础较好的地区，以现有水利风景区为基础，结合河湖治理、城乡建设、文化旅游等项目，引导水利风景区连点串线成片发展；在西部地区，以黄河流域为重点，结合黄河灌区、治黄工程和水文化遗产保

护等重大项目，形成特色鲜明的水利风景区集群或生态文化廊道，打造幸福河湖建设标杆。

2. 推动精品水利风景区建设，打造水利品牌

搭建和拓展网络化营销渠道和平台，丰富宣传形式和内容，培育水利风景区文化品牌、幸福品牌体系，推出特色化、差异化、多元化的水利风景区品牌产品，扩大水利风景区社会影响力。重点结合河湖水系连通、河湖生态修复、流域综合治理等推动发展河湖生态康养精品景区；结合大中型灌区续建配套及现代化改造推动发展灌区田园综合体；结合世界灌溉遗产等水利遗产保护和利用推动建设水利遗产精品景区；结合 2014 年开始的 172 项重大水利工程建设等推动发展水利枢纽类水利科普精品景区。

3. 结合河湖长制推进景区提档升级，促进水利风景区提质增效

河湖长制是加强河湖管理、提升河湖管理水平、维护河湖健康生命、促进生态文明建设的创新模式。各地应主动探索，将水利风景区建设管理与河湖长制相融合，结合河湖长制提档升级工作，统筹推进水利风景区建设发展，将水利风景区建设管理纳入河湖长制工作考核内容，加强部门联动，形成工作合力；引入考核激励机制，将"水利风景区创建以奖代补"列入"河长制湖长制以奖代补"，把水利风景区打造成推行河湖长制的样板。

4. 建立水利风景区水文化科普基地，搭建文化建设平台

水利风景区是展现水域风光、弘扬水利文化、开展水情教育、宣传水利成就的重要窗口，应积极推动将水利风景区建设管理纳入水利部"十四五"水文化建设规划等相关规划，实现水利风景区与水文化科普建设融合发展。创新发展模式，开展国家水利风景区水文化科普示范基地建设试点，加大水利风景区文化科普设施投入，增强水利文化遗产的保护与利用，提高水利工程文化品位，并做好水利风景区的水生态修复、水环境改善、水利科普建设、水文化弘扬、水利遗产保护与利用等工作。加强与生态环境、宣传、教育、科技、文化旅游等部门相关工作的衔接，着力提升水利风景区的文化内涵和功能品质，全面增强水利风景区品牌影响力和辐射力，充分发挥水利风景区水生态产品供给能力和宣传水利的主阵地作用，为水利改革发展提供有

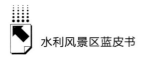

力支撑。

5. 依托"新基建",推进智慧景区建设

牵动"新基建"资源向水利风景区领域倾斜,重点推进智慧云景区、数字化、大数据联网共建等专项工作,鼓励各级水行政主管部门积极用好地方政府债券支持各地重大水旅项目。完善并推广应用"全国水利风景区动态管理服务平台",推进平台与"全国水利一张图"数据整合,切实提升水利风景区监管的信息技术支撑能力。建设和完善景区信息基础设施,统筹水资源管理、游客服务、运营管理、环境监测等。建设指挥调度中心,整合各业务板块,协同管理。建设大数据中心,动态采集分析景区资源环境数据和游客流量数据,为景区综合决策及资源环境保护提供基础服务。建设游客服务体验中心,完善电子商务、网络营销和虚拟展示功能。

专题报告

Special Report

B.2
水利风景区高质量发展内涵、
思路、任务与举措

胡咏君　李亚娟　杨颖刚*

摘　要：　水利风景区所拥有的高品质水利风景资源和良好的生态环境，为其高质量发展提供了有力支撑。本报告提出了水利风景区以增进人民福祉和持续提供优质水利生态产品为目标的高质量发展内涵，厘清了建设品质升级、发展均衡、管理高效的水利风景区的总体思路，明确了建设精品景区、文化景区、智慧景区的高质量发展的主要任务和强化监管、分类指导、优化布局、文旅融合、突出示范、创新体制机制等推进高质量发展的主要举措，以期为水利风景区的高质量发展提供启示与借鉴。

* 胡咏君，博士，中国旅游研究院，助理研究员；李亚娟，中国水务投资有限公司，高级工程师；杨颖刚，陕西省水利水电发展中心，高级工程师。

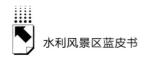
关键词：　水利风景区　高质量发展　水利生态产品

一　水利风景区高质量发展的基本内涵

（一）高质量发展的内涵

1. 习近平总书记关于高质量发展的论述

习近平新时代中国特色社会主义思想始终坚持以人民为中心。2021年3月7日习近平总书记在参加十三届全国人大四次会议青海代表团审议时强调，走高质量发展之路，就要坚持以人民为中心的发展思想；把高质量发展同满足人民美好生活需要紧密结合起来；高质量发展不只是一个经济要求，而是对经济社会发展方方面面的总要求；不是只对经济发达地区的要求，而是所有地区发展都必须贯彻的要求；不是一时一事的要求，而是必须长期坚持的要求。

2. 国家层面有关高质量发展的论述

"高质量发展"一词于2017年10月18日中国共产党第十九次全国代表大会上首次被提出，党的十九大报告指出：中国经济已从高速增长阶段转向高质量发展阶段。

高质量发展要把握"五对矛盾关系"。2018年国务院政府工作报告指出：第一，正确把握整体推进和重点突破的关系；第二，正确把握总体谋划和久久为功的关系；第三，正确把握破除旧动能和培育新动能的关系；第四，正确把握生态环境保护和经济发展的关系；第五，正确把握维护公平与讲求效率的关系。

高质量发展要加快构建动力系统。中央财经委员会第五次会议中提及，新形势下促进区域协调发展，应按照客观经济规律，调整并完善区域政策体系，发挥各地区的比较优势，促进各类要素合理流动和高效集聚，增强创新发展动力，并加快构建高质量发展的动力系统。

中央全面深化改革委员会第四次会议审议通过《关于推动高质量发展

的意见》，指出当前和今后一个时期推动高质量发展是确定发展思路、制定经济政策、实施宏观调控的根本要求，要加快创建和完善制度环境。

（二）水利风景区高质量发展的内涵

1. 水利风景区的内涵

2004 年颁布的《水利风景区管理办法》中，水利风景区被定义为：以水域（水体）或水利工程为依托，具有一定规模和质量的水利风景资源与环境条件，可以开展观光、娱乐、休闲、度假或科学、文化、教育活动的区域。水利风景资源是指水域（水体）及相关联的岸地、岛屿、林草、建筑等能对人产生吸引力的自然景观和人文景观。水利风景区以培育生态、优化环境、保护资源、实现人与自然的和谐相处为目标，强调的是社会效益、环境效益和经济效益的有机统一。

2018 年国务院机构改革后，中央批准的水利部新"三定"方案中，将"指导水域及其岸线的综合利用"和"维护河湖健康美丽"列为水利部的重要职能。在水利部机关司局职责中，更明确将"指导水利风景区建设管理工作"作为其重要职责，进一步提升了水利风景区在水利建设和发展中的地位和作用，赋予了水利风景区新的内涵和使命。

2. 水利风景区高质量发展的内涵

根据对高质量发展论述的梳理及水利风景区内涵的变化，以供给侧改革为主线，围绕回答人民群众需要什么、水利风景区能提供什么，来系统阐释水利风景区高质量发展的内涵。水利风景区高质量发展内涵应紧紧把握以下两个方面。

坚持以增进人民福祉为中心的价值取向。党的十八大以来，习近平总书记反复强调"人民对美好生活的向往就是我们的奋斗目标"，并于 2019 年 9 月在黄河流域生态保护与高质量发展座谈会上发出了"建设造福人民的幸福河"的伟大号召，为此水利部提出了"防洪保安全—优质水资源—健康水生态—宜居水环境—先进水文化"的幸福河目标。建设造福人民的幸福河首先是发展理念的转变，要从传统水利向水利服务于人民幸福生活转变；要能促进产业发展，要能够持续提供优质水利生态产品以满足人民群众不断

升级的物质和文化需求（图1）。优质水利生态产品包括水生态物质产品、水生态调节服务产品、水文化服务产品等（见表1）。要持续强化对水利工程、水域及其岸线的综合利用，以融合为主要路径，整合周边人文资源、自然资源和经济要素，以"文化＋""创新＋"为动力，创新体制机制，注重水文化规划和产品开发，实现更大的生态价值、经济价值和社会价值。

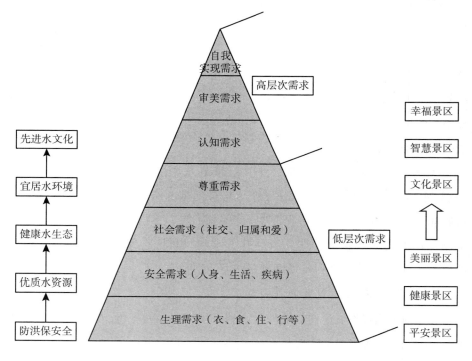

图1　新时代水利风景区高质量发展需求（自绘）

表1　优质水利生态产品主要类型及产业形态

产品类型	建议类别	产业及产品形态
水生态物质产品	生态物质产品包括两类：一是自然形成的野生食品、纤维、淡水、燃料、中草药和各种原材料；二是人们利用生态环境与资源要素人工生产的农业产品、林业产品、渔业产品、畜牧业产品和各类生态能源等	农林牧渔业、供水、发电等

续表

产品类型	建议类别	产业及产品形态
水生态调节服务产品	生态调节服务是生态系统为人类提供的维持空气质量、调节气候、控制侵蚀、防治病虫害以及净化水源等调节性物质效益。包括水源涵养、土壤保持、洪水调蓄、空气净化、水质净化、固碳释氧、气候调节、病虫害控制等	水科技、生态科技、康养、休闲、体育业
水文化服务产品	人们从生态系统中获取的丰富精神生活、生态认知与体验、自然教育、休闲游憩和美学欣赏等服务性非物质效益。如生态旅游、休闲娱乐、艺术灵感、房地产景观增值等	自然教育、文旅、娱乐业

资料来源：浙江省丽水市地方标准《生态产品价值核算指南》（DB3311/T 139 – 2020）。

幸福河湖的目标为水利风景区的高质量发展提供了指引，要成为幸福河湖、健康河湖的典范，城乡协调发展的纽带，文化自信的窗口，人民大众满意的共享景区；水利风景区所拥有高品质的水利风景资源和良好的生态环境优势，也为幸福河湖的发展提供了有力支撑。

坚持以建设高质量水利风景区为基础。高质量水利风景区是品质升级、发展充分、管理高效的水利风景区，是提供优质水利生态产品的基础。

（1）建设品质升级的水利风景区。围绕水利工程、水域及其岸线的综合利用，是"防洪保安全、优质水资源、健康水生态、宜居水环境、先进水文化"的有机整体，是安全景区、健康景区、美丽景区、文化景区、智慧景区和幸福景区。

（2）建设发展充分的水利风景区。重点解决水利风景区建设发展不平衡不充分的关键问题，系统部署其发展空间，并形成以点连线、由线到面的水利风景区发展格局。主动谋划景区融入区域发展，与文化、旅游、体育、康养等产业互融互促，为城市发展、乡村振兴和城乡协调发展提供重要支撑。

（3）建设管理高效的水利风景区。重点破解水利风景区重视不足，管理体制机制、功能不健全，以及文化特色不明显的问题，强化监管，分类指导，优化布局，突出示范，创新体制机制，建设能够体现水文化和水利工程特色的水利风景区。

总之，水利风景区的高质量发展以增进人民福祉为中心，以持续为人民

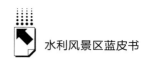

群众提供优质水利生态产品为旨归；高质量发展还体现在景区发展充分、品质提升和管理高效等方面。

（三）水利风景区高质量发展指标体系

根据其内涵要义，从品质提升、发展充分、管理高效和人民满意四个方面，我们初步提出水利风景区高质量发展评价指标体系建议方案。

1. 指标分类

品质提升指标：水资源、水景观、水文化等指标。

发展充分指标：社会效益、产业融合、城乡协同等指标。

管理高效指标：水保护、水管理、水利用等指标。

人民满意指标：游客和居民的感知度、满意度等指标。

一票否决指标：水安全、水环境、水生态等指标。

2. 评定标准

建议按照目标层、准则层和指标层三层体系构建评价体系。目标层即"水利风景区高质量发展指数"，分为品质提升、管理高效、发展充分、人民满意四个方面；涉及水安全、水环境、水生态的基础性指标为一票否决项指标。我们初步提出12个二级指标23个三级指标（见表2）。

表2 供参考的水利风景区高质量发展评价指标体系（自制）

评价项目	二级指标		三级指标	评分依据和要求
品质提升	11	水资源	资源禀赋	自然、人文、水利工程等资源的特色和价值
			资源稀缺性	自然、人文、水利工程等资源的稀缺性
	12	水景观	亲水便民	水体、岸线整洁性、滨水廊道、亲水乐水岸线比例
			环境优美	河岸绿化率、河湖景观优美度
	13	水文化	文化保护	较为完善的水利遗产档案和数据库
			文化传承	水文化宣传活动、水文化影响力、公共参与度
管理高效	21	河（湖）长制	河湖管理	河湖管理保护制度完善程度
			水利风景区的重视程度	水利风景区纳入河湖长制重点管理

续表

评价项目	二级指标		三级指标	评分依据和要求
管理高效	22	管理现代化	智慧化水平	智慧景区管理安全便捷
			管理权责明确	管理制度健全,落实管护措施,明确管理责任。
			应急管理	健全的安全管理和突发公共事件应急预案
发展充分	31	城乡均衡	经济水平	所在地 GDP 水平、城乡人均收入比值
			产业结构优化	绿色产业结构优化提升率
	32	带动效益	水旅融合产品	水旅融合产品对 GDP 与人均收入贡献率
			带动收入增长	水利风景区所在城乡居民人均可支配收入水平
人民满意	41	游客	游客满意	游客满意度调查结果
	42	居民	居民满意	居民满意度调查结果
一票否决	51	水安全	防洪排涝安全	防洪排涝工程达标率、监测预报预警能力
			供水安全	供水安全系数、饮用水源地水质达标率
	52	水环境	水环境安全	水质、废污水达标处理率、水土保持率
			水域环境质量	水环境功能区达标率、生态流量(水位)保证率
	53	水生态	生物环境质量	自然岸线保有率、植被覆盖率
			河湖健康程度	河湖健康评价良好

二 水利风景区高质量发展的总体思路

(一)建设品质升级的水利风景区

安全景区:高质量水利风景区必须坚持安全底线不动摇。在防洪安全方面,高水平建设防洪基础设施网络,完善监测预报预警体系;在供水安全方面,在不影响饮用水源地水质达标的前提下,合理划定科普、文化、教育、休闲等区域;在水生态环境治理与保护方面,注重水体保护、水工程保护和水文化遗产保护,管护河湖岸线,修复水生态,高标准推进水土流失治理,提高污废水排放率,减少水环境污染事件发生率;在人员安全方面,强化景区安全生产监管,做实安全责任,加强安全管理,增加安全投入。

健康景区:在水域环境方面,高标准修复生态系统,将水利风景区建设纳入河长制湖长制管理体系,保障河湖连通性;在生物环境方面,促进源头水源涵养,保护和修复河湖生态资源,打通鱼类洄游通道,改善生物栖息地,丰富动植物资源;在宜居水环境方面,以服务大众为目的,与旅游、康养产业相融合,提供更多优质的水利生态产品。

美丽景区:从文化、资源等方面最大限度展示水利风景区的特色功能和美感。自然河湖型水利风景区在发挥其涵养水源功能的同时,展现河流湖泊的自然美;水库型水利风景区作为城乡水源地,展示山水林田湖草沙生命共同体的和谐美;湿地型水利风景区在发挥其调蓄雨洪功能的同时,展现生物的多样性美;灌区型水利风景区在保持生产、生态功能的同时,展现文化、教育、旅游、休闲功能之美;水土保持型水利风景区考虑水土保持景观、农林景观之美;城市河湖型水利风景区考虑滨水空间、人居环境之美;等等。

文化景区:充分挖掘和多维度展示水利风景区文化,包括水形态文化、水工程文化、水景观文化、水生态文化等。水形态文化指不同形态的水体(包括湖泊、江河等)通过人们的观赏、体验而形成的审美感知、心灵涤净和精神依托。水工程文化指的是水工程在设计、施工等过程中所倾注的各类文化要素的综合。水景观文化则指人们对水、水域或滨水空间感知到的景观环境的客观存在;水生态文化源于水生态文明,是精神形态层面上的水文化,它通过文化启蒙等方式将水生态意识和责任渗透进公众心灵,促进整个社会生产和生活方式向低碳、绿色、循环转变。结合地域文化和时代精神,以及长城、大运河、长征、黄河四大国家文化公园建设,整合古村落、古祠堂、古桥、古树等历史遗存,展示时代精神元素,彰显景区的文化特色。

智慧景区:完善水利风景区信息基础设施,注重景区服务的安全性和便捷性,提高水利风景区服务体验。建设和完善景区信息基础设施,统筹水资源管理、游客服务、运营管理、环境监测等。建设指挥调度中心,整合各业务板块,协同管理。注重水利风景区创新场景的应用。

幸福景区:景区必须维护老百姓身边的河湖健康美丽,服务区域产业发展，为人民群众提供更多优质水利生态产品，体现人水和谐、城乡协调、区域协调。在人水和谐方面，加强景区游览道路、停车场、厕所、供水供电、网络通信、应急救援、游客信息服务等基础设施建设，突出水域岸线管理和亲水设施的营造，重视标识导向等公共服务，建设生态、亲水、怡人的滨水空间。在城乡协调方面，争取建立健全的"景—城/村"融合发展的体制机制和政策体系，促进"景—城/村"在规划布局、要素配置、产业发展、生态保护、公共服务等方面相互融合和协同发展，推动"景—城/村"相关要素形成自由流动和平等交换，在景—城/村互促、城乡互补、全面融合、共同繁荣的新型"景—城/村"关系中有所示范。在区域协调方面，重视分类管理，构建级别分明、类型多样、结构合理的水利风景区体系，因地制宜、突出特点，有计划、有重点地建设品牌景区。

2020 年我国全面进入小康社会，为适应消费升级、满足人民群众对美好生活的需要，高质量水利风景区在建设中应把着力点放在文化景区、智慧景区和幸福景区上。

（二）建设发展充分的水利风景区

1. 空间布局

重点解决水利风景区建设发展不平衡不充分的问题，在横向上应加快向中西部拓展，在纵向上则应向乡镇向村延伸。紧紧围绕"一带一路"倡议、乡村振兴战略、京津冀协同发展、长江经济带发展、黄河流域生态保护和高质量发展、大运河文化带建设、西部大开发新格局、国家文化公园建设等国家重大部署，实施《全国水利风景区建设发展规划（2017—2025 年）》，系统部署以重要江、河、湖、库、渠为主体框架的水利风景区发展空间，形成以点连线、由线到面的水利风景区发展格局。

2. 结构布局

以重要河流、湖泊和水利工程为依托，重点建设水利生态长廊。以流域河道、湖泊和水利工程为依托，以现有的河段、湖泊沿岸水利风景区或水利风光带为基础，结合河湖治理和城镇化建设，延伸和拓展水利风景区发展空

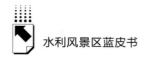

间，在有条件的地方，逐步使地区性的水利风光带相互衔接，形成流域性河道湖泊的水利生态长廊，打造国家绿道。

以区域生态修复工程为平台，基于现有国家级、省级水利风景区，重点建设一批精品水利风景区，从而提升水利风景区发展的能级。在国家重要江河源头保护区、水土流失地区、石漠化重点防治区、节水改造大中型灌区、水文化富集区等关键区域，精心打造一批水利风景区，在水文化遗产展示、江河源头保护、水土保持、节水改造等多方面树立水利风景区发展标杆和品牌，构建水利风景区智慧品牌、文化品牌和幸福品牌体系。

以国家重要经济发展区域为重点，建设景—城、景—村融合的水利风景区集群，凸显水利功能特色、弘扬地区文化、水文化和时代精神，发挥水利风景区的辐射带动效益，扩大水利风景区的影响力。

（三）建设管理高效的水利风景区

1. 处理好数量与质量的关系

在数量上，以公益性投入为基础，持续改善水生态水环境，强监管、补短板，为水利风景区的高质量发展提供丰富的资源保障，以维护河湖健康美丽；在质量上，强化水功能、水文化特色，以精品化为引领，以高标准试点打造出一批亲水性强、文化特色鲜明、效益显著、具有一定影响力、老百姓身边的精品水利风景区。

2. 处理好水功能与水产业的关系

处理好多种水功能与产业发展的关系，在满足人们基础性需求的同时，考虑水文化、水景观、水生态调节等方面的功能，以满足人们对于美好生活更高层次的需求。综合考虑经济效益、社会效益和生态效益，实现对水利工程、水域及其岸线的综合利用。

3. 处理好建设与管理的关系

提高对水利风景区建设在经济、文化、政治上的重要价值的认识，改变以往重建设轻管理的认识，在加快创建和完善制度环境的基础上，协调建立一系列立足高质量发展的指标体系、政策体系、标准体系、统计体系、绩效评价和政绩考核体系。时刻关注科技应用，注重科技对提升管理水平的作用。注重人才培养和人才引进，加强培训，提高水利风景区的管理水平。

4. 处理好景区与区域发展的关系

主动推进水利风景区的时空拓展、要素整合、功能集聚和产业融合，创新水利风景区相关业态，延伸丰富水利风景区产业链，持续提供有吸引力的优质水生态产品。在时间上，开发水上演艺、夜间休闲产品，丰富夜间生活内容，增加门票、餐饮、休闲、购物、住宿、娱乐等多种收入。在空间上，以一流水生态和人文环境为基础，推进景—城、景—村一体化，引导各地尽快把老百姓身边的河湖治理好。在功能上，打造集休闲、旅游、购物、餐饮、娱乐于一体的滨水休闲集聚区，打造特色新地标。在要素上，以水利风景资源与土地开发为基础，整合自然、文化、产业等资源，实现集约土地资源、集聚城市或乡村产业，提升土地价值。在产业融合上，与农林业、文旅业、制造业、体育产业、教育产业、康养产业等结合，形成多种新型业态，开发多种类型的优质水利生态产品。浙江省浦江县近年在"水利+建设幸福河湖"方面取得了积极进展，以浦阳江为轴线，整合干支流旅游资源和产业形态，打造"水旅融合""水农融合"新业态。与浦江县全域旅游、美丽浦江、美丽乡村、田园综合体、特色小镇建设同步推进；与农村第一二三产业深度融合升级，推动产业生态化、产业化，从而实现乡村经济多元化、特色化、高质量发展。丰富乡村休闲农业和乡村旅游发展内涵，推动乡村旅游与休闲度假、体育运动、康体养生、创意农业、民俗文化、美丽交通、特色农产品的深度融合，培育乡村民宿经济，引导乡村旅游向度假、养老、康体、娱乐等高层次体验消费转型。

三 水利风景区高质量发展的主要任务

按照总体思路的要求，重点以提质升级水利风景区为抓手，推进水利风景区的高质量发展。

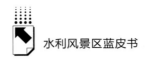
（一）建设精品水利风景区，在有条件的地区开展水利风景区高质量发展先行试验区试点

开展试点示范。利用水利投资并引入社会资本，推动精品水利风景区建设。拟开展以长江干流、黄河干流、南水北调沿线、大运河沿线水利风景区为建设试点示范，树立典型、形成规范标准，并引领全国水利风景区高质量发展。在有条件的地区试点水利风景区高质量发展先行试验区，探索高质量发展的模式、路径以及先进做法。

推动各地建设特色水利风景区，打造水利风景区文化品牌、智慧品牌和幸福品牌体系。重点结合河湖水系连通、河湖生态修复、流域综合治理等推动发展河湖生态康养精品景区；结合大中型灌区续建配套及现代化改造推动发展灌区田园综合体；结合世界灌溉遗产等水利遗产保护和利用推动建设水利遗产精品景区；结合 2014 年开始的 172 项重大水利工程建设和 2020 年及后续重点推进的 150 项重大水利工程建设等推动发展水利工程类水利科普精品景区；结合国家水土保持科技示范园区建设推动发展水土保持类水利科普精品景区。

强化水利风景区品质监管。分期分批开展国家水利风景区复核，研究制定景区复核总体工作方案，指导督促各流域管理机构、各省（区、市）对认定 3 年以上的国家水利风景区开展分批复核，及时公布复核结果，撤销一批劣质景区。提高水利风景区的监管技术水平。在加大水利风景区监管平台推广应用的基础上，持续推动各地景区信息系统与监管平台实现数据互联衔接，逐步实现全覆盖。此外，进一步探索水利风景区退出机制。应对已批准挂牌，但发展严重滞后、确实不达国家水利风景区标准要求的水利风景区限期整改；而对整改落实不到位的，须启动退出机制。

构建精品水利风景区品牌体系。搭建和拓展网络化、数字化营销渠道和平台，丰富宣传形式和内容，培育水利风景区文化品牌、智慧品牌、幸福品牌体系，推出品质化、差异化、个性化的水利风景区品牌产品，扩大水利风景区社会影响力。

（二）搭建水文化解读、呈现、传承和转化的平台，注重水文化规划和产品开发

从景区文化内涵的梳理与提炼、文化展陈形式等方面突出水利风景区的水利性、地域性和科普性。建设水文化创作联盟、水文化智库，让更多人和组织参与水利文化的保护、发掘、再创作、生产和传播，讲好水文化故事。吸引文化创意产业类企业参与水文化产品的规划、设计和生产，构建挖掘水文化、创造风景、营造优质生活的平台。

（三）推进智慧管理平台、智慧景区和景区大数据平台的建设

牵动"新基建"资源向水利风景区领域倾斜，重点推进智慧云景区、数字化、大数据联网共建等专项工作，鼓励各级水行政主管部门积极用好地方政府债券支持各地重大水旅项目。

智慧管理平台建设。完善并推广应用"全国水利风景区动态管理服务平台"，推进平台与"全国水利一张图"数据整合，切实提升水利风景区监管的信息技术支撑能力。

智慧景区建设。建设和完善景区信息基础设施，统筹水资源管理、游客服务、运营管理、环境监测等。建设指挥调度中心，整合各业务板块，协同管理。建设大数据中心，对景区资源环境、游客流量等相关数据进行动态采集分析，以此为资源环境保护和景区综合决策提供切实服务。建设游客服务体验中心，完善电子商务、网络营销和虚拟展示功能。

景区大数据平台建设。建立水利风景区相关统计指标，优化完善国家级水利风景区数据库，评价并汇总景区各类统计指标。研究提炼评价景区发展质量与成效关键指标（满意度、宜居指数等），支撑开展效益评估。另外建立水文化大数据库，包括水文化遗产标本库、中华文明基因库、水文化素材库等。

（四）加快出台加强水利风景区与文旅、体育融合发展的指导意见

建议水利部尽快联合多部门组织研究并制订出台"关于加强水利风景

区与文旅、体育融合发展的指导意见",以指导各地、各级水利风景区管理机构及景区,积极主动与文旅等相关产业部门衔接,加强相关工作协调,深化各业态相融,促进水利风景区提供更多优质生态产品。

四 推进水利风景区高质量发展的主要建议

(一)将推进水利风景区高质量发展纳入各级水行政主管部门工作职责

2018年水利部"三定"方案(即职能配置、内设机构和人员编制规定)中,将"指导水域及其岸线的综合利用""维护河湖健康美丽"两项内容列为水利部重要职能。而水利部机关司局明确将"指导水利风景区建设管理工作"作为其重要职责。水利风景区对维护江河湖泊健康、培育美丽生态环境具有重要的示范作用。因此建议各级水行政主管部门进一步强化意识、提高站位、勇于担责、主动作为,在切实把水利风景区发展作为实现水域及其岸线的综合利用、维护河湖健康美丽的重要途径的过程中,将此纳入工作职责、列入工作考核,以加强组织领导,落实主体责任,为强力推进水利风景区高质量发展奠定坚实基础。

(二)将水利风景区建设列为各地贯彻国家重大战略部署的重要内容

建议各地在贯彻国家重大战略部署时,充分考虑水利风景区的建设发展,切实发挥水利风景区的功能作用。在生态文明建设中,将水利风景区作为"绿水青山就是金山银山"实践的主要抓手,使其成为将绿水青山转化为金山银山的示范;在乡村振兴战略实施中,综合考虑水利风景区建设与扶贫攻坚、乡村人居环境改善等关键问题,与乡村旅游、休闲农业、特色小镇等热点模式实现融合发展,持续跟进乡村河湖水系的保护整治,加强对水利遗产的保护利用,切实发挥水利风景区的生态和产业带动优势,从而加快乡村发展；同时，可将水利风景区作为长三角区域绿色发展一体化的生态型湖区经济的示范点。围绕水文化遗产保护、水利特色功能展示、智慧景区建设、景—城/村一体化、景区综合体建设、水利扶贫等示范，重点建设文化、智慧、幸福精品水利风景区和水利风景区集群。

（三）创新体制机制，增强水利风景区发展动力和活力

创新工作模式。充分利用河长制湖长制，发挥各级水行政部门引导作用，推广部分省市河长制湖长制水利风景区考核工作经验，与水利部河湖司共同研究并推动将水利风景区建设管理纳入各地河长制湖长制考核内容，推动实现"一河一长、一河一档、一河一策、一河一景"总体目标。

引导支持各地组建成立水利风景区社团组织，加强行业管理与景区单位之间的有效衔接，搭建研究机构、管理单位、经营企业之间的沟通纽带和桥梁。充分利用水利部综合事业局现有代管协会社团的资源，加快开展组建中国水利企业协会水利风景区分会、中国水利学会水利风景区专业委员会等的可行性研究与分析，适时成立相关社团组织，发挥水利风景区行政管理的参谋与助手作用。

培育良好的市场环境。鼓励地方政府依托水利风景区培育滨水休闲综合体、自然研学与文化科普等优质旅游项目，培育水科技类项目，指导地方实行水利风景区"政策包"计划，为吸引社会资本提供更多更好的政策支持。

（四）加强水利风景区相关法律法规和管理制度的顶层设计

高质量完成《水利风景区管理办法》修订，将水利风景区建设管理工作纳入新修订的《中华人民共和国河道管理条例》。稳抓各省正在陆续开展本省有关河道管理条例修订工作的契机，推动水利风景区建设管理的工作指导。此外，应尽快出台"水利风景区高质量发展指导意见"，对标建设幸福河湖要求，明确今后一个时期水利风景区建设的指导思想、基本原则与重点任务，科学指导水利风景区高质量发展。完善监管制度，从综合标准、基础标准、通用标准和专业标准四个方面系统构建水利风景区标准体系。

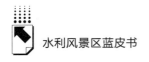
（五）加大对水利风景区建设资金的政策支持

多渠道筹措水利风景区建设资金，以争取水利风景区建设保障稳定的资金来源。

对上争取。建议水利部以"水利工程生态修复和环境整治"为名，积极争取国家发改委立项、由财政部单独安排经费，以用于具备条件的水利工程配套建设水利风景区。

本级挖潜。推动《河道管理条例》修订，将水利风景区建设纳入《河道管理条例》管理范围，将水利风景区建设经费纳入河道管理经费。重大节水工程专项资金、水库移民后期扶持资金等水利风景区建设。

对下引导。按照项目实施原则，水利风景区水生态环境治理与保护资金可采取政府主导，整合各项生态建设资金使用；景区绿化可争取各级林业局的造林补助；基础设施建设及安全保障措施建设以政府投入为主，统筹水利工程及相关建设项目资金使用；科普文化建设以行业文化建设和地方文化建设资金共同推进；游览服务设施建设以吸纳社会资本为主。可开展旅游等经营项目的水利风景区，探索采取特许经营、PPP 等多元融资模式，鼓励社会资金积极参与景区基础设施和游览服务设施建设，对已建成景区，可通过发行专项债券来获取融资。鼓励社会公益组织、学校和科研院所参与科普文化建设，引导社会资金投入景区环境教育、文化创意产业，保障科普文化建设项目顺利实施。有条件的地方逐步建立水利风景区生态补偿机制，加大地方财政资金对景区水生态环境治理与保护的投入，提升景区的生态服务功能。

（六）完善人才保障机制，加强人才队伍建设

进一步推动水利风景区人才队伍建设。开展人才培训与交流，加强人才培训，重点围绕新时代水利风景区新内涵、新定位、新目标、新任务、新要求、新技术，尤其是在争取项目资金方面，应科学设置培训课程。建议支持相关水利院校重点开设水利风景区建设管理相关课程，持续为水利风景区建设发展提供源源不断的新鲜血液。

建立水利风景区规划学术委员会和国家水利风景区规划研究中心，依托水利部综合事业局专家智库和水利风景区专家智库，参考国内外成功经验，成立水利风景区规划理论研究、技术管理的专门性机构，提升水利风景区规划设计与研究能力，科学指导各地水利风景区项目建议书、规划与建设实施方案的编制，以此牵住景区规划管理的"牛鼻子"，全面提升水利风景区建设管理能力和水平。

参考文献

［1］李鹏、董青：《水利旅游概论》，高等教育出版社，2014。

［2］福建省水利风景区高质量发展课题组：《福建省幸福河湖风景区建设实践与思考》，《中国水利》2020年第23期。

［3］李鹏、杨鹏、兰红梅、赵敏：《基于资源特性的水利风景区分类体系》，《水利经济》2020年第6期。

［4］高艳伟：《美丽移民村建设在乡村振兴战略中的作用》，《山东水利》2020年第11期。

［5］马广岳：《山东黄河水利风景区建设发展探讨》，《山东水利》2020年第11期。

［6］孙学斌：《践行生态文明理念 建设幸福河流》，《河北水利》2020年第11期。

［7］葛其荣：《宁波市白溪水库工程景观建设的实践与思考》，《水利建设与管理》2020年第11期。

［8］戴斌：《高质量发展是旅游业振兴的主基调》，《人民论坛》2020年第22期。

［9］宫海婷：《"中国之治"视域下的乡村旅游业治理问题》，《社会科学家》2020年第8期。

［10］古元阳、张芳玲、梁晓玉等：《基于东北虎潜在栖息地保护的自然保护地整合》，《生态学杂志》2020年第5期。

［11］陈晓群、吴雪洁、舒卫萍：《湖北水利风景资源开发利用现状及发展对策》，《中国农村水利水电》2019年第4期。

［12］张洪昌：《新时代旅游业高质量发展的治理逻辑与制度创新》，《当代经济管理》2019年第9期。

［13］魏九峰：《我国乡村休闲旅游从旅游管理到旅游治理的发展逻辑与取向》，《农业经济》2019年第1期。

［14］杨昀、保继刚：《旅游大发展阶段的治理困境——阳朔西街市场乱象的特征及

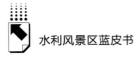
其发生机制》，《旅游学刊》2018 年第 11 期。

[15] 张彬彬、杨宗选、叶小曲：《宁夏鸭子荡水库水利风景区发展规划的实践与思考》，《中国园林》2018 年第 1 期。

[16] 冯英杰、吴小根、张宏磊等：《江苏省水利风景区时空演变及其影响因素》，《经济地理》2018 年第 7 期。

[17] 刘昌雪、汪德根、李凤：《国家水利风景区空间格局演变及影响机理分析》，《地理与地理信息科学》2018 年第 4 期。

[18] 肖建红、丁晓婷、陈宇菲等：《条件价值评估法自愿支付工具与强制支付工具比较研究——以沂蒙湖国家水利风景区游憩价值评估为例》，《中国人口·资源与环境》2018 年第 3 期。

[19] 马云、单鹏飞、董红燕：《水文化传承视域下城市水利风景区规划探析》，《规划师》2017 年第 2 期。

B.3
新时代背景下水利风景区
规划编制思考

宋 鑫 连泽俭 宋海静 巫云飞*

摘 要： 新时代生态文明思想对水利风景区规划提出了新要求。本报
告总结了水利风景区各发展阶段的规划要求，提出了新时代
水利风景区规划的根本遵循、主旨追求、目标导向和基本原
则，厘清了规划发展理念、规划协调与衔接思路、重点建设
内容等编制问题，分析了新时代水利风景区规划原则、规划
范围及功能分区、重点建设项目与措施，为新时代水利风景
区规划编制提供基础研究。

关键词： 水利风景区 规划编制 生态文明

　　水利风景区规划是开发、利用和保护水利风景资源的前提和保障，是水
利风景区健康发展的基本依据，也是水利风景区建设管理的顶层设计和基础
工作。当前，在高质量发展新形势、新要求下，发展一批高质量水利风景区
作为造福人民幸福河湖的标志，成为今后一段时期内水利风景区建设管理的
中心工作。根据经济社会发展需要和国家重大战略落实要求，编制好水利风
景区规划，建设一批幸福河湖样板，打造水利风景区发展标杆，以此全面推

* 宋鑫，华北水利水电大学，讲师，研究方向为城乡规划设计；连泽俭，水利部综合事业局，
高级工程师；宋海静，华北水利水电大学，讲师，研究方向为城乡规划设计；巫云飞，河南
昊淼景观设计有限公司，高级工程师，研究方向为风景园林设计。

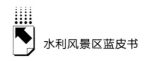
动水利风景区高质量发展。这是解决好水利风景区发展不平衡不充分问题的迫切需要，有利于深化落实河湖空间管控，有利于充分发挥水利设施、水域及其岸线的综合功能及效益。

一　水利风景区发展阶段及规划要求

截至 2020 年底，全国已建有国家水利风景区 878 家、省级水利风景区 2000 多家。根据其发展历程，可将水利风景区发展分为实践探索阶段、规范提升阶段和新发展阶段。

（一）实践探索阶段（2001～2010年）

2001 年，为科学保护和合理利用水利风景资源，水利部成立了水利风景区评审委员会，启动了第一批国家水利风景区评审工作，批准设立了 18 家国家水利风景区。2002 年、2003 年又分别批准了第二批和第三批国家水利风景区。

2004 年，为进一步规范水利风景区的规划建设，水利部相继出台了《水利风景区管理办法》（水综合〔2004〕143 号）、《水利风景区评价标准》（SL 300－2004）等相关政策法规和行业标准，开始了对水利风景区规划的科学指导。

《水利风景区管理办法》（水综合〔2004〕143 号）规定，水利风景区设立后，应当在 2 年内依据有关法规编制完成规划；并对规划审批提出要求。《水利风景区评价标准》（SL 300－2004）（以下简称《标准》）提出了从风景资源、环境保护质量、开发利用条件和管理四个方面对水利风景区进行评价，规范水利风景区的保护、利用、建设和管理。

2001 年至 2004 年，水利风景区申报与评审缺乏具体的参考标准，申报材料所含内容以申报表、景区评价表、专家评审意见表、可行性研究材料、开发规划说明书等为主，上报资料不统一，有关单位所编制的规划多属旅游开发范畴，缺少水利特色。

2005 年，水利部出台了《水利风景区发展纲要》（水综合〔2005〕125 号）（以下简称《纲要》），明确了一段时期内全国水利风景区建设发展的目标、总体布局、主要任务及建设重点等。《纲要》要求各流域机构、省（区、市）要认真研究本区域的水利风景资源保护和利用问题，尽快编制本区域的水利风景区发展规划。各地在《纲要》的指导下，开始逐步探索编制水利风景区发展规划，水利风景区进入了快速发展阶段。

水利风景区发展规划从无到有，逐步完善，但还存在较多问题。《纲要》出台后，较长一段时间内国家层面没有及时出台发展规划，未对《纲要》进行深化，水利风景区规划处于较浅层面，很多景区最终未能按照规划落地实施。

2009 年，水利部成立水利风景区建设与管理领导小组，建立了水利风景区建设管理的工作机制，并明确其职责之一为"研究制定全国水利风景资源的开发利用与保护规划"，水利风景区建设开始从水利行业内部走向大众视野，社会效益、经济效益、文化效益和生态效益逐年提升。

（二）规范提升阶段（2010～2017 年）

2010 年 4 月，水利部在遵守有关水利工程及环境安全法律、法规和条例的基础上制定了《水利风景区规划编制导则》（SL 471 – 2010）（以下简称《导则》），主要用于指导各地规范编制单个水利风景区规划。《导则》共13 章 16 节 74 条和 1 个附录，主要技术内容有：规划编制程序、规划任务、规划调研、规划原则和范围、规划水平年与目标、规划布局、专项规划、风景区容量、投资估算及效益分析、规划环境影响评价、规划成果及要求；附录为水利风景区规划编制程序。《导则》为水利风景区的建设明确了规划管理和规划审批依据，此后所有建设项目须做到先规划后建设，申报国家和省级水利风景区均须编制"总体规划纲要"或"总体规划成果"，并严格按照审批程序进行，水利风景区规划编制全面展开，规划体系逐步完善。

2013 年，水利部印发了《关于进一步做好水利风景区工作的若干意见》（水综合〔2013〕455 号）（以下简称《意见》）。《意见》指出，"强化规划引领"是做好水利风景区工作的六大重点任务之一。各级水行政主管部门要科学编制水利风景区发展规划，并将水利风景区发展规划纳入水利发展总体规划，与经济社会发展总体规划和其他水利专项规划相衔接。健全规划评价体系，完善规划实施保障制度。在确保防洪安全、供水安全、生态安全的前提下，按照《导则》要求科学编制水利风景区总体规划和详细规划。任何单位和个人不得擅自调整水利风景区规划，确需修改，要按照原审批程序报批。

2018年，水利部印发了《全国水利风景区建设发展规划（2017—2025年)》（水综合〔2017〕453号）（以下简称《发展规划》），深入贯彻落实生态文明战略和绿色发展理念，积极践行"绿水青山就是金山银山"要求，为全面推进水利风景区建设与管理工作提供了重要依据与准则，也为水利风景区进一步发展指明了方向。《发展规划》弥补了国家层面水利风景区发展规划的缺失。部分流域、区域水管单位在较长一段时间内并没有出台本地区的水利风景区发展规划，原因主要有两点：一是水利风景区在水管单位内的职能没有明确，地方水管单位开展水利风景区工作的动力不足；二是《纲要》的指导深度不够，地方水管单位对水利风景区的认识不充分，工作方向不明确。目前全国大约有30个省份编制了水利风景区发展规划，但只有不超过5个省份的规划通过报批。《发展规划》是指导和推进水利风景区在今后一个时期内建设与发展的重要依据与准则。《发展规划》基于对我国水利风景区建设现状的分析，提出了水利风景区发展的指导思想、功能定位、基本原则，明确了水利风景区发展的思路与目标；阐述了水利风景区建设的总体布局，强调了相应的发展任务和建设内容，安排了相关的项目实施计划；科学分析了水利风景区建设的效益及影响并提出了针对性的保障措施；进一步明确了全国水利风景区发展的目标与要求，为新时期水利风景区的高质量发展打下基础。

截止到2020年，全国30个省级水行政主管部门制定了水利风景区规划，如《陕西省水利风景区发展规划（2013—2030)》《浙江省水利风景区建设发展规划（2016—2025)》《青海省水利风景区发展总体规划（2016—

2030)》《四川省水利风景区（河湖公园）建设发展规划（2016—2025年）》《云南省水利风景区战略规划（2015—2025年）》等。部分市、县也制定了水利风景区相关规划，一些地区还将水利风景区发展规划纳入当地水利发展总体规划，并注重与当地的区域经济社会发展总体规划相衔接，彰显了水利风景区建设对区域经济社会发展的作用。

（三）新发展阶段（2018年起）

2018年《中共中央办公厅 国务院办公厅关于印发〈水利部职能配置、内设机构和人员编制规定〉的通知》（厅字〔2018〕57号）中，新增"指导水域及其岸线的综合利用""维护河湖健康美丽"职能；水利部印发的水人事〔2018〕235号文件关于机关司局职责中进一步明确"指导水利风景区建设管理"职能。水利风景区建设管理作为水利设施、水域及其岸线综合利用的主要途径，不仅已被纳入水利部机关司局"三定"方案，而且也成为提升河湖空间管控能力、规范涉水行为的重要措施。

2019年《中共中央 国务院关于建立国土空间规划体系并监督实施的若干意见》（以下简称《意见》）明确提出，建立国土空间规划体系并监督实施，将主体功能区规划、土地利用规划、城乡规划等空间规划融合为统一的国土空间规划，实现"多规合一"。《意见》指出，2020年要基本建立国土空间规划体系，从资源管控角度整合相关规划。这对水利风景区建设规划提出了新的要求。相关机构需要进一步明确水利风景区建设规划的定位、内容以及规划编制、审批、实施主体，以形成相互衔接、相互支撑的水利风景区规划体系，依法合规建设水利风景区。

2019年9月18日，习近平总书记发出建设幸福河湖的伟大号召，将黄河流域生态保护与高质量发展确定为国家重大战略。为贯彻落实习近平总书记讲话精神，各级水利部门以规划为抓手，先后编制了《黄河流域生态保护和高质量发展规划纲要》《黄委保护传承弘扬黄河文化规划》《山西省弘扬黄河水文化规划》等专项规划，将水利风景区建设作为规划的重要实施内容。

此外，国家制定出台的有关规划和政策都对水利风景区建设和发展提出了明确要求。国务院印发的《"十三五"旅游业发展规划》中第五章第二节明确提出：以水利风景区为重点，推出一批生态环境优美、文化品位较高的水利生态景区和旅游产品。《国务院办公厅关于促进全域旅游发展的指导意见》中提出"科学合理利用水域和水利工程，发展观光、游憩、休闲度假等水利旅游"。水利部发布的《水利部扶贫办关于做好乡村旅游扶贫水利服务保障工作的通知》，明确指出"要充分发挥水文化、水景观等独特优势，积极推进水利风景区创建活动"。水利部正在开展"水利发展（十四五）规划"编制工作，水文化专项规划、水利科普专项规划等多个专项分别启动，水利风景区建设是其重要内容。

二　新时代对水利风景区规划的新要求

（一）生态文明是水利风景区规划的根本遵循

新时代，生态文明建设的地位和作用更加凸显，生态文明理念日益深入人心。绿水青山就是金山银山的理念是新时代解决经济发展与生态保护二元对立问题的核心思维，深刻阐明了生态文明建设是经济高质量发展的本质要求。水利风景区作为水利行业在生态文明时代的重要工作抓手，需要跟紧时代发展的步伐。

将水资源管理、水环境保护、水生态修复纳入生态文明建设体系，开展水利风景区建设，科学合理有序开发和保护水利风景资源，不仅能够保障水利工程的运行安全和防洪、灌溉、供水、发电、水资源调配等功能的充分发挥，而且能够运用系统治理手段，维护水生态系统的稳定性和水环境的承载能力，也能够引领水利工程建设更加注重社会、生态、环境、人文等方面的综合效益，更能发挥市场作用，积极引导社会建立人水和谐的生产生活方式，推动形成有利于可持续发展的经济结构、消费模式。国家对生态文明建设的重视为我国水利风景区建设和发展提供了前所未有的重大机遇。

（二）群众需要是水利风景区规划的主旨追求

新时代，我国社会主要矛盾已经转化为人民日益增长的美好生活需要和不平衡不充分的发展之间的矛盾。水利风景区依托水利工程所在的水体及周边风景资源和环境条件建设而成，基于生态良好、环境优美的物质空间条件为公众提供了开展风景游憩活动的优质生态产品，满足了人民群众的社会需求。

新需要培育出新的产业发展，水利风景区建设要以群众需要为发展主旨，健康中国驱动水利风景区康养产业发展。健康中国建设是我国现阶段发展的必然要求，健康产业已经成为新常态下经济增长的重要引擎，大健康时代已全面来临，为我国塑造康养旅游以及打造水利风景区康养产业提供了无限可能。随着 5G 技术的普及、移动互联网的进一步发展，文化旅游的数字化水平将进一步提升。信息技术革命将深刻影响旅游行为，科技的应用将带来生态产品形态、消费模式、营销模式、管理模式等的全方位革新，以"科技 + 文化 + 景区"打造产业动能，培育和扩大新消费市场，开发新兴业态，推动产业和公共服务升级，将是大势所趋。水利风景区规划作为水利风景区发展的依据，应适应国家战略与政策的调整，融入新的发展理念，满足经济社会的发展需要。

（三）弘扬文化是水利风景区规划的目标导向

新时代，文化软实力在国家综合国力中地位和作用更加突出。水利工程的文化内涵、价值功能已发生根本变化，水利工程治国兴邦、兴利除害的主体功能已向物质、精神、文化等多个层面的功能演变。

水利风景区成为展示水文化和弘扬水利精神的重要平台。在景区建设与管理中，更好地展示水文化、推进科普教育，既是文化进步的客观要求，也是文化发展、建设文化强国的客观需要。水利风景区依托水利工程，成为集中展示水利工程设施、技术和历史等水文化的重要载体。应该通过挖掘水文化，拓展水利风景区多元立体的文化内涵，提升水利工程的文化承载力和文

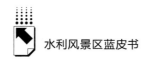
化品位。水利风景区科普不仅是水利宣传教育的重要组成部分，也是开展社会教育、提升人们文化素养的重要途径。人们在享受现代水利、优美环境景观、陶冶情操的同时，能够进一步了解我国水利科学知识，通过水利风景区建设管理，体验现代水利科技，感受水利事业成就，达到宣传水利科学的目的。

（四）融合发展是水利风景区规划的基本原则

新时代，为更好解决发展不平衡不充分问题，必须全面贯彻协调融合发展理念。水利风景区建设需要打破行业界限，融入地方经济社会发展全局，与文化旅游发展规划以及国土等行业发展规划相衔接，整合水利、农业农村、生态环境、文旅等部门资源，实现共建共享。

水利风景区建设要主动融入国家重大战略，主动适应地方经济社会发展要求，主动衔接地方经济社会发展项目，主动配合水利行业各部门政策，落实水利风景区高质量发展的新要求。我国水利风景区已广泛分布于我国主要江河流域，依托良好的资源优势和水生态环境，对支撑区域经济高质量发展和国家战略的实施具有突出作用，蕴藏着巨大发展潜力。

三 新时代水利风景区规划编制问题

（一）新发展阶段需要新的水利风景区规划理念为指导

制定规划要以理念更新为先导，规划理念决定了规划的意义，是建设思路、发展方向、规划着力点的集中体现。在新时代生态文明建设理念的指导下，水利风景区发展已进入了需要重新思考并定位的关键时期。

党的十八大以来，尤其是"十三五"时期，各地水利风景区建设积极探索适应新时代发展要求的新模式，但仍然存在水利风景区发展现实与理念相悖的问题。从全国层面看，受发展旅游业促进地方经济繁荣导向的影响，一些地方出现重视水利旅游开发建设，忽视对水资源和水环境保护的问题，这与水利风景区规划所倡导的维护水工程安全、涵养水源、保护生态、改善人居环境、弘扬水利文化、推动区域社会经济和谐发展的理念有很大偏差。问题的关键在于水利风景区规划设计技术标准和规划管理体系存在不足。

水利风景区规划研究理论体系尚未形成，研究内容不够健全，研究深度不够。在研究内容上，水利风景区规划设计的研究主要集中在生态旅游方面，水工程维护、水环境保护、水生态修复、水文化传承等方面的研究相对不足。在研究深度上，基于单个景区规划案例研究较多，体系研究或专项性技术和措施研究较少。《导则》编制于 2010 年，至今尚未修编，规划技术规范未能将新时代发展理念有效融入，亟待更新。

（二）"多规合一"背景下需要明确规划协调与衔接思路

2019 年 5 月 9 日，中共中央、国务院印发了《关于建立国土空间规划体系并监督实施的若干意见》，其将主体功能区规划、土地利用规划、城乡规划等统一为国土空间规划，通过重构规划体系，实现"多规合一"。2019 年 11 月 1 日，中共中央办公厅、国务院办公厅印发了《关于在国土空间规划中统筹划定落实三条控制线的指导意见》，统筹生态保护红线、永久基本农田、城镇开发边界三条控制线，统一标准、统一规划，对水利风景区规划提出了新的要求。而在实际操作中，水利风景区规划范围划定缺少依据成为对接国土空间规划"三区三线"的主要问题。

1. 水利风景资源时空关系复杂

《导则》中对水利风景资源的定义是"水域（水体）及相关联的岸地、岛屿、林草、建筑等能对人产生吸引力的自然景观和人文景观"。《水利风景区评价标准》（SL 300－2013）中水利风景资源是指"水域（水体）或水利工程以及相关联的岸地、岛屿、林草、建筑等形成的自然和人文吸引物"，包括水文景观、地文景观、天象景观、生物景观、工程景观、人文景观。

从空间维度看，水利风景资源分布于水体、岸线、陆地、空中四种不同位置；从时间维度看，水利风景资源主要有文化遗迹的累积，物候以及节气的变化。水利风景资源多沿水域岸线分散分布，凡是水利风景资源交叉的边

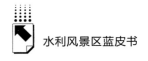

缘地带，就存在"三区三线""分类管控"的复杂时空关系，不利于水利风景区规划范围的划定。

2. 水利风景区临近陆域权属关系复杂

《导则》和《标准》中水利风景资源是指"以水域（水体）或水利工程为依托，具有一定规模和质量的风景资源与环境条件，可以开展观光、娱乐、休闲、度假或科学、文化、教育活动的区域"。

水域、水利工程部分通过征地已变成国有土地，由属地水利部门管理；水库型、湿地型、灌区型、自然河湖型、水土保持型水利风景区多位于郊野地区，是农业空间、生态空间、城镇空间三者交织地区，周边陆域土地权属复杂，不归属水利部门管理；城市河湖型多位于城镇空间的特别用途区，一方面体现城市的生态价值，另一方面体现城市的公共价值，周边陆域多为城市绿地，不归属水利部门管理。复杂的权属关系，不利于水利风景区规划范围的划定。

3. 水利风景区范围划定缺少法律依据

目前，全国人大常委会针对自然资源部门、文化和旅游部门需要保护的资源颁布了多个专项法律，明确县级以上人民政府必须划定规划保护范围与批准程序；国务院针对风景名胜区、自然保护区、历史文化名城名镇名村、基本农田都出台了专项条例划定相应的规划范围；全国人大常委会关于国土空间规划法、湿地法都在立法中，自然保护地法也在立法前期的论证中。与水利有关的《中华人民共和国水法》《中华人民共和国防洪法》《中华人民共和国水土保持法》《中华人民共和国水污染防治法》都未涉及水利风景区，水利风景区规划范围边界的划定缺少法律支撑。

水利风景区规划如何融入国土空间规划，如何与国土空间规划编制的层级和内容对应，如何融入各级水利专项规划，是下一步水利风景区规划要解决的重要问题。

（三）新要求需要调整水利风景区规划重点建设内容

水利风景区规划经过近20年的实践，特别是《关于建立国土空间规划体系并监督实施的若干意见》《关于在国土空间规划中统筹划定落实三条控制线的指导意见》发布以来，在新的市县国土空间分类和"三线"刚性约束下，不同类型水利风景区的规划重点建设内容需要调整优化。

1. 规划布局的功能分区需要调整

在《导则》中，功能分区一般分为出入口区、游览区、服务区、保护区、管理区五类。其中，服务区是旅游规划中的概念，是指一个相对封闭、配套完整的服务设施、完成旅游收入的区域。被列为水源地的水库型水利风景区对应市县国土空间分类的生态保护与保留区，因为分区和红线的原因，其很难建设服务设施；城市河湖型水利风景区对应市县国土空间分类的城镇发展区的特别用途区，没有必要独立建设服务设施，可与城市服务设施共享。

2. 水资源保护、水生态环境保护和水利科技与水文化传播需要强化

在《导则》中规定，水资源保护规划应进行合理的水量供需平衡分析，优化配置水资源，妥善安排水利风景区的生产、生活、生态用水。对于被列为水源地的水库型水利风景区，对应市县国土空间分类的生态保护与保留区，水资源保护专项规划需要在城市"以水定城"的基础上，统筹考虑水利风景区生态用水，不能局限于景区内，水生态环境保护专项规划要按照水源地的立法严格保护；城市河湖型水利风景区对应市县国土空间分类的城镇发展区的特别用途区，为城镇居民提供生态、人文景观服务，要发挥传播文化科普的平台作用，提升水利风景区的文化魅力，让人民群众在享受水利优美环境的同时，了解我国悠久的治水历史和水利科学知识，感受当代水利事业的巨大成就，该类型景区须加强水利科技与水文化专项规划。

3. 土地利用、交通、服务设施、基础设施、竖向、营销等规划需要优化

城市河湖型水利风景区土地利用规划、竖向规划、交通规划、基础设施规划中排水、环卫、供电、通信等功能由城市规划确定，无须再做专项规划，服务设施规划中吃、住、行、游、购、娱等功能由城市提供。大多数城市河湖型、水库型水利风景区属于公益型景区，无须再做营销专项规划。

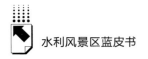

四 新时代水利风景区规划编制思考

水利风景区规划是基于水利工程设施、水域及其岸线形成的水利风景资源开展的水利专项规划，其重点在于水利风景资源的保护与利用、水利工程特色的彰显。应重点明确规划原则、规划范围、规划主要内容等关键问题。

（一）水利风景区规划原则

1. 保护优先

水利风景区是水生态文明建设的重要载体和前沿阵地，维护水工程、保护水环境、修复水生态作为水利风景区建设和发展的核心与基础，在规划设计中应重点体现。严格贯彻保护优先的原则，在此基础上科学、合理、适度地对水利风景资源进行开发利用，推动景区可持续发展。

明确水利风景区的保护区域，制定开发项目的负面清单。一级饮用水源地、生态脆弱区域、重要水源涵养地等区域内的水利风景不宜做旅游等方面的开发，只进行水环境保护和水生态修复的规划建设；其他区域内的水利风景区以建设项目负面清单为指导，开展生态旅游等相关项目的规划建设。

2. 弘扬文化

水利风景区的重要功能是展示水利工程的文化内涵、水域的水生态文化和滨水地区的地方文化。根据水利工程自身特点，因地制宜，突出个性，制定水文化、水科普规划。

目前，《导则》中没有专门的文化科普规划编制规定，仅在景观、标识系统、水利科技与水文化传播规划中提到相关原则，并不作强制性要求。作为展示水文化和弘扬水利精神的重要平台，水利风景区规划应该将水文化、水科普规划列为强制内容。应重点梳理以水利文化遗产为代表的水文化核心要素。水文化的核心控制要素在于水利科技价值、历史价值、文化价值和社会价值有效发挥所应预留的空间，解析承载这些价值的具体物质水利工程设施或空间载体，从而明确控制内容和控制要求。水利风景区规划应明确科普设施、水文化遗产保护及水文化传承弘扬设施、教育设施等，并设计相应活动，这些应作为水利风景区规划的引导性内容。

3. 区域统筹

目前，水利风景区的建设发展多围绕单一地方水利工程开展，缺少区域联动集群发展。《导则》规范了单一水利风景区建设规划的编制要求，但没有提出区域联动发展的理念。《水利风景区发展纲要》虽然明确了各流域机构、省（区、市）要编制本区域的水利风景区发展规划，但仅限于管理层面，不涉及区域布局，尤其是不涉及重大水利工程区域水利风景区集群发展的规划要求。

重大水利工程往往涉及区域、流域多地方、多节点，在一个流域内又涉及上下游、左右岸。比如南水北调工程，包括东、中、西三条调水线路，连接长江、黄河、淮河和海河四大江河流域，线路上排布着众多水利工程设施。南水北调东线工程创造了世界上规模最大的泵站群——东线泵站群工程，南水北调中线工程创造了中国现代最大的人工运河——中线引江济汉工程。如此区域广阔、规模宏大的水利工程，包含丰富的水利风景资源。只有通过统一、综合的水利风景区规划，整合区域水利风景资源，才能协调区域水利风景区建设，统筹发展，以打造景区集群。应充分利用重大水利工程建设形成的水利风景资源，充分发挥重大水利工程的社会服务功能，推动相关水利风景区高质量发展。

4. 分类指导

《水利风景区发展纲要》提出水利风景区按照依托工程特点分为水库型、灌区型和水土保持型，按照保护对象分为湿地型、自然河湖型、城市河湖型，共六类。这种按照依托工程特点与保护对象双重标准的分类体系，存在分类模糊、交叉的问题，在实践中不利于公众辨识和管理者操作。基于此，《导则》并未按照水利风景区的类型制定规划建设标准。

结合各地水利风景区规划建设实践，从水利风景区的定位和发展目标出发，根据水利风景区的社会服务情况，将水利风景区划分为保护型、公益型和经营型三种类型，分类指导水利风景区的规划编制和建设是一种可行的方案。保护型水利风景区应重点编制水资源保护、水生态修复规划，明确保护区范围，可安排文化宣传、科普教育等项目；公益型水利风景区在编制保护规划的基础上，以文化科普建设为核心，配套完善的公共服务设施；经营型水利风景区，可借鉴旅游景区的规划建设标准，配套完善的旅游服务设施。水利风景区规划可以按照景区主体类型编制，内容板块化设置。以保护规划为核心，以文化科普规划为主体，在科学分析资源条件、合理制定建设目标的基础上制定服务设施、生态旅游等其他规划。

（二）水利风景区规划范围及功能分区

1. 符合国土空间的相关要求

水利风景区规划作为水利专项规划，按照三个层级与国土空间规划相对应，以符合国土空间规划的要求。

（1）国家层面——侧重战略

国家水行政主管部门要依据《生态文明体制改革总体方案》《关于建立国土空间规划体系并监督实施的若干意见》，针对全国范围大流域，构建以"国土空间总体规划+流域专项规划"为核心的水利风景区规划编制体系，建立包含全国—流域—水功能区—控制单元—行政辖区五个层级的空间分区体系。

（2）省级层面——侧重协调

省级水行政主管部门要依据《关于建立国土空间规划体系并监督实施的若干意见》《省级国土空间规划编制指南》《省水利专项规划》，制定与全省水资源、水环境、水生态、水安全相匹配的省级水利风景区规划。

①开发保护格局。生态空间：改善流域水系网络的系统性、整体性和连通性；农业空间：综合考虑不同种植结构水资源需求；城市空间：保留、维护自然原生的河道、湿地生态系统，建设配置合理、结构清晰、功能完善的城市蓝绿网络与开放空间体系。

②资源要素保护与利用。确定水资源的利用上限和水生态环境质量的安全底线，提出水资源的供给总量、结构以及布局调整的重点和方向；深入挖掘水利文化资源，系统建立包括水利文化遗产、水利非物质文化遗产等在内

的水利文化保护体系，全面评价河流、湖泊等水景观资源，保护自然特征和审美价值，将其统一纳入省级国土空间规划。

③基础支撑体系。落实国家重大水利基础设施项目，明确空间布局和规划要求；提出防洪排涝的防治标准和规划要求，明确应对措施。

④生态修复。按照以自然恢复为主、以人工修复为辅的原则，将水源地、水质污染、水生态环境退化、水土流失严重的问题区域作为修复和整治范围，按照保障安全、突出生态功能、兼顾景观功能的优先次序，提出修复和整治目标、重点区域与重大工程。

（3）市县层面——侧重实施

市县水行政主管部门要依据《市县国土空间规划分区和用途分类指南》《市县国土空间总体规划编制指南》《资源环境承载能力和国土空间开发适宜性评价技术指南》《省水利专项规划》，制定水利风景区规划，体现国家意志和社会公共利益，以保护与修复、开发与利用两大空间管控属性为基础，合理配置空间资源。

坚守水资源承载能力底线，明确取用水总量、水质达标率等控制目标和配置方案；优化河湖水系格局，统筹重点河湖岸线及周边土地保护利用；严格落实地表水源保护区、地下水源涵养区、自然保护区等各类、各级水生态保护区，明确划定河湖蓝线和湿地保护线，确定水体保护等级和要求，改善水体生态功能。

制定水利风景区规划时所涉及的国土空间规划用途分类，主要包括农林用地、建设用地、自然保护与保留用地。制定水利风景区规划时所涉及的国土空间规划分区，包括生态保护与保留区、永久基本农田集中保护区、古迹遗址保护区、城镇发展区、农业农村发展区。

①生态保护与保留区

生态保护与保留区包括陆域核心生态保护区、生态保护修复区、自然保留区。

陆域核心生态保护区主要包括水源涵养、生物多样性维护、水土保持等生态功能重要的自然区域，以及水土流失等生态环境敏感的自然区域。其实

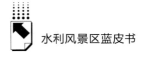

行最严格的准入制度，严禁任何不符合主体功能定位的开发活动。水土保持型、湿地型的水利风景区规划范围划定须结合陆域核心生态保护区的相关要求。

生态保护修复区是在核心生态保护区以外，包括饮用水源地等其他需要保护修复的生态区域。经评价在对生态环境不产生破坏的前提下，可以适度开展观光、旅游、科研、教育等活动。水库型水利风景区多为饮用水水源地，其规划范围划定须结合生态保护修复区的相关要求。

核心生态保护区和生态保护修复区之外的自然保留区一般不具备开发利用条件，也不需要特别保护，若规划期内不利用，应当保留原貌的陆地自然水域。经评价在对生态环境不产生破坏的前提下，可以适度开展观光、旅游、科研、教育等活动。自然河湖型、湿地型的水利风景区规划范围的划定须结合自然保留区的相关要求。

②永久基本农田集中保护区

永久基本农田集中保护区是为了维护国家粮食安全、切实保护耕地、促进农业生产和社会经济的可持续发展，划定的须实行特殊保护和管理的区域。自然河湖型、灌区型的水利风景区规划范围的划定须结合永久基本农田保护区的相关要求。

③古迹遗址保护区

古迹遗址保护区是为了保护和传承历史文化，避免各类建设行为对大遗址和地下文化埋藏区等历史文化遗产的破坏而划定的保护区域。城市河湖型、自然河湖型的水利风景区规划范围的划定须结合古迹遗址保护区的相关要求。

④城镇发展区

城镇发展区是为了满足各类城镇发展需求、优化城镇功能和空间布局而划定的区域，包括城镇集中建设区、城镇有条件建设区和特别用途区。

城镇集中建设区应重点考虑城镇的发展方向与布局形态要求，并基于城镇发展规模的科学测算，由城镇建设用地与河流水系、绿色空间等用地共同形成相对规整、人与自然和谐共生的空间形态。

城镇有条件建设区是城镇发展区的弹性空间，在不违反国土空间规划强制性内容和不突破规划城镇建设用地规模的前提下，可调整为城镇集中建设区。

特别用途区采用"详细规划＋规划许可"的方式进行管控，同时应明确可准入的项目类型，区内涉及的山体、水体、保护地应分别纳入山体、水体、保护地名录进行专项管理。该区内的建设行为应严格管控，在对生态、人文环境不产生破坏的前提下，可适度开展休闲、科研、教育等相关活动，为城镇居民提供生态、人文景观服务。城市河湖型水利风景区规划范围的划定须结合城镇发展区的相关要求。

⑤农业农村发展区

农业农村发展区是为了推动农业全面升级、农村全面进步、农民全面发展，实现乡村全面振兴而划定的农业生产、生活发展区域。

农业农村发展区内允许农业和乡村特色产业发展及其配套设施建设，以及为改善农村人居环境而进行的村庄建设与整治。自然河湖型、灌区型的水利风景区规划范围的划定须结合农业农村发展区的相关要求。

2. 水利风景区规划范围划定方式

（1）严格依照国土空间规划分区划定

2019 年自然资源部发布了《市县国土空间规划分区和用途分类指南》，为建立"多规合一"的空间规划技术标准体系，支撑各级各类空间规划编制和实施，该文件明确了市县国土空间规划分区和用途分类应遵循的总体原则与基本要求，提出了国土空间规划用途分类的总体框架及各类用途的名称、代码与含义，为下一步国土空间总体规划、专项规划、详细规划编制与管理提供了依据。其规划分区主要包括：生态保护与保留区（核心生态保护区、生态保护修复区、自然保留区）、海洋特别保护区与海洋渔业资源养护区（海洋特别保护区、海洋渔业资源养护区）、永久基本农田集中保护区、古迹遗址保护区，以及城镇发展区（城镇集中建设区、城镇有条件建设区、特别用途区）、农业农村发展区、海洋利用与保留区（海域利用区、无居民海岛利用区、海洋保留区）、矿产与能源发展区，涉及市域 8 类、县域 15 类分区。水利风景区规划范围须严格按照所属区域国土空间规划分区

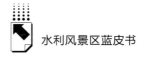

划定。

（2）严格按照全国河湖管理范围划定

2014 年水利部发布《关于开展河湖管理范围和水利工程管理与保护范围划定工作的通知》，以《水法》《土地管理法》《河道管理条例》《水库大坝安全管理条例》《大中型水利水电工程建设征地补偿和移民安置条例》等有关法律法规、技术标准为依据，依法划定河湖管理范围和水利工程管理与保护范围，明确管理界线，设立界桩。水利风景区规划范围须严格按照所在地河湖管理范围和水利工程管理与保护范围划定。

3. 优化功能分区和空间布局要求

水利风景区功能分区和空间布局应以水利风景区所处的市县国土空间规划分区类型作为依据。

河南省南阳市鸭河口水库水利风景区（水库型）作为南阳市城市饮用水水源地和湿地公园核心，属于南阳市国土空间规划生态保护与保留区的陆域核心生态保护区，2019 年划定水库管理范围。水库水面部分应规划为保护区，严禁任何不符合主体功能定位的开发活动；坝下公园经评价，在对生态环境不产生破坏的前提下，可以规划为游览区，适度开展观光、旅游、科研、教育等活动；现在的管理处要逐渐迁出，管理区和服务区可以协调当地政府在与生态保护修复区一路之隔的城镇发展区设立。

河南省许昌曹魏故都水利风景区（城市河湖型）属于许昌市国土空间规划的城镇发展区的特别用途区，管理范围为河湖蓝线及绿线。其城市河湖水面部分应规划为游览区，在对生态、人文环境不产生破坏的前提下，可适度开展休闲、科研、教育等相关活动，为城镇居民提供生态、人文景观服务。作为公益型开放景区，出入口区无须设立，管理区、保护区和服务区也无须设立。

综上所述，并不是每个水利风景区都必须在河湖管理范围和水利工程管理与保护范围内设立包括出入口区、游览区、服务区、保护区、管理区在内的功能分区，应根据水利风景区所处的市县国土空间规划分区的类型进行调整。

（三）水利风景区规划重点建设项目与措施

1. 必选内容：水资源保护规划、水生态环境保护与修复规划、景观规划、安全保障规划、标志系统与解说规划、水利科技与水文化传播规划

水利风景区规划应以水利风景区所处的市县国土空间规划分区的类型为依据。市县国土空间规划生态保护与保留区的陆域核心生态保护区实行最严格的准入制度，严禁任何不符合主体功能定位的开发活动，除此之外，其他市县国土空间规划分区都允许适度开展观光、旅游、科研、教育等活动。允许开展观光、旅游、科研、教育等活动，在水利风景区规划中必定涉及水资源保护规划、水生态环境保护与修复规划、景观规划、安全保障规划、标志系统与解说规划、水利科技与水文化传播规划，此几项应作为水利风景区规划的强制性内容。

河南省济源沁龙峡水利风景区（水库型）在水库设计时，水库建设方案征地范围和淹没线与太行山野生猕猴自然保护区的缓冲区和核心区（2009 年调整为试验区）冲突，后经调整，水库淹没线海拔 275 米，自然保护区核心区海拔 276 米。景区属于济源市国土空间规划生态保护与保留区的陆域核心生态保护区，其水库水面部分应规划为保护区，严禁任何不符合主体功能定位的开发活动；其坝下公园位于海拔 276 米以下，属于太行山野生猕猴自然保护区的缓冲区（试验区），经评价在对生态环境不产生破坏的前提下，可以适度开展观光、旅游、科研、教育等活动。其水利风景区规划突出了以下几项。

水资源保护规划：设立水源地保护范围，设定生态流量；

水生态环境保护与修复规划：重点规划水土保持，山体修复，坝前湿地修复；

景观规划和水利科技与水文化传播专项规划：规划建设水利科普馆，大坝平台规划建设节水园、科技园、安全园，坝顶规划雕塑、文化墙等景观小品；

安全保障规划：制定防洪规划，规划建设护栏和警示标志系统等防护

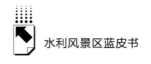

设施；

标志系统与解说规划：规划设计完善的标志与解说系统。

综上所述，即使水利风景区处于市县国土空间规划生态保护与保留区的陆域核心生态保护区，也可在水利风景区规划中突出水资源保护规划、水生态环境保护与修复规划、景观规划、安全保障规划、标志系统与解说规划、水利科技与水文化传播规划等内容。

2. 可选内容：交通与游线组织、服务设施、配套基础设施、土地利用、竖向、营销与管理等的规划

水利风景区规划应以水利风景区所处的市县国土空间规划分区的类型为依据，交通与游线组织、服务设施、配套基础设施、土地利用、竖向、营销与管理等的规划则做可选内容。

河南省郑州龙湖水利风景区（城市河湖型），属于郑州市国土空间规划城镇发展区的特别用途区，管理范围为河湖蓝线及绿线。在对生态、人文环境不产生破坏的前提下，可适度开展休闲、科研、教育等相关活动，为城镇居民提供生态、人文景观服务，作为新城区水系规划建设达到较高的标准。其水利风景区规划以下几项结合城市规划统筹考虑。

交通与游线组织规划：沿水系的城市公共交通系统和慢行绿道系统，由城市规划确定；

服务设施规划：吃、住、行、游、购、娱由城市规划提供；

配套基础设施规划：排水、环卫、供电、通信等由城市规划确定；

土地利用规划：景区范围仅限于河湖水面（蓝线、水域）和水岸绿地（绿线、绿地）及必要的水闸（黄线、基础设施用地），由城市规划确定；

竖向规划：由城市规划确定；

营销与管理规划：是城市居民活动的开放空间、公益型景区，无须进行营销规划；每一段河湖均有河湖长制落实到具体负责人，无须进行管理规划。

综上所述，水利风景区所处的市县国土空间规划城镇发展区的特别用途区，无须在水利风景区规划中突出交通与游线组织、服务设施、配套基础设施、土地利用、竖向、营销与管理等的规划。

五　总结

基于人居环境学科的视角，水利风景区是以水利工程和河湖水系为基础构建的富含水文化特色、水生态特色和水环境优势的文化景观区域，是人与自然和谐共生的典型区域。在新时代生态文明建设及国土空间规划的背景下，水利风景区规划的编制应进一步明确新要求，制定新原则，梳理规划的约束条件与主要内容，并与其他行业和地方经济社会发展相融合。水利风景区规划须符合国土空间规划"五级三类"的规划体系，确定保护优先、弘扬文化、区域统筹、分类指导的规划原则；按照管控要求划定范围，优化功能布局；将水资源保护、水生态环境保护与修复、安全保障、景观、标志与解说系统、水利科技与水文化传播等的规划作为主要内容加以落实，探索形成新时代水利风景区规划和建设的有效路径。

B.4
乡村振兴背景下水利风景区发展思路

刘林松　邱　颖　卢素英　李亚娟*

摘　要： 水利风景区作为水利行业支撑乡村振兴战略的重要载体，为改善农村人居环境、传承乡土文化、助力农村产业转型发展提供了基础。本报告梳理了乡村振兴背景下水利风景区建设要求，分析了水利风景区建设成效和存在的问题，以农村水利基础设施建设、农村环境综合治理、文化科普建设为切入点，从巩固现有景区、创建景区、培育示范景区等方面提出水利风景区发展的主要任务，为乡村振兴背景下水利风景区的发展提供思路。

关键词： 水利风景区　乡村振兴　乡村文化

一　乡村振兴与水利风景区建设发展背景

2018 年中央印发了《中共中央 国务院关于实施乡村振兴战略的意见》（中发〔2018〕1 号），编制出台了《乡村振兴战略规划（2018—2022年)》，全面阐述新时代实施乡村振兴战略的重大意义和总体要求。2021 年中央一号文件《中共中央 国务院关于全面推进乡村振兴加快农业农村现代

* 刘林松，浙江水利水电学院，高级工程师，研究方向为水利水电工程；邱颖，水利部综合事业局，工程师；卢素英，博士，华北水利水电大学，讲师，研究方向为风景园林；李亚娟，中国水务投资有限公司，高级工程师。

化的意见》提出全面推进乡村振兴；2月25日，国务院直属机构国家乡村振兴局正式成立，标志着相关制度框架和政策体系基本形成。

为深入贯彻国家关于乡村振兴的政策，水利部印发了《关于做好乡村振兴战略规划水利工作的指导意见》（水规计〔2019〕211号），提出乡村振兴战略规划水利工作的主要目标：至2022年农村水利基础设施网络进一步完善、水资源保障能力明显增强、防汛抗旱能力明显提升、河湖面貌明显改善；提出要开展农村水系综合治理，建设河畅、水清、岸绿、景美的水美乡村，打造干净整洁、环境优美、生态宜居、管理有序的典型示范河湖。

水利风景区作为水利行业践行生态文明建设与美丽中国建设的具体实践，已成为全国各地水生态文明建设的重要载体、传承和弘扬水文化的重要平台，带动了当地经济、社会、文化等多方面的融合发展。各地水利风景区建设注重与乡村振兴相结合，在改善乡村河湖水质和水环境、修复水生态系统的同时，打造"水清、岸绿、景美"的景区，为改善农村人居环境、传承乡土文化、助力农村产业转型发展提供水利支撑。

二 乡村振兴背景下水利风景区建设成效和存在问题

随着时代的发展，人们对物质文化和精神文化的需求不断提高，水利工程在功能价值、文化内涵方面也发生根本性变化，已从原来以生存和发展为主的防洪、排涝、灌溉、供水等基本功能逐步向物质、精神、文化等多个层面融合的多功能演变。水利风景区不仅具备涵养水源、维护工程安全、改善人居环境和维护生态等方面的生态功能，还带动了区域经济社会的发展，为乡村振兴、精准扶贫提供了水利支撑。

（一）乡村地区水利风景区建设成效

一是乡村地区水利风景区凸显了水生态方面的优越性。水利风景区建设与管理突出人水和谐理念，在人与自然和谐共生方面起着示范性作用；在人类生存与经济发展方面维护了河湖生态健康的基本需求；在水域及其岸线和水利工程开发利用方面加强了对水资源和水环境的治理；在人工景观等水利设施建设方面强调了河湖自然景观的恢复和利用。在水利风景区建设与管理过程中，水利部门适时引入并着力推广生态旅游的理念，通过水生态景观的修复和水环境保护技术，改善了水生态质量，使水利旅游发展得以普及并深入；同时，培养人们节约水资源、保护水生态、改善水环境的意识，提升了公众水素养。因此，乡村地区水利风景区建设与管理在水资源保护、水生态修复、水环境改善、水土流失减少、城乡环境美化等方面彰显了其优越性。福建省宁德洋中水利风景区利用景区水库、山潭和溪流等资源，挖掘其水文景观，结合农业休闲观光，探索出水生态、水文化景观与绿色产业相结合的景区发展模式，生态效益和经济效益显著；另有永春桃溪水利风景区以桃溪县城河段为主体，本着保护水源地及生态立县的发展定位，在建设发展过程中将流域治理、水利风景区创建、乡村振兴、产业发展等有机融合，使"水生态"催生"水效益"。

二是乡村地区水利风景区起到了经济方面的带动作用。生态保护先行条件下乡村地区水利风景区建设与管理带动了相关产业发展，改善了景区属地产业结构，增强了所在地经济实力，不仅为水管单位建设与管理提供了经济保障，也为当地村民带来了直接或间接经济利益。实践结果表明，乡村地区水利风景区，特别是水利旅游开展得较好的水管单位，在体制改革与经济发展方面均呈现出良好的态势。湖北省兴山县在全域范围内开展水利风景区建设工作，打造了"最美水上公路"乡村旅游精品走廊，获批 1 个国家特色小镇试点，建成 1 个国家美丽乡村、1 个全省旅游名村和 6 个省级美丽乡村，发展农家乐 320 家，直接带动就业 3359 人，使库区和景区周边 5600 多名贫困户直接脱贫致富，13 个建档立卡贫困村脱贫出列。

三是乡村地区水利风景区提升了社会认同感、村民获得感及幸福感。乡村地区水利风景区不断扩大并转变其自身功能，逐渐从水利行业本身拓展到整个社会范畴，成为满足人民日益增长的精神文化需求的重要载体、各级地方政府发展经济的重要抓手，对社会各界产生积极影响。各地在乡村振兴战略指导下开展水利风景区建设与管理，打造了一批具有地域文化特色的亲水景观，不仅改善了乡村人居环境，还再现了村民儿时记忆中水清岸绿、风景宜人、人水和谐的乡村风貌。从"治"的角度看，达到了综合整治乡村水环境的目的；从乡村村民生活角度看，提升了村民的获得感、幸福感。湖北省兴山县宜昌高岚河水利风景区，在乡村振兴背景下，举全域之力开展水利风景区建设，以水资源、水工程为基础，整体布局规划突出地方特色；以环境保护为前提，维护水工程，弘扬水文化，为全域提供了丰富的水生态和水文化产品，改善了农村人居环境品质，得到了社会广泛认同，提升了当地村民的获得感、幸福感。

四是乡村地区水利风景区提升了乡村文化自信。乡村地区水利风景区在宣传水利精神、弘扬水文化、科普教育方面发挥了重要作用，通过文化挖掘与塑造，再现了当地水利工程营造智慧，拓展了景区地域文化内涵，展现了文化时代精神。特别是通过对当地水文化、水知识、水历史的展现，加深了当代村民对悠久水利建设历史的认识，领略水文化的深刻内涵；同时，现代水利的高科技化也增加了人们对科技创新的认识，使其感受到新时代我国水利事业的巨大成就。通过乡村地区水利风景区建设与管理，使村民在享受优美景观环境的同时，也从中得到熏陶，提升了审美素养，提高了文化自信。浙江省湖州吴兴太湖溇港水利风景区依托"世界灌溉工程遗产——太湖溇港"而建的灌区型水利风景区，是太湖平原与水利工程共同营造的天人合一、人水和谐的自然与文化景观区，水利资源独特、文化底蕴深厚。实践证明，湖州吴兴太湖溇港水利风景区在彰显溇港水利治水特色、提升文化自信方面发挥了重要作用。

（二）乡村地区水利风景区建设存在的问题

1. 乡村地区水利风景区急需补齐基础设施短板

乡村休闲旅游是人民群众对美好生活的需要的重要组成部分。水利风景区作为乡村休闲旅游的重要载体，在乡村振兴背景下，对其自身的承载能力及周边基础设施配套水平提出了更高要求。现阶段，乡村地区水利风景区建设仍处于起步阶段，部分发展基础良好的水利风景区，也不能很好地满足高速增长、市场规模增加、辐射范围扩展带来的新需求，现状基础设施配置和服务水平普遍存在短板弱项，使景区发展受到很大制约。为此，乡村地区水利风景区要依托农村水利工程基础设施建设，做好统筹谋划，完善景区基础设施，提升景区服务能力，满足不断扩大的服务需求。

2.乡村地区水利风景区急需健全市场引入机制

乡村休闲旅游业是农业功能拓展、乡村价值发掘、业态类型创新的新产业。水利风景区作为乡村全域旅游、产业融合发展的重要抓手，在乡村振兴背景下，获得了自身及带动周边经济发展的良好机遇。但现阶段乡村地区水利风景区建设资金来源渠道单一，主要还是以政府财政投入为主，以景区为依托的项目开发投入力度薄弱，高端优势的市场主体参与度不高，以及特色项目开发深度不够。因此，乡村地区水利风景区建设要遵循市场规律，放宽市场准入门槛，拓宽社会资本投资渠道，吸引社会资本进入，扩大积极有效参与，鼓励社会资本与政府、金融机构开展合作，充分发挥社会资本市场化、专业化等优势，逐步形成多元化投资新机制，着力解决乡村地区水利风景区资金短缺问题，增强景区发展内生动力。

3.乡村地区水利风景区急需强化文化内涵建设

推动城乡公共文化服务高质量发展，是让人民享有更高质量的精神文化生活，满足其对美好生活的需要的必然要求。水利风景区作为提供文化产品的重要平台，其文化内涵建设是促进乡村文旅融合发展、改善农村精神风貌的重要途径。现阶段，乡村地区水利风景区仍然存在文化挖掘深度不充分、文化表达深度不够、水利特色不鲜明、科普教育不足等问题。为此，水利风景区文化建设要立足资源禀赋，着眼水文化、乡村文化的活化利用和创新发展；推进景区文化"嵌入式"服务，将文化创意融入建设场景，提高景区环境的美观性和服务的便捷性的同时，丰富景区文化内涵；创新打造一批融合图书阅读、艺术展览、文化沙龙、轻食餐饮等服务的"乡村书房""文化驿站"等新型文化业态，适应城乡居民对高品质文化生活的期待。通过乡村地区水利风景区文化建设，把深厚的文化底蕴转化为发展优势，并将这些发展优势运用到乡村文化振兴上。

三　乡村振兴背景下水利风景区建设切入点

围绕"产业兴旺、生态宜居、乡风文明、治理有效、生活富裕"的总要求，国家提出文化振兴、产业振兴、生态振兴、人才振兴和组织振兴五方面乡村振兴战略的建设内容。以实现乡村产业兴旺、生活富裕和生态宜居为目标，各地通过水利风景区建设，完善乡村基础设施、开展乡村生态环境治理、推进乡村文明建设以带动乡村产业转型升级。

（一）依托农村水利基础设施建设，发展一批乡村地区水利风景区

农村水利基础设施是农业建设中不可或缺的部分，也是乡村经济发展的重要基础支撑。各地依托农村水利基础设施建设，建一批工程项目，发展一批乡村地区水利风景区。在乡村振兴战略实施过程中，各级政府财政不断加大对水利基础设施的投入力度，结合农村水系综合治理、中小库区、沟塘河渠、灌区、水土保持等工程项目实施，补齐农村水利基础设施短板，提供水资源保障能力，提升防洪排涝能力。在此基础上，应完善乡村地区水利风景区周边环境绿化和交通基础设施，提升水利工程景观，提高农村水利工程的综合服务能力，拓宽乡村休闲旅游产业发展思路，推动农村产业结构调整，加快绿色产业发展。

农村水利基础设施方面的整治主要包括水利风景区用地方面、生态方面、环境方面的整治、区域内道路生态化方面的整治以及公共服务设施建设等，以提升附近乡村人居环境的整洁度和便利度。如用地方面的整治，应以乡村地区水利风景区为中心，然后扩大半径覆盖区域，界定基本地域研究单元，结合土地利用现状综合运用水利学、地理学、生态学、土地资源管理、城乡规划、建筑设计等学科知识，对水利风景区范围内农村、农业、建设、生态空间等在全域范围内进行土地综合整治和布局优化，同时对区域内"山水林田湖草路村"等进行综合整治，对新农村和产业融合发展用地进行集约化建设。

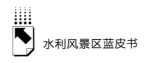

（二）结合农村环境综合治理，提升水利风景区综合效益

结合农村水系状态、水环境特色，依托生态清洁的小流域建设与乡村生态保护与修复等工程，开展乡村生态环境综合治理与整治，加强乡村水利风景资源保护与水利风景区建设，创造水清岸绿、景色宜人、生态宜居的乡村环境。同时将乡村地区水利风景区建设与农村人居环境整治工程相结合，借力乡村绿化活动、水环境治理、生活污水处理等整治，为景村融合发展创造基础条件。

依托地方自然资源和文化资源禀赋，以水利风景区为载体，发展现代农业产业园、"农字号"特色小镇、乡村旅游等项目，增加乡村水利生态产品服务供给，打造农村产业融合发展平台，发展民宿、农家乐、旅游、研学等乡村产业，建设"水、景、人、文、农、产"相融合的水利风景区，实现经济、社会、文化、生态等效益的统一化和最大化，推动周边村庄实现向水美乡村的转化提升与有效衔接。

（三）借力乡村文化振兴，推进水利风景区文化科普建设

乡村文化振兴作为乡村振兴战略的重要组成部分，为水利风景区文化科普建设提供了良好的发展机遇。结合特色小镇、美丽乡村建设、农耕文化传承保护工程，水利风景区建设要将农业生产生活方式、农村民风民俗、乡村民间艺术等文化元素融入其中，促进乡村文化与相关领域融合，通过水利教育基地、文化科普展示场所的建设，将乡村地区水利风景区打造成水利文化与乡村文化的展示平台，建设成诗意闲适、田绿草清、水美景靓的人居空间，让人们记住乡情乡愁，增加农村地区水利风景区的吸引力。

四　乡村振兴背景下水利风景区的主要任务

乡村振兴背景下水利风景区建设发展的总体思路是以习近平生态文明思想为指导，践行"创新、协调、绿色、开放、共享"新发展理念，坚持

"节水优先、空间均衡、系统治理、两手发力"的治水方略，按照"绿水青山就是金山银山"实践要求，以人民群众的美好生活需要为追求目标，以统筹兼顾、协同推进、融合创新、因地制宜为工作方针，大力发展乡村地区水利风景区，促进乡村地区河流湖泊自然和文化资源保护利用、水利工程安全运行和水文化科普教育融合发展、水利生态旅游和农村生态产品有效供给，为农业强、农村美、百姓富做出水利贡献。

"十四五"时期，各级地方政府要结合农村水环境综合治理、水土保持生态治理、幸福河湖等项目的实施和美丽乡村建设、特色小镇建设、全域旅游发展等乡村发展契机，全面推进水利风景区建设，打造一批星罗棋布的乡村地区水利风景区，培育一批具有典型示范作用的乡村地区水利风景区，构建类型多样、布局合理、结构均衡、特色鲜明的乡村地区水利风景区发展格局，使水利风景区成为农村地区"绿水青山就是金山银山"理念实践的有效抓手。

（一）巩固现有乡村地区水利风景区

坚持保护与开发齐抓共管，围绕提质量、树品牌的思想，进一步完善乡村地区水利风景区配套设施，提升景区综合服务水平，加强景区水生态环境保护与修复，强化景区文化内涵建设，提升乡村地区水利风景区质量、品牌、社会影响力。

一是完善景区配套设施，提升景区综合服务水平。乡村地区水网密布，资源潜力巨大，消费市场广阔，水利风景区发展要着眼于扩大内需、释放消费潜力，把需求牵引和供给创造有机结合，推进乡村各行业、各领域联动发展；结合水利工程建设改造和美丽乡村建设，不断完善景区基础设施和服务设施配置；利用现代信息技术完善游客咨询、环境解说、票务系统、用户体验、应急管理等景区智慧系统。

二是加强景区水环境保护与生态修复，改善乡村水生态环境。良好的生态环境是乡村最大优势和宝贵财富，优良的水生态环境也是乡村的财富源泉。根据区域水资源条件、水环境状况等，推动乡村地区水利风景区建设，因地制宜地采取工程与非工程措施，如增加植被、开展农村水系综合治理工程等，完善相应的保护性基础设施、水安全检测设施、水环境监测与修复设施，开展绿色生产活动，改善乡村地区水利风景区的水生态修复和水环境，提升景区可观赏性。

三是挖掘文化内涵，提高乡村地区水利风景区的综合效益。中华五千年的农耕文明孕育了多样的农业文化遗产，包括众多以水兴农的农耕水利文化，挖掘农水文化内涵，彰显农水文化特色，提升乡村地区水利风景区的品位和底蕴，让更多的人留住乡村记忆。以文化为要素，通过水利科普、研学教育、森林康养等项目的开发与建设，充分发挥农村水利、普及农耕水利文化对乡村经济社会发展的重要作用，提升乡村地区水利风景区的综合效益。

（二）创建一批乡村地区水利风景区

立足于当地农村水域实际状况，着眼于满足人民美好生活需要，强化水利风景区与乡村振兴、美丽乡村建设的结合度，创建一批"水美景靓、景村融合"的乡村地区水利风景区。

一是依托中小型水库连通和小型水电站改造创建。以中小型水库工程为支撑、以水电站综合利用为依托，结合水库和水电站特点，挖掘水库和水电站建设历史，展示水库的科普知识和电站的发展变迁内容，美化库区及电站周边环境，连通对外交通网络，带动农村相关产业发展，共建具有农村地域特色的农村水库型或电站型水利风景区。同时，结合小型水库建设，打造乡村水库集群型水利风景区。

二是依托农村灌区及灌区文化创建。在有灌区的地区，依托区域内灌区资源，以水利文化、农耕文化为核心，以灌区内自然山水、美丽乡村、民俗风情、田园风光、特色植被景观带等为支撑，重点打造农村水利文化体验、田园度假、现代农业体验、康体养生、农业观光等旅游产品，开展灌区知识科普活动，建成具有乡村地域特色的乡村灌区型水利风景区。

三是依托农村水土流失治理项目创建。以治理农村水土流失、改善生态环境为主线，以农村水土流失综合治理工程为载体，通过植树种草的方式对农村的山地、林地、荒坡、丘陵等进行生态改造，建设水土保持型科普教育基地或水土保持型水利风景区；同时结合区域的自然资源特色，守住绿水青山，成为造福乡村和百姓的"金山银山"。

四是依托农村沟塘河渠连通整治创建。结合农村水系综合整治工程建设、乡村小流域治理、农村饮用水工程建设和美丽乡村建设，开展农村沟塘河渠综合整治，挖掘沟塘河渠的流域治理历史和周边村庄的治水历史，因地制宜、因山宜山、因水宜水，把局部的点线勾连，将其绘制成小溪潺潺、鸟语花香、空气清新、乡愁浓郁、具有独特魅力的乡村河渠型水利风景区。

五是依托沿海防洪防潮工程创建。以沿海地区众多的防洪防潮工程为基础，结合各类水工建筑物以及形成的周围水系及各类景观，挖掘沿海抗击台风、抗击潮水等特殊的海塘历史，以及各种历史人物、民间传说等内容；提炼各类不同的海塘及防潮建筑物的具体材料及各类不同施工方法，通过不同形式展现出来，建成集文化科普于一体的、独具特色的乡村滨海型水利风景区。

（三）培育一批示范型乡村地区水利风景区

各地水利部门应结合已开展的"水美乡村"实践，主动谋划如何把水利工作更好地融入地方经济社会发展，总结建设实践经验，培育一批生态环境良好、管理智能化、文化主题鲜明、具有典型示范作用的乡村地区水利风景区。

一是积极争取水利政策、资金扶持。乡村地区水利风景区应融入地方经济社会发展和乡村振兴战略，各级水利部门要不断提高对水利工作与乡村振兴战略实施的认识，转变乡村地区水利风景区建设与管理的观念，主动谋划融入乡村振兴大局，争取与乡村振兴战略相关的水利政策、资金扶持，鼓励引导社会资本参与，为乡村地区水利风景区的提质增效提供资金保障。

二是大力推进景区的文化科普建设。以乡村文化建设为契机，大力推动乡村地区水利风景区文化科普建设，加深与文化旅游、教育、科技等行业部门合作，加强与科研院所、高等学校等交流，深入挖掘景区文化内涵，建设农村科普教育基地或科普展示场馆、文化展示廊道，创新文化的时代化表达

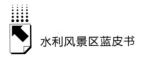

和数字化呈现方式，提高参与性、互动性、体验性，让公众获得更好的文化科普体验感。

三是不断提升景区的信息化、智能化水平。以新一代互联网、物联网信息技术为支撑，开展水利风景区资源环境监测和信息化数据平台建设，实现水利风景区的实时动态监管。以游客需求为目标，从通信、安防、交通、消费方式、体验方式等方面，开展景区智能化升级建设，让游客通过一部手机即可享受覆盖游前、游中、游后全过程、全方位的服务。

参考文献

1. 杨夙、钟鑫等：《"生命共同体"思想指导下的乡村生态振兴实践路径研究——以"耿车模式"到"耿车转型"为例》，《经济研究导刊》2021年第14期。
2. 宋继碧、赵曌：《生命共同体理念下乡村生态振兴的法治保障研究》，《成都行政学院学报》2020年第6期。
3. 高佳莉：《乡村振兴背景下基于全域土地综合整治的村庄建设发展规划》，硕士学位论文，浙江大学，2019。
4. 何硕硕、于睿霖、毕凌岗：《乡村振兴背景下资源型乡村产业转型路径研究——以成都市土桥村为例》，《城市建筑》2021年第3期。
5. 李原园、杨晓茹等：《乡村振兴视角下农村水系综合整治思路与对策研究》，《中国水利》2019年第9期。

B.5
黄河流域水利风景区建设
与水利遗产保护传承利用

万金红 韩凌杰 孙俪方 杨小萌*

摘　要： 黄河流域水利遗产是黄河文化的重要体现，是建设黄河流域水利风景区的重要资源，是新时代讲好"黄河故事"的重要抓手。本报告以认知黄河流域水利遗产资源开发与水利风景区建设现状为出发点，从黄河流域水利遗产价值凝练、组团发展、协调保护与开发之间的关系等视角，提出水利风景区建设路径思考；从遗产调查、保护修复等角度提出保护利用策略；从基础设施建设、游线设计、文旅产品研发等方面提出文旅提升策略；从内涵表达与形象推广等维度提出传播表达策略。

关键词： 水利风景区　黄河流域　水利遗产

一　概况

（一）研究背景

黄河是中华民族的母亲河，塑造了中华民族自强不息的民族品格，是中

---

* 万金红，中国水利水电科学研究院，高级工程师，研究方向为水利史；韩凌杰，水利部综合事业局，工程师；孙俪方，黄河水利委员会经济发展管理局，中级经济师；杨小萌，山西省水利发展中心，工程师。

华民族坚定文化自信的重要根基。2019 年 9 月习近平总书记在黄河流域生态保护和高质量发展座谈会上指出"保护传承弘扬黄河文化，让黄河成为造福人民的幸福河"；2020 年 1 月 3 日，中央财经委员会第六次会议强调"要实施黄河文化遗产系统保护工程，打造具有国际影响力的黄河文化旅游带，开展黄河文化宣传，大力弘扬黄河文化"。中华民族的文明史又是一部光辉的治水史，数千年的水利实践为我们遗留下了类型多样、数量丰富的水利遗产。至今，仍有一部分的古代工程还在发挥着水利、交通等功能并衍生出别具区域特色的文化、景观功能，成为见证中华民族发展历程的重要文化遗产。这些水利遗产成为当今提升水利行业文化的重要载体。

（二）推进黄河流域水利风景区文化建设的意义

1. 传承发展中华文化、铸牢中华民族共同体意识的必然要求。黄河流域是中华民族的摇篮，是中华文明的重要发祥地。散落在黄河沿线的文化遗产承载了中华民族的共同记忆，熔铸了中华民族共有的精神家园，是中华文明绵延不断的重要支撑，是中华民族的血脉之根。在漫长的历史变迁中，黄河文化对于增进各民族"同根同源"的情感和心理认同、维护多民族和谐的大家庭发挥了重要作用。依托风景区建设保护传承弘扬黄河文化，将进一步增强全体人民的凝聚力和向心力，巩固团结统一的良好局面。

2. 坚定文化自信、凝聚奋进新时代精神力量的必然要求。坚实的文化自信来自文化的深厚积淀和永续传承，华夏民族在认识和改造自然的过程中，创造了生生不息的黄河文化，塑造了百折不挠、自强不息的民族品格，这一文化和民族品格成为激励全国人民团结奋斗的精神支柱。通过推进黄河流域水利风景区的建设，我们可以让黄河文化时代价值熠熠生辉，为实现中华民族伟大复兴凝聚精神力量。

3. 增进人民福祉、促进沿黄地区经济社会高质量发展的必然要求。改善人民群众生活，推动实现高质量发展，让黄河成为造福人民的幸福河，是新时代治理黄河的重要目标。依托水利风景区建设，实现黄河文化的传承弘扬，需要更好地发掘和利用黄河流域富集的文化资源，并将其转化为区域发展优势，实现以文化人、以文惠民、以文兴业。提升流域内水利风景区的黄河文化内涵，将在引领社会风尚、改善民生福祉、推动经济转型、完善社会治理等方面发挥更加重要的作用，为整个黄河流域生态保护和高质量发展做出积极贡献。

4. 深化文明交流互鉴、提高中华文化影响力的必然要求。文化因交流而多彩，文明因互鉴而丰富。自古以来，黄河文化在与其他文明的交流中不断发展，同时也为人类文明进步做出了重要贡献。黄河文化是人类文明体系的重要组成部分。构建黄河流域立体化的水利风景区空间格局，可进一步加强黄河文化的保护与传承弘扬，有利于诠释并表达中华文化对世界文明的贡献与地位，更好构筑中国精神、中国价值、中国力量，不断提升国家文化软实力。

二　黄河流域水利遗产保护利用与水利风景区建设现状

（一）黄河水利遗产与水利风景区建设现状

黄河流域的开发具有悠久的历史。从古代著名的大禹导河积石到现代小浪底水利枢纽工程的运行，从古代开凿关中郑国渠以实现区域经济第一次飞跃到现代化的河套灌区、宁夏引黄灌区成为中国西部地区的粮仓，五千年的流域开发历史为黄河流域留下了丰富多彩的黄河文化遗产。遗产类型多种多样、历史源远流长、数量庞大惊人，涵盖了物质形态的和非物质形态的文化遗产，还有工程性遗产和非工程性遗产。经过第三次全国文物普查汇总，黄河流域遗留下来的不可移动文物约12.4万处，占据了全国不可移动文物总数的16.2%，区域范围内不可移动文物密度约为全国平均密度的1.9倍，国保单位分布密度约是全国平均密度的2.6倍。这些宝贵的遗产是黄河文化的重要组成部分和核心载体，也是当前黄河流域水利风景区建设的重要资源禀赋。沿黄省区水利遗产共710处，其中，防洪（潮）工程118处、供排水工程 43 处、灌溉工程 439 处、水利机具 19 处、水电工程 7 处、水运工程 69 处、园林水利 10 处及其他类型 5 处。沿黄省区水利遗产分布情况见表 1。据初步统计，黄河流域有 13 处国家水利风景区将水利遗产作为展示项目。沿黄省区部分以水利遗产为核心资源的水利风景区见表 2。

表 1　沿黄省区水利遗产分布情况

单位：处

	合计	防洪（潮）工程	供排水工程	灌溉工程	水利机具	水电工程	水运工程	园林水利	其他类型
山西	41	9	2	28	0	0	1	1	0
内蒙古	39	4	25	10	0	0	0	0	0
山东	74	27	5	5	0	0	35	2	0
河南	175	67	5	64	3	1	25	5	5
四川	160	3	2	141	3	6	4	1	0
陕西	100	2	3	85	5	0	4	1	0
甘肃	74	5	1	66	2	0	0	0	0
青海	7	1	0	3	3	0	0	0	0
宁夏	40	0	0	37	3	0	0	0	0
合计	710	118	43	439	19	7	69	10	5

表 2　沿黄省区部分以水利遗产为核心资源的水利风景区

序号	景区名称
1	咸阳市郑国渠水利风景区
2	山西永济黄河蒲津渡水利风景区
3	武陟嘉应观黄河水利风景区
4	河南黄河花园口水利风景区
5	商丘市黄河故道湿地水利风景区
6	夏津县黄河故道水利风景区
7	民权黄河故道水利风景区
8	景电水利风景区
9	黄河三门峡大坝水利风景区
10	青铜峡市唐徕闸水利风景区
11	西安护城河水利风景区
12	巴彦淖尔市黄河三盛公水利风景区

序号	景区名称
13	东平县东平湖水利风景区
14	济水源(济渎庙)水利风景区(省级)

（二）黄河流域水利风景区建设成效

1. 传承弘扬黄河文化价值、讲好"黄河故事"

黄河流域有着显著且重要的历史文化价值，在黄河流域有大量文化遗产被纳入全国、省级重点文物保护单位，并成为流域内水利风景区建设的重要资源禀赋。古代水利工程遗产价值表现较为突出的有郑国渠、宁夏引黄灌区等，享有很高的社会知名度、赞誉度，相继被列入国际灌溉排水委员会灌溉工程遗产名录。据不完全统计，黄河流域的世界级文化遗产（含文化景观和双遗产）就有12处之多，全国重点文物保护单位达2119处之多，省级文物保护单位有2054处，市县级文物保护单位则更多，达到8815处。到2020年，黄河流域内国家水利风景区168处，其中依托嘉应观、郑国渠、花园口决堤处等重点文物保护单位建设国家水利风景区成为彰显博大精深黄河文化的重要手段。黄河流域丰富的物质文化遗产资源和美丽壮观的水利风景资源在长期、持续的管护和合理开发利用过程中推动了区域的经济社会发展，彰显了良好的生态效益、社会效益、经济效益。

2. 推动区域经济社会发展

流域内黄河文化遗产的开发、保护及利用推动了沿岸的脱贫攻坚工作的开展，同时为西部大开发、中原振兴、"一带一路"倡议、传统文化复兴、乡村振兴等提供了重要抓手。流域内有活态保存的大量遗产，如咸阳市郑国渠水利风景区、武陟嘉应观黄河和宜川县黄河壶口瀑水利风景区的建设依托区域内历史遗迹，将相关历史文脉融入其中，目前已成为国家4A级景区，是游客们旅游观光的首选之地，同时为区域的经济社会发展带来了机遇。据有关部门统计，武陟嘉应观黄河水利风景区2019年接待的游客数量达到21

万人次；咸阳市郑国渠水利风景区仅 2019 年五一小长假三天接待的游客就达 5.1 万人次。非物质形态方面的黄河文化遗产有着良好的社会传承基础，如水神祭祀（大禹祭祀）、传统庙会等对传统文化的传承培育起到了一定的促进作用，提升了区域文化认同感和民族凝聚力。

（三）黄河流域水利风景区水利遗产保护与利用

1. 从保护上看

黄河流域水利风景区文化资源普查、遗产考古发掘尚未全面系统展开，资源分布状况尚不明确，部分景区对管理范围内的水利文化遗产缺乏全面认知，现有水利风景区文化提升研究的整体性、系统性不强。黄河流域水利风景区运营主体多，涉及水利部门、文旅部门、企业机构等，运营主体性质复杂。同时，景区在具体的管理过程中往往会有多头管理现象，降低了景区内文化遗产管理的效率。另外，水利风景区内文化遗产管护规章制度也不健全，遗产保护、文化发掘缺乏制度保障；遗产的分类、分级保护难度比较大；传承利用项目相对较少，项目难以落地；投入保障有待加强，水利、农业、工业、交通等行业遗产保护机制有待加强；黄河文化内涵不明确，缺乏系统挖掘研究和保护。由于经济发展总体相对滞后，沿黄地区对黄河文化保护利用的投入不够，保护项目小而散，碎片化保护现象突出，部分文物和非物质文化遗产保护传承还面临严峻挑战。沿黄省区水利遗产保存情况见表 3。

表 3　沿黄省区水利遗产保存情况

单位：处

	较好不在用	较好在用	残存不在用	残存在用	损毁
山西	12	9	16	4	
内蒙古	10	22	5	2	
山东	13	14	44	2	1
河南	48	21	77	17	12
四川	39	38	45	37	1

续表

	较好不在用	较好在用	残存不在用	残存在用	损毁
陕西	14	27	35	15	9
甘肃					
青海	14	27	36	6	1
宁夏	6	23	3	8	

2. 从传承上看

黄河文化品牌缺乏系统性、整体性的构建，主题文化不清晰，黄河文化价值内涵未能得到充分的阐释和展示。如没有充分展示黄河活态文化，现存的一些活态文化的展示形式、方式比较单一；社会关注力度不够，濒危遗产项目增多；长期以来遗产地周边社会生态系统没有得到充分的关注，与黄河有关的传统工艺、传统文化面临消失的危险。促进创新创意的体制机制还不健全，对文化资源进行合理利用、推动创造性转化创新性发展的能力总体上还不强。多层次、多样化的文化旅游产品和服务体系尚未形成，具有国际吸引力的产品和品牌数量不足，文化和旅游产业对城乡、区域经济的辐射作用亟待提升。

3. 从利用上看

对黄河文化所蕴含的核心思想理念、传统美德、人文精神的挖掘阐释还不充分。当前人们关注的仍旧是行业功能性的开发，黄河文化社会性服务功能没有得到充分利用，闲置现象非常突出，黄河文化遗产存在着严重的资源结构性浪费现象，众多水利遗产具备开发成省级、国家水利风景区的条件。据统计，沿黄 9 省区中拥有 700 余处保存比较完好的水利遗产，其中在今天的黄河流域界限内有 200 余处，若加上河南省黄河故道上的有近 400 处。黄河文化宣传严重滞后，社会认可度低，众多水利风景区并未成为市民休憩旅游的首选；文化产业投融资体系不够健全，沿黄省区社会资本对水利风景区的投资热情不高，融资渠道单一；现有景区中水利遗产文化价值阐释单一或欠缺，新时期黄河文化内涵有待进一步发掘，黄河文化精神有待进一步凝练。黄河文化在推动黄河流域生态保护和高质量发展中的引领带动作用还未得到充分发挥。

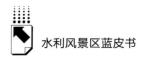

三 基于黄河水利文化的水利风景区建设思考

（一）黄河文化助力水利风景区建设的思考

1. 加强黄河文化遗产核心价值的提炼，注重景区文化内核塑造

黄河流域文化遗产遗存有着悠久的历史，形式多种多样，又有着丰富的内涵，如何在纷繁复杂的遗产中立足并从中发掘黄河文化的核心价值，凝练具有一定代表性和区域特色的文化元素，并将之进行保护、传承和利用，塑造出能够代表黄河流域水利风景区文化灵魂的元素，是需要着重思考的内容。

2. 整合文化遗产，实现景区建设"点线面"组团发展

黄河流域的自然地理环境复杂多样，水利文化遗产分布也具有一定的复杂性，有沿河流线分布状态和空间分散分布状态两种形式。因此应该采用多源梳理、空间整合的方式对黄河流域的文化遗产资源进行整理，通过开放、融合的方式，构建具有黄河文化特色的景观组团，并通过特色旅游线路将线与空间串联，尽量实现一张图式"点线面"组团发展。

3. 保护与开发科学化，实现遗产传承利用、景区健康发展与区域社会经济协同发展

黄河流域地域面积广阔，在区域资源条件、社会文化特征、经济基础等方面差异性都非常大，因此黄河文化遗产保护在传承利用和水利风景区建设运营方面，及其区域社会经济综合治理方面都存在着诸多博弈，在处理遗产保护、景区建设和区域发展方面也存在着多重关系。我们当前面临着黄河流域"生态、形态、文态、业态"协同发展问题，应努力实现保护与开发的有机融合。

（二）以黄河水利文化为核心的水利风景区空间分区

基于黄河流域的自然地理格局、地域文化和黄河文化遗产分布情况，可将黄河流域水利风景区划分为"一主四片"：一主是以黄河干流和重要支流

水利风景区为主轴构建的黄河廊道；四片为河湟文化片区（青海省、甘肃省、四川省）、河套文化片区（宁夏回族自治区、内蒙古自治区）、中原文化片区（陕西省、山西省、河南省）和齐鲁文化片区（山东省）。

1. 黄河廊道

黄河及其重要支流是黄河大保护背景下水利风景区建设的主轴，用水利风景区串联起水域及其岸线、水利遗产、文化遗存、自然景观等旅游资源。这些景区共同体现了黄河水系与周边城市、乡村等文化区域依存共荣的历史，构建起生态景观优美、文化底蕴深厚、交通便捷、配套服务完备的黄河水利风景区的核心框架。

2. 河湟文化片区

河湟文化片区以黄河上游、湟水和大通河流域为核心区域。这一区片的水利风景区以展现黄河自然景观和旖旎风光为主，是河源文化、民族交流文化的集中展示区。玛多县黄河源、玛曲县黄河首曲、黄南藏族自治州黄河走廊等水利风景区成为见证黄河流域多民族交融共生、华夏民族诞生发展的理想场所。

3. 河套文化片区

河套平原位于阴山南麓的黄河"几"字弯道及其周边流域，是草原游牧文化与农耕文化交界区域，边塞、草原、农耕构成了文化的主体要素。巴彦淖尔市黄河三盛公等水利风景区诠释了黄河古灌区的价值内涵，呈现出这一片区水利风景区的特色。

4. 中原文化片区

中原文化片区是华夏文明诞生与发展的核心区域，是历史上中国的政治、经济、文化中心。中原文化片区以西安、洛阳、郑州、开封等地为核心支点，依托各具特色的地域自然景观和人文景观构建以"中"为核心概念的水利风景，武陟嘉应观黄河、济渎庙、河南黄河花园口址、黄河三门峡大坝、山西永济黄河蒲津渡等文化特色鲜明的水利景区将更加烘托区域的历史文化定位。

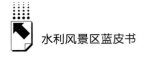

5. 齐鲁文化片区

齐鲁文化片区依托靠山面海的环境形成独具特色的文化区域，尤其是产生了以孔孟为代表的儒家学说；山海兼具的自然环境也奠定了文化景观的基底。垦利区黄河口、东平县东平湖、夏津县黄河故道、禹城大禹文化等依托水利遗产和水利文化的水利风景区是展示区域黄河特色文化的靓丽名片。

四　推进黄河流域水利遗产保护与水利风景区建设的建议

（一）推进水利风景区水利遗产保护和传承利用

水利遗产保护为水利风景区建设提供了重要的展示平台。一直以来，相关部门对黄河流域的生态保护都非常重视，在此背景下，水利风景区在建设过程中应该加强黄河水利文化遗产保护，加强黄河文化传承。

1. 开展景区水利遗产的调查与评估工作

应进行全面排查工作。对待建景区内的水利遗产文化进行全面摸底并建立资料数据管理平台，创立景区内文化遗产专题数据库。结合黄河沿线省区水利部门现有的监测系统，对景区内文化遗产进行实时监测与更新，并定期开展专项评估，结合遗产分布情况及其类型和价值等提出流域内景区管理的文化遗产分区、分类、分级的保护和利用对策。

2. 组织景区内水利遗产保护修复工作

认真领会文物保护法、水法等法律中关于文化遗产保护管理工作的相关要求，结合水利风景区建设管理现状和水利遗产利用特点，对景区内水利遗产及其周边文化、生态等相关资源进行整体性保护，加强景区内各级重点文化遗产的保护和修复工作，进行逐级抢救、修缮和保护，建立各级各类保护名录和项目库。

3. 加强水利遗产基础研究工作

分类别、分次序推进水利风景区内与水利遗产相关的工作，如对古堤防、古码头渡口、古航道等遗址的考古调查工作，然后结合景区遗产景观相关要求进行展示及利用等。针对景区内文化遗产保护利用的薄弱环节，设立专项研究课题，鼓励水利风景区运营主体开展黄河遗产保护的重大基础性课题研究。开展黄河文化遗产各项研究工作，再现黄河流域历史开发成就，为后续相关展示工作奠定基础。

（二）加快推进黄河流域水利风景区文旅工程工作

全面优化黄河流域水利风景区文旅工程基础设施和相关配套服务设施，结合文化遗产开发精品旅游线路、完善旅游产品体系，开辟黄河文化研学旅游、推进历史经典再现、加强相关遗产项目等产业聚集与融合，打造高质量黄河水利文化研学精品带，激发遗产文化活力，并赋予其新时期文化内涵。

1. 提高黄河流域水利风景区配套服务设施质量

加强沿河堤防基础，提高旅游公路建设标准，建设自行车道、慢行游步道等旅游风景道，提升风景线的观光、休闲、健身等功能，串联起黄河沿线的水利风景区。完善黄河流域水利旅游线路服务设施，结合景区改造与质量提升，在景区内或景区周边为自驾游者提供一批高质量的露营地，同时将景区建设与周边的特色小镇建设有机融合。景区内及周边搭建相关旅游咨询服务体系，拓展水利风景区的传播途径。

2. 开辟黄河水利旅游精品游学线路

结合基础调研深入挖掘黄河文化，融文化历史于水利风景区环境之中，依托现有的水利风景区塑造具有地域性韵味和魅力的黄河文化旅游精品。整合跨区域的水利旅游资源和旅游线路，构建"串珠成链"的黄河流域水利风景区精品旅游路线，同时融深厚的黄河文化内涵和文化元素于其中。

3. 完善黄河流域水利风景区的文化旅游产品体系

以黄河流域水利风景区为平台建设黄河文化遗产展示设施，开发以黄河文化为核心品牌的水利文旅研学产品。鼓励有条件的水利风景区采用地方政府与水利风景区联合的方式，以黄河文化为主题开发剧场演绎产品，还原水文化情景，提升游客在景区游览体验；另外，响应全民运动的号召，加强辖区内黄河文化与体育相关知识有机融合，依托景区举办以相关文化历史系列

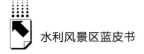
为题材的文体赛事活动，如相关的徒步、自行车骑行、自驾等休闲项目；同时将其与周边美丽乡村、田园综合体的建设相结合，将休闲农业和相关乡村旅游产品融于水利风景区之中，助力区域乡村振兴和脱贫攻坚。

4. 孕育景区特色的文化产业

流域内水利风景建设要牢牢抓住黄河文化的金钥匙，深入挖掘辖区黄河文化内涵，以优质文化资源开发与利用为契机，利用水利风景区这个公共平台，借助数字技术等高科技演绎黄河文化，并将其与文艺演艺、艺术创作、创意设计、文化装备等领域融合，孕育景区的文创产业。有条件的景区要加快利用辖区内非物质文化遗产资源，在景区内开设非遗展示馆、非遗研学社等，用沉浸式体验吸引游客参与，展现区域黄河文化，实现文化活态保护、传承和发展的目的。

5. 创建"黄河文旅"互联网展示平台

依托现代信息技术，结合 GIS、AR、VR 等软件，整合流域内水利风景区资源及其他文化旅游资源，搭建虚拟展示云平台，实现对流域文旅要素的网络云游体验；同时整合景区周边地区特色饮食、农产品、地域风俗、文化等，体验当地吃、住、行等元素，完善黄河流域水利风景区游憩休闲网络信息服务，开创黄河水利文化旅游营销新模式。

（三）加强黄河流域水利风景区传播表达功能

凝聚黄河流域水利风景区所承载的黄河文化内涵，加强景区资源文化、艺术、社会的价值研究与符号化表达，讲好黄河"水"故事。

1. 依托水利风景区建设凝聚黄河文化的核心内涵

几千年历史长河中，黄河流域一直演绎着人与自然、人与社会之间的交流，不同民族之间在不断的文化交流与相互影响、相互作用过程中形成了内涵丰富、特色鲜明、历久弥新的民族文化及精神、伦理观念、道德观念和独特的价值观，这些逐渐成为黄河流域水利风景区建设过程中可依托的重要精神财富。应通过系统整合黄河流域各类水利风景区，构建区域性水利文化生态示范区，系统并深刻阐发黄河文化的时代内涵，赋予其新的时代特点，使现有的水利风景区成为与当代社会相适应、与现代文明相协调、保持民族性、体现时代性的文化示范区，使其在中华民族发展中持续发挥作用。

2. 加强黄河水利风景区品牌打造与营销

充分利用各类平台，密切黄河流域水利风景区与辖区市民生活的联结，鼓励现有水利风景区依托园区内、园区周边的相关黄河文化遗产资源建设专题展示设施，提升景区内公共文化系列展示产品的社会供给能力，用普通老百姓记忆中的风俗、文化拉近景区与周边居民的关系。同时，鼓励流域内的水利风景区运营机构强化与各类黄河文化研究团体之间的沟通与联系，定期举办有关水利风景区的发展专题与黄河文化传承课题研究和学术研讨，营造流域内水利风景区的文化形象。

3. 扎实推进水利风景区黄河文化基础研究工作

围绕流域内现有水利风景区的运营，构建"黄河流域水利风景区发展联盟"，提供黄河文化交流与传播活动的实体平台；有关单位组织流域内各水利风景区编写创作"黄河流域水利风景区丛书"、《黄河流域水利风景区图录》等介绍推介黄河流域水利风景区的图书作品。

4. 加强黄河流域水利风景区的宣传推介

深入挖掘提炼黄河流域水利风景区承载的文化内涵，系统阐释黄河文化遗产承载的文化内涵，用"活灵活现"的文物和气势磅礴的黄河水景，演绎黄河文化的历史，提升流域周边民众的文化自信，同时通过多种手段加强对外传播工作，推动央视和省区卫视有针对性地开展黄河流域水利风景区宣传推介，组织相关人员在《人民日报》《光明日报》等媒体平台发表一批阐释黄河流域水利风景区风采面貌的文章作品，提高黄河流域水利风景区的知名度、美誉度、影响力。

参考文献

［1］万金红：《保护黄河水利遗产 讲好"黄河故事"》，《中国水利》2020 年第

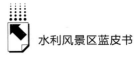
3 期。

［2］徐宗学、李文家等：《黄河流域生态保护和高质量发展专家谈》，《人民黄河》2019 年第 41 期。

［3］王胜昔：《讲好"黄河故事"，凝聚精神力量》，《光明日报》2019 年 10 月 8 日第 2 版。

［4］梁贞：《坚定不移推动黄河流域生态保护和高质量发展座谈会》，《城市规划通讯》2019 年第 10 期。

B.6
大运河文化带建设视阈下
水利风景区高质量发展研究

——以江苏省为例

孔莉莉 廖梦均 卢漫 唐晨*

摘 要： 水利风景区是助推大运河文化带建设的生动实践，也是大运河国家文化公园建设的重要载体。本报告从阐述大运河文化带与水利风景区建设的关系出发，梳理了大运河文化带（江苏段）水利风景资源基础、水利风景区建设现状与成效；揭示了大运河文化带水利风景区建设发展面临的共性问题，分析了当前大运河文化带水利风景区发展形势，探寻了此形势下水利风景区高质量发展思路，提出了水利风景区发展举措与实施保障，以期为大运河文化带水利风景区高质量发展提供咨政借鉴和工作参考。

关键词： 水利风景区 大运河文化带 高质量发展

　　党的十八大召开以来，以习近平同志为核心的党中央高度重视大运河沿岸的文化保护和传承利用工作。习近平总书记多次对大运河文化保护和传承利用工作做重要指示，要求"深入挖掘以大运河为核心的历史文化资源"，要

---

* 孔莉莉，博士，江苏省水利厅景区办，一级主任科员；廖梦均，水利部综合事业局，工程师；卢漫，博士，河海大学，建筑景观所所长，副教授，研究方向为建筑景观规划设计；唐晨，河海大学硕士研究生。

"保护好、传承好、利用好"祖先留给我们的宝贵遗产财富。习近平总书记还强调,"保护大运河是运河沿线所有地区的共同责任"。贯彻好习近平总书记重要讲话指示精神,积极推进大运河文化带建设,是当前水利行业的一项重要实践行动。依托水利工程、河湖水域及其岸线而建的水利风景区,拥有丰富的水利风景资源和深厚的水文化底蕴,是助力大运河文化带建设与发展的宝贵财富,而文化带的建设也将以其良好的生态环境基底、流淌千年的文化积淀为水利风景区建设提供坚实的资源基础。鉴于此,开展大运河文化带建设背景下水利风景区的高质量建设与发展研究,具有十分重要的现实意义。

一 大运河文化带建设与水利风景区建设

(一)大运河与大运河文化带

大运河是我国古代伟大的水利工程,始凿于春秋(公元前486年),贯通于隋朝,至今已有2500多年历史,是人类文明史上开凿最早、里程最长、工程最大的人工河流,对促进南北经济发展和文化交流发挥了不可替代的作用。大运河由隋唐大运河、京杭大运河和浙东运河等主河道组成,全长大约3200千米,其中通航里程约1442千米,自北向南连通着海河、黄河、淮河、长江和钱塘江等5大流域,像大动脉一样贯通了我国南北水运。2014年6月,大运河被列入《世界遗产名录》。目前,大运河各河段的现状特征、发挥功能以及管理要求各不相同,具体情况见表1。

表1 大运河各河段基本情况

序号	主河段名称	分河段名称	河长(km)	涉及省市	主要功能
1	京杭大运河	通惠河	20.4	北京	以防洪排涝为主,兼顾生态、景观
		北运河	142.5	北京、天津、河北	以防洪排涝、灌溉为主,兼顾生态、景观、航运
		南运河	444.8	天津、河北、山东	以防洪排涝、灌溉为主,兼顾生态、景观

续表

序号	主河段名称	分河段名称	河长（km）	涉及省市	主要功能
1	京杭大运河	会通河	427.7	山东、河南	黄河以北段以防洪排涝、输水为主，兼顾灌溉、生态、景观功能；黄河以南段以防洪排涝、调水、城乡供水为主，兼顾灌溉、航运、生态、景观
		中运河	179.0	江苏	以防洪排涝、调水、城乡供水、航运为主，兼顾灌溉、生态、景观
		淮扬运河	169.5	江苏	以调水、防洪排涝、城乡供水、航运为主，兼顾灌溉、生态、景观
		苏南运河	312.0	江苏、浙江	以防洪排涝、航运为主，兼顾生态、景观、灌溉
2	浙东运河	浙东运河	220.7	浙江	以防洪排涝、输水、航运为主，兼顾生态、景观
3	隋唐大运河	永济渠	453.5	河南、河北、山东	以防洪排涝为主，兼顾灌溉、生态、景观
		通济渠	608.6	河南、安徽、江苏	以防洪排涝、生态为主，兼顾灌溉、航运
合计			2978.7		

大运河文化带包括大运河流经的北京、天津、河北、山东、河南、安徽、江苏、浙江等8个省份，北连"环渤海经济带"，南接"长江经济发展带"，纵贯"一带一路"，是串联众多国家重大战略区域的一条文化纽带，具有特殊重要地位。

江苏是大运河的起源地。大运河江苏段位于大运河中部，由中运河、淮扬运河、苏南运河、隋唐大运河通济渠段组成，全长约790千米，沟通长江、淮河两大流域和太湖、长江、淮河、沂沭泗河4大水系，串联太湖、邵伯湖、高邮湖、洪泽湖、骆马湖等重要湖泊，具备行洪、供水、排涝、航运等多种功能，是大运河中流通性能最好、通航里程最长（687千米）、船舶通过量最大的河段，担负着我国长三角地区经济重地物资中转集散、北煤南运及南水北调的战略任务。考虑大运河江苏段网状水系特征和地域文化格局，大运河文化带（江苏段）包括核心区（即徐州、宿迁、淮安、扬州、镇江、常州、无锡、苏州、南京、泰州、南通11个设区市范围内的45个县

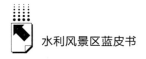

市区）、拓展区（11 个设区市中除核心区外的区域）和辐射区（连云港、盐城 2 个设区市）。

（二）大运河文化带水利风景资源基础

千年的大运河，饱经历史沧桑，积淀了丰厚的历史文化资源，从大运河的开凿、贯通、疏浚等科学技术文化到大运河不同历史时期发展创新的漕运使用等管理文化，再到京津、燕赵、齐鲁、中原、淮扬、吴越等不同地域风俗文化的形成、制度的建立等，为我们留下了当代"活态古迹"和"巨型历史画廊"。据统计，大运河沿线物质文化遗产丰富多样，如水工遗存、运河故道、古城古镇等有 1200 项之多，其中已有 85 处被列入世界文化遗产名录，包括河道遗产、水工遗存、附属遗存及相关遗产等，约 400 项被列入国家级非物质文化遗产名录。

大运河江苏段作为大运河文化带上最为精彩的一段，因河而生、因河而兴的历史特征更为明显。运河上每一段，都是特定历史时期或文化区域内社会、经济、文化生活的缩影。大运河江苏段串起吴越文化、淮扬文化、楚汉文化、金陵文化 4 大特色地域文化，其沿线历史文化遗产富集，类型最为丰富，拥有全国重点文物保护单位 214 处、国家级非物质文化遗产 131 项。在漕运、水工、盐业、园林、水乡人居等众多文化遗产中，与治水有关的水利遗产数量占比高达 87%，其中，纳入大运河世界文化遗产构成点的有 28 项（具体名录见表 2），遗产河段 6 处，共 325 千米。

大运河不仅有着悠久厚重的历史文化底蕴，其本身还是一个和谐的绿色生态系统，拥有独特的水系网络、工程景观、岸线景观和地理风貌。随着当前全国全面推行河长制湖长制、落实最严格的水资源管理制度，河湖"两围""三乱、四乱"整治与岸线生态修复等一系列治水举措落地实施，大运河沿线及周边生态环境持续向好，北京南长河滨水公园、河北沧州"十里狮河"景观带等一大批运河特色滨水景观缤纷呈现。据初步统计，大运河江苏段沿线目前已建成农村生态河道 339 条、生态清洁小流域 96 个、水美乡村 1820 个、国家水情教育基地 6 家等。

表2　江苏段大运河世界文化遗产构成点

遗产区（7个）	遗产要素（28项）	遗产要素类型
清口枢纽	1. 淮扬运河淮安段	运河水工遗存
	2. 清口枢纽	综合遗存
	3. 双金闸	运河水工遗存
	4. 清江大闸	运河水工遗存
	5. 洪泽湖大堤	运河水工遗存
总督漕运公署遗址	6. 总督漕运公署遗址	运河附属遗存
淮扬运河扬州段	7. 淮扬运河扬州段	运河水工遗存
	8. 刘堡闸	运河水工遗存
	9. 盂城驿	运河附属遗存
	10. 邵伯古堤	运河水工遗存
	11. 邵伯码头	运河水工遗存
	12. 瘦西湖	运河水工遗存
	13. 天宁寺行宫	运河相关遗产
	14. 个园	运河相关遗产
	15. 汪鲁门宅	运河相关遗产
	16. 盐宗庙	运河相关遗产
	17. 卢绍绪宅	运河相关遗产
江南运河常州城区段	18. 江南运河常州城区段	运河水工遗产
江南运河无锡城区段	19. 江南运河无锡城区段	运河水工遗存
	20. 清名桥历史文化街区	运河相关遗产
江南运河苏州段	21. 江南运河苏州段	运河水工遗存
	22. 盘门	运河水工遗存
	23. 宝带桥	运河水工遗存
	24. 山塘河历史文化街区（含虎丘云岩寺塔）	运河相关遗产
	25. 平江历史文化街区（含全晋会馆）	运河相关遗产
	26. 吴江古纤道	运河水工遗存
中运河宿迁段	27. 中运河宿迁段	运河水工遗存
	28. 龙王庙行宫	运河附属遗存

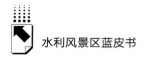
（三）大运河文化带水利风景区建设现状

大运河文化带丰富的生态景观资源和历史人文资源为水利风景区建设发展提供了优质素材。近年，大运河沿线各省市水行政主管部门以大运河文化带建设为契机，在持续推进河湖长制高质量发展和生态河湖建设，深化大运河水体保护治理、生态环境改善、景观设施建设的基础上，加大对水利风景资源的梳理和开发利用，建成一批诸如浙江省绍兴市浙东古运河绍兴运河园、山东省枣庄市台儿庄运河、江苏省淮安市古运河等极具大运河文化特色的水利风景区。其中以江苏最为典型，截至2020年底，大运河文化带（江苏段）核心区共建设成90家省级以上水利风景区（其中国家水利风景区32家），拓展区57家，辐射区18家，总数量居全国首位。其中徐州、淮安、宿迁3个设区市已实现以大运河为主轴、连点成面的水利风景区县区全覆盖格局。

（四）大运河文化带建设与水利风景区建设的关系

1. 发展理念共同性

千百年来大运河为沿岸百姓做出了巨大的贡献，滋养了广袤的土地，哺育了两岸百姓，书写了沿岸悠久的历史和文明，见证了中华民族的发展与壮大，彰显了"创新、协调、绿色、开放、共享"新发展理念，与当前所提倡的"绿水青山就是金山银山"理念一致。新时期水利风景区要想高质量发展必须遵循五大新发展理念。大运河文化带建设与水利风景区建设都遵循了五大新发展理念，并且践行了"绿水青山就是金山银山"理念。

2. 目标导向一致性

推进大运河文化带建设，是为了保护、传承、利用大运河文化，保护生态环境，建成一条造福人民、恩泽千秋的幸福运河，终极目标是为人民建造美好的家园。水利风景区是以河湖水域及其岸线工程作为依托进行建设的，并通过绿化美化、水利科普、绿色基础设施和相关文化服务设施建设，为人民群众提供了优质的生态环境和高品质生态产品，其规划建设的最高目标是实现美丽、幸福河湖，以满足人民日益增长的美好生活需要。两者目标导向极为一致。

3. 内在关系紧密性

大运河文化带建设是实现幸福河湖、美丽中国的重要途径。2019年2月，中共中央办公厅、国务院办公厅印发的《大运河文化保护传承利用规划纲要》提出"深入挖掘和丰富文化内涵、强化文化遗产保护传承、推进河道水系治理管护、加强生态环境保护修复、推动文化与旅游融合发展、促进城乡区域统筹协调、创新保护传承利用机制"七大建设任务，这些都将为水利风景区的建设发展提供良好的文化资源基础、生态环境条件和管理制度保障，是塑造精品景区、打造水文化地标的原动力。高质量水利风景区必然会是优质水资源、健康水生态、宜居水环境、先进水文化、现代水管理的集中呈现地，是大运河文化带建设的重要资源，也是成就大运河文化的重要载体。

4. 实施路径互补性

大运河文化带建设提出了坚持以文化为引领的原则，实施了"共抓大保护、不搞大开发"的政策方针，确立了"打造大运河璀璨文化带、绿色生态带、缤纷旅游带，延续壮美运河的千年神韵"功能定位。2017年水利部印发的《全国水利风景区建设发展规划（2017—2025年）》明确提出水利风景区建设的基本原则：要正确处理水利风景资源科学保护与合理开发利用的关系，坚持保护优先，绿色发展；要以文化为魂，突出弘扬水文化。因此，两者都是基于保护的前提，要求突出文化内涵的挖掘、展示和弘扬，提升建设的文化品位。两者又互为补充，需要统筹兼顾文化遗产保护、河道水系治理管护和生态环境保护修复等方面，合力推进大运河文化、生态、旅游共融共生。

二 大运河文化带水利风景区建设成效与问题

通过近些年的建设实践，大运河沿线水利风景区在加强生态环境保护、保障大运河长治久安、传承大运河魅力文化、推动沿线高质量发展等方面都发挥了重要作用。江苏省水利风景区在大运河文化带建设方面，先试先行，积极探索，创新景区高质量发展路径，为大运河沿线水利风景区建设发展积累了丰富的经验，主要做法有以下几个方面。

（一）建设成效方面

1. 上层引领，助推景区发展

大运河文化带及相关国家文化公园建设为水利风景区建设指明了方向。江苏省在大运河文化带建设、幸福河湖建设及美丽新江苏建设战略总体部署下，立足水利发展全局高位抓好推动。在组织推动方面，2019年9月，江苏省委书记用3天多时间全程考察了大运河，察看宿迁六塘河水利遗址公园、淮安市水利枢纽水利风景区大运河立交等景点，这对全省上下做好水利风景区工作增添了信心和决心。另外，在省级层面大运河文化带建设组织体系构建之时，江苏迅速成立省水利厅大运河文化带建设工作领导小组，并将小组办公室与省水利厅水利风景区建设与管理工作领导小组办公室设在同一职能部门，极大地促进了两项工作的并行推进。在立法约束方面，2019年11月29日，江苏省人大常委会通过《关于促进大运河文化带建设的决定》，将"建设水利风景区，打造水文化地标"作为法律条文纳入，江苏省水利风景区建设发展借此步入有法可依新阶段。在规划设计方面，主动将水利风景区、水文化遗产保护及利用等纳入《大运河文化带江苏段文化保护传承利用规划》（2019年12月）省级重点项目库，努力为水利风景区的建设发展搭建新平台、塑造新条件；《江苏省大运河河道水系治理管护专项规划》（2021年5月）将水利风景区建设任务列为引领景区快速发展的具体行动；《江苏水利风景区建设发展规划（2016—2025）》明确水利风景区建设发展空间布局和任务要与"运河文化长廊"为"一纵"发展思路保持一致。

2. 厚植文化，提升景区内涵

文化是水利风景区的灵魂和底蕴，流淌的运河文化赋予水利风景区独特的文化基因。江苏在水利风景区建设中，高度重视文化资源的挖掘与保护，率先在全域开展水文化遗产调查，深入挖掘以大运河为代表的水文化遗产遗存及其蕴含的先进治水理念和技艺，目前已登记在册的水文化遗产 8322 处，建成了全国首个以水文化遗产为主题的数据库，为提升景区文化内涵及品位奠定了基础。不少地区着手对水利文化遗产进行抢救式保护，诸如洪泽湖三河闸水利风景区在除险加固工程中，保留了御碑亭、清代镇水铁牛以及三河闸工程指挥部旧址等历史遗迹和文物；镇江丹阳做"精"做"活"珥陵灌区纪念馆，传承保护练湖闸等遗存；扬州高邮灌区成功被列入世界灌溉遗产候选名单。注重文化公共空间塑造与展示，提出"建设一座工程，成就一处经典"理念，将文化元素渗透到工程建设、运行管理的方方面面，推动水工程与运河文化、地域文化深度融合。扬州古运河水利风景区依托的黄金坝闸站，是全国范围内第一个在大运河遗产保护范围内建设的水利工程，拦邗沟河而横卧，外观设计建设充分汲取了历史文化元素和扬州地方特色，成为别具风格的水利建筑艺术品。除此，扬州、淮安、无锡等多地积极筹建多主题、多类型的运河文化阵地，打造了一批最美运河地标，江都区水利枢纽、淮安市古运河等水利风景区已成为区域推介的响亮名片、百姓身边的幸福河湖打卡地。

3. 主题宣传，扩大景区影响

先进的文化需要弘扬开来，优秀的精神需要传承下去。近些年，江苏始终围绕大运河文化带建设和水利风景区发展阶段性任务开展宣传活动，坚持"一年一主题"，不断创新宣传模式，提升景区知名度，推动水文化理念深入人心。在省级层面，2017 年省文化厅、旅游局联合推选出水工程、水景观、水聚落 3 类 40 个最美水地标。2018 年，省委宣传部、省交通运输厅、省文化和旅游厅、省文物局等多个部门联合发起"寻找大运河江苏记忆"活动，评定出 40 个最美运河地标和 30 个运河优秀短视频，大运河水立交、南水北调源头江都站、皂河亚洲第一泵、洪泽湖大堤等一批水利标识性工程上头条、话水利，有效展现了大运河水利风景魅力。2019 年、2020 年，举办河湖故事分享会，开展"河湖故事大家讲"角逐活动，旨在讲好优秀河湖故事、展现优美河湖风采；推进《最美运河地标》出版物编制，并将其列进全省大运河文化带系列丛书。在《中国水利报》连续推出《水利风景区为大运河文化带增光添彩》等专题报道。积极组织参与水文化论坛，2015 年、2017 年，分别举办了主题为"水脉与城市""大运河水文化"的学术论坛，围绕江苏治水实践，深入交流研讨，为景区的建设发展聚势赋能。在地市级层面，各地方景区也纷纷借助相关题材充分发挥自身资源优势，通过国家相关重大活动节点和各类媒体平台，开展线上线下、形式多样的水文化活动、水知识普及，丰富大众体验方式，扩大景区社会影响力。积极推出大运河旅游精品线路，将江都区水利枢纽、淮安市水利枢纽等景区纳入大运河水利工程科普游。立足青少年，面向全社会，开展水情教育，在大运河沿线建成泰州市引江河等 5 家国家水情教育基地（全省共 6 家），数量位居全国之首。其中，淮安市清晏园距今已有 600 多年历史，是我国治水和漕运史上唯一保存完好的衙署园林，该景区以水文化工程为依托，深入挖掘"运河之都"独具特色的大运河文化、漕运文化、河工文化、淮扬文化，贯通融汇水文化、水历史，开展水情宣教活动，平均每年接待参观团队超过 200 个，受众总人数超过 30 万人次，景区发挥出良好的文化效益、社会效益。

（二）存在问题

尽管大运河文化带尤其是江苏段水利风景区建设取得了一定的阶段性成效，但仍存在一些亟待关注、亟须解决的问题。

1. 顶层设计完善问题

一是政策实质性缺位。针对大运河文化带沿线水利风景区建设，虽然江苏省在法制政策层面有所突破，江苏省水利风景区建设有法律依据，但其行政约束力和执行力还有待提升。从大运河全域来看，仍存在强有力的法律法规缺位问题，一些省份尚未出台相应的扶持政策，配套的法律法规、标准体系尚不健全或者效力较弱。二是规划指导性不强。在大运河全域层面缺少适应新形势新要求的水利风景区高质量发展总体规划。部分省份大运河沿线水利风景区发展仍未被列入大运河文化带建设规划内容。已有景区规划尚存在引领性不强、标准起点不高、衔接协调困难等问题，且未对城市布局、土地利用、生态保护、社会效益与文化效益等方面进行深入分析，与其他相关规划衔接不够，规划实施中出现相互冲突、重复建设等现象。

2. 建设品质提升问题

一是沿线发展不均衡。大运河沿线水利风景区发展仍存在数量、品质上的空间不均衡、发展不充分、建设不同频等问题。一些省份未能很好抓住大运河文化带建设契机，对沿线水利风景资源挖掘不够，保护开发利用规划不足，出现区域间景区建设规模不一、发展程度不均、地域差距明显等问题。二是文化内涵挖掘展示不足。目前，大运河文化带全域水利文化遗产、水利风景资源家底尚未全部摸清，并且挖掘不深、融合不够，人为割裂了运河文化与水利文化发展主脉；对水利风景资源的合理科学开发利用尚显薄弱，资源闲置、资源孤岛或同质化建设现象仍较普遍。展示主题与大运河水利价值的关联较差，展示和阐释手段单一，可观赏性、科普性、体验性不足，缺乏有影响力的文化水旅品牌及经典线路；整体服务配套设施建设标准、水平有待提高。

3. 运营管理保障问题

一是组织协调待强化。由于大运河沿线景区资源隶属不同地区、不同部门管辖，给大运河文化带水利风景区整体发展带来了一些难题。国家层面在大运河文化带组织体系构建过程中，缺乏对沿线统一管理的相关组织或专门职能部门。由于大运河跨越多个省份，沿线景区建设涉及面较广，现有水利风景区管理机构在景区建设与文化带融合、城乡建设、区域发展之间的关系统筹方面，明显力量不足，不同区域间、区域不同景区间权责利不清、部门文件打架等问题频现。二是管理机制待完善。大运河沿线水利风景区的相关建设、管理和保护规章制度体系尚未健全，缺少服务高质量发展、促进大运河文化带建设的协同机制、激励机制、考核评估机制及监督管理机制等。大运河沿线各地区经济社会发展不平衡，多数水利风景区建设管理囿于没有被列入国家财政专项，缺乏应有的、充足的经费支持，严重制约了景区可持续性发展。专业人才配备还存在巨大缺口，如严重缺乏对水利、文化、景区规划、建设、经营管理、社会服务均非常熟悉的复合型人才。另外，大运河沿

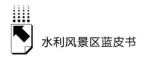

线各点段景区营销目前还是单兵作战，缺乏一体化、全方位、多样化、有吸引力的水文化展示宣传，与文化、旅游、康养等产业融合不够，在市场推介、运维与开拓方面仍面临挑战。

三 大运河文化带水利风景区发展形势与思路

（一）发展形势

进入新时期，高质量发展被提升为中国新时代经济社会发展的主旋律。大运河文化带建设能够传播并彰显中华民族的文化自信，是对宝贵遗产的挖掘与继承、创新和探索，更是推进区域文化不断传承与高质量发展的坚强后盾。

大运河文化带建设上升为国家战略以来，各级政府认真贯彻落实习近平总书记关于大运河文化保护传承利用的重要精神，对大运河文化保护传承利用工作高度重视。2019年，中共中央办公厅、国务院办公厅先后印发了《大运河文化保护传承利用规划纲要》《长城、大运河、长征国家文化公园建设方案》，从国家战略层面对大运河文化带和国家文化公园建设进行了顶层设计。国家各部委积极落实中央各项决策部署，纷纷制定专项发展规划。2020年文化和旅游部、国家发展和改革委员会联合发布《大运河文化和旅游融合发展规划》，水利部、交通运输部和国家发展和改革委员会联合印发了《大运河河道水系治理管护规划》等。从省市级层面看，各地通过成立大运河文化带建设工作领导小组，编制地方大运河文化保护传承利用实施规划，组建大运河研究院，成立大运河文化旅游发展基金，启动国家文化公园建设重点项目等举措，初步奠定了大运河文化带建设框架体系。

2018年以来，江苏省委、省政府对大运河文化带的建设工作高度重视，并发出"创造性、高质量地推进大运河文化带江苏段建设，使其成为大运河文化带的先导段、示范段、样板段，成为江苏文化建设高质量的鲜明标志和闪亮名片"的动员工作。进入2020年，大运河文化带江苏段建设正迈入以美丽江苏建设为引领的"加速度"新阶段，省委、省政府聚焦"建设人们心目中美好江苏"，出台深入推进美丽江苏建设意见，要求沿大运河地区在建设过程中突出生态，并且以文化为魂，营建一体化生态和文化长廊，凸显区域内高品位、高颜值、高水平的旅游胜地，打造具有"江苏名片"效能的最美丽、最繁华、最精彩之江苏特色的大运河，使其成为江苏的美丽中轴。同时还明确提出"强化水文化建设，维护水生态健康，全面展现河畅、水清、岸绿、景美的水韵特色"的重点任务。这些大运河文化带建设的顶层设计和顶层组织推进都给水利风景区建设带来前所未有的发展机遇。

2020年11月，习近平总书记实地考察了运河三湾生态文化公园，了解了大运河沿线环境整治状况和文化保护传承利用等相关情况，习近平总书记强调，数千年历史文化长河中，大运河为两岸城市和人民提供了便利、营造了幸福生活，作为当代的两岸人民，我们有责任并且有义务保护大运河，使运河永远造福子孙后代。习近平总书记对大运河文化带建设再次做出重要部署，发出了打造人民幸福河的伟大号召，这不仅是对治理和保护大运河提出的最高目标要求，也为区域内水利风景区未来建设提供了依据，并且指明了方向。

当前来看，大运河沿线水利风景区总体向着良好的态势发展。结合当前国家一系列重大战略举措，如生态文明建设的持续化、大运河文化带建设的深入化、长三角一体化和乡村振兴的全面化等，为水利风景区的发展创造了有利的环境，特别是全面推行河湖长制、建设幸福河湖等重大方略在水利行业的具体实践行动，也为水利风景区发展提供了资源基础和制度保障。可以看出，各级政府非常重视水利风景区建设工作，为发展优越的环境和营造社会良好的舆论氛围创造了条件，全面推动运河沿线水利风景区高质量发展未来可期。

（二）发展思路

大运河文化带水利风景区建设亟须结合新形势、新要求，努力保护好、传承好、利用好大运河文化带，坚持生态优先、文化导入的建设理念，倡导"节水优先、空间均衡、系统治理、两手发力"治水理念，遵循幸福河湖、美丽中国建设目标导向，依托大运河沿线优良的水利风景资源禀赋，重点打造以漕运文化、河工文化、运河生态文化等为板块构成的水利风景区群落，培育一批具有水文化地标性工程的水利风景区，打造一批具有"水活、景美、质优、民悦"的水利风景区"活标本"，并促进大运河空间带形成均衡、生态、各具特色、互为补充、互为协调的大格局板块，推动水利风景区与运河、城乡、经济社会和谐共生，使其成为大运河文化带建设上一张靓丽的"水利名片"。

四 大运河文化带水利风景区高质量发展举措与保障

"十四五"时期，是深化水利改革、开启水利现代化建设新征程的关键时期，也是高起点推进美丽中国建设、幸福河湖建设的关键阶段。各省（区、市）要从服务大运河文化带建设、服务经济社会发展大局出发，紧紧围绕水利发展重心工作，科学谋划、务实创新、落细举措，切实推进水利景区高质量发展走深走实。

（一）发展举措

1. 盘活资源，优化结构布局

大运河文化带的水利风景资源构成丰富，既有运河水道及沿线各类湖泊、支流等自然风光资源，又有船闸堰坝、古桥码头、驿站纤道、行宫宗祠等人文景观资源，还有船工号子、水乡民俗、水利文学等非遗资源，这些风景资源绝不是孤立的一个点、一段线，而应是铺陈的一张网，相互依存，彼此映托，为水利风景区发展提供了广阔的成长空间。一是要做好资源调查，妥善处理好保护和利用的关系。持续开展运河沿线风景资源调查梳理，全面掌握各地运河文化风景资源的分布、种类、开发与保护实况，并对水利风景资源的开发、保护做出科学合理的评价，为科学编制水利风景区规划奠定基础。同时，针对大运河活态在用的特点，在景区规划建设中，要从保护"山水林田湖草沙＋人居"的生命共同体角度出发，处理好景区资源开发利用与"保护""保留"、保护与治理、文化功能与水利功能发挥等关系，既要通过景区合理开发建设让优质的水利风景资源普惠于民，丰富大众的精神文化生活，又要遵循生态优先、适度开发原则，严守资源保护红线，不能因景区建设破坏大运河遗产资源价值。二是要统筹各方利益，优化运用全域资源，同时引导各地相互合作、提倡资源共享、互惠互利，加强大运河沿岸带各景区、地区、流域之间的资源要素整合，使景区之间能够协同发展，形成一定规模，努力解决不同景区空间的不均衡及短板问题；努力协调不同功能区（带）、不同节点之间的差异，取长补短，使其发展特色化，又互为补充，营造各具特色、各有所长的水利风景区群落，提升大运河文化带景区的整体竞争力。三是要科学谋划，不断完善宏观规划体系。在国家、省、市、县等多层面配合下，进一步健全总体规划、专项规划和项目规划等规划体系，争取创造全域景区规划"一张蓝图"贯彻到底。国家层面主动适应当前新形势、新要求，对标水利风景区建设发展总目标，编制好大运河全域水利风景区高质量发展总体规划；沿线省市要立足自身资源基础、文化特色和现实需要，加强与上位规划的衔接、与平行规划间的交流与传导，尽量适应当地经济发展，协调水利现代化建设工作，统筹安排与大运河文化带建设高度契合的战略性项目，实现大运河文化带水利风景区建设目标。

2. 延续文脉，塑造运河精品

纵观大运河发展历程及沿线城市演变，"水文化"是运河文化的本质与精髓，大运河的文化基因是以水文化为代码进行传承演变的，而水文化这一要素也恰是水利风景区的灵魂所在。推动大运河文化带景区的高质量发展，必须牢牢抓住大运河"水文化"这个重要支点，要以大运河沿线底蕴深厚的地域文化和历史悠久的治水文化为根基，系统梳理运河文脉，深挖文化内涵，锻造景区品质。依托大运河丰富的历史文化遗产，积极探索大运河遗产保护展示新路径，加大富有文化性、科技性和互动体验性的水文化科普设施建设力度，因地制宜筹建或提升一批彰显历史记忆、文化脉络和地域特征的文化公共服务空间，不断营造景区浓厚的人文气息、文化氛围。统筹兼顾大运河文化遗产保护和生态环境保护提升，在大运河水环境综合治理、重大水利工程、美丽乡村等建设中，融入运河生态文化元素，提升滨水景观环境质量和文化品位，充分展现大运河沿线景区自然与人文、宜居与诗意完美结合的水景观气质。与此同时，提高景区公共服务设施建设水平，提升景区景观质量档次，最重要的目的是使景区服务更加人性化和便捷化。另外应该充分发挥大运河文化的 IP 效应，提高景区发展建设的精品意识、加强品牌意识的创建，并鼓励多产业融合的发展模式，培育一批有地域特色、高质量、高水平、带动性强的"拳头"产品，助推产业升级，放大景区发展格局。大运河沿线各地可在大运河文化带建设总体框架下，充分利用自身资源优势，分区域、分类型、分主题优先打造一批代表区域发展和文化水平的精品水利风景区，使其在区域水利风景区建设方面起到带动作用，助推全域景区的高质量发展。另外加强区域内水利风景区的水文化标志性工程建设，逐步形成以"标识展示点、核心展示园、集中展示带"为空间架构的大运河文化带水利风景区品牌体系，打造大运河文化带建设中的标杆和示范。要打造精品线路。鉴于大运河沿线各类资源要素分布线长面广而又相对分散等特点，需要积极推动"旅游+"发展，强化运河区域间优质资源要素整合和旅游服务协作，以大运河为纽带，以景区为载体，以水利水工、生态、文化等要素为切入口，打造个性化、特色化旅游项目，发挥水文化各自的优势，建设一批分别以水工科技、运河生态、名城古镇、运河文化寻根、红色故事为专题的风景旅游带，推出大运河风光览胜、文化遗产研学、民风民俗体验等多种参与模式，实现大运河沿线水利风景区"串珠成线，以点带面"联动式发展。

3. 创新机制，推进共建共享

发展高质量水利风景区，要抓硬件建设，更要抓软件管理。高效管理和优质服务是景区持续良性发展的关键。一是要创新景区管理体制机制。目前，大运河沿线 8 省市都成立了大运河文化带建设专项工作组。从纵向角度讲，各地均在努力探索水利风景区与区域内大运河水文化相结合的机制，构建景区建设与大运河文化、发展的模式建设融合，明晰水利风景区属地管理和行业管理职责，研究推行分级、分类管理，以解决水利风景区建管分离、力量薄弱等问题。从横向角度讲，要充分利用大运河文化带建设的契机，打破原先各自为政的局面，积极构建区域合作联动机制，推动大运河沿线城市建立跨区域、跨部门的水利风景区联合议事机构或建立联席会议制度，形成良好的沟通协调机制和分工体系，以尽快适应水利风景区高质量发展的需要。二是要加强景区规范化建设。各省市应该尽快完善自身相关法规政策和管理体系，一方面用足用好已出台的相关法律法规，以顶层规划为遵循，推动水利风景区高水平建设、高质量发展。另一方面，要紧跟形势发展，不断完善景区建设、管理和保护规章制度体系，争取在制定或修订行业法律法规、部门规章和相关技术标准时，更多地统筹考虑景区建设管理，切实提升制度规范效力；同时，还要融合大运河文化带保护、传承、利用，着力推进大运河全域水利风景资源保护、开发利用的立法工作，使景区建设管理有章可依、有据可循。三是要强化景区运营监管工作。景区日常监督管理体系应该持续加强，行业专项检查力度应该进一步提高，对专家"问诊把脉""对症开方"等要予以重视，逐步建立动态长效监管机制。从大运河具有连通性和开放性特征出发，鼓励构建具有统一约束力、公平公正、权责一致的保护体系，强化大运河沿线景区建设项目审批管理，切实保护好大运河文化遗产和风景资源，严防损害水资源、破坏水环境、影响水工程安全运行的问题发生，加快形成大运河沿线景区共建共享发展新模式。

（二）实施保障

1. 凝聚共识，形成合力

水利风景区建设工作是一项系统工程，涉及因素众多、关系错综交织、功能结构复杂，需要凝聚各方共识，通力协作，有序推进，共同打造大运河文化带水利景观体系。一是水利部门要对自身资源进行整合。加强系统内部力量之间的协调，鼓励各部门共同参与景区的规划建设和管理工作，共同研究相关发展政策，主动将水利风景区工作纳入部门工作要点和计划，发挥好条线联动的整体优势。二是要借助各级党委和政府对水利风景区工作的大力支持，努力将景区建设列为政府大运河文化带建设的重要任务或考核内容，加强地区间、部门间的联系与协调，完善政府牵头、水利主导、多部门配合的工作机制，协同推进景区建设发展。同时，还要向社会各界借力，充分发挥文化、旅游、科技等社会团体和协会的组织作用，通过学术交流、文化创作等多种形式宣传大运河文化带水利风景区建设对社会福利改善的重要意义，增强社会大众的理解和支持，不断提高全民共建水利风景区的积极性。

2. 搭建平台，落实保障

政策资金是水利风景区建设与发展的动力，要加快建立灵活高效的政策资金平台，一方面政府要充分发挥主导作用，在项目、资金、人才及土地等方面给予倾斜扶持，更好地促进区域各类产业链条集聚，推进大运河沿线地区景区可持续、协调、健康发展；有条件的地区积极争取将水利风景区建设资金纳入公共财政体系，争取与水利建设、生态建设、大运河文化带建设等项目资金捆绑使用；可依托大运河文化带建设基金，研究设立景区建设发展专项资金等。另一方面，充分发挥市场在资源配置中的决定性作用，各级政府在加大财政投入的同时，还要积极拓宽资金渠道，完善各类投融资平台，鼓励和引导社会资本参与，以招投标形式吸引文化、旅游、环保等领域相关企业或社会闲散资金投入大运河沿线景区建设，同时鼓励景区利用自身优势资源激发内生动力，实现景区发展良性循环。

人才技术是水利风景区高质量发展的核"芯"，要加快搭建科学先进的智力支撑平台。加大跨专业、复合型人才引进力度，完善引才用才政策，吸引一批真正热爱大运河文化、精通景区建设管理工作的专业人才，同时积极调整现有人才队伍结构，加强在岗人员交流培训，提升其从业能力和素养，必要时可联合高校和科研院所开设相关课程，开展前沿理论、先进技术研究，加快科技创新驱动，为景区发展提供强有力的技术支撑和智力保障。

开放共享是水利风景区高质量发展的催化剂，要加快搭建实时共享的信息服务平台。加强信息公开，各地相关职能部门定期向社会发布大运河文化带水利风景区建设成效及问题的信息，并及时提供旅游、就业、招商等方面的公共服务信息，拓宽社会区域协同的深度和广度；以专门 App、公众号等形式搭建公众与政府部门交流的桥梁，吸收有利于景区发展的建议，解答公众关注的问题，推进还河于民、景区共建共享，不断提升人们的获得感、幸福感。

3. 强化宣传，讲好故事

大运河沿线各地政府相关职能部门还要进一步创新宣传模式与路径，不仅要注重与文旅、文保、宣传等部门、社团的联合营销，更要借大运河文化带建设工作，融入水利风景区元素，形成一体化宣传。要加强现代化表达，在融媒体时代，努力构建线上线下相联结、传统与新型相结合、区内与区外相呼应的立体式新媒体传播体系。可借助科技力量，推出"VR看景区""云游运河水景""全景运河水工遗产"等项目，让大运河文化水景插上网络翅膀，走向"云端"、走近大众。要创新营销品牌，立足景区独特的资源禀赋，提炼大运河优秀文化因子，打造各具特色的大运河城市文化水景宣传品牌，避免同质化竞争；结合区域联动，整合各类节庆活动，策划一批"水"主题鲜明、富有温度、大众喜闻乐见的大型宣传活动，进行集中造势，发出水利声音。从大运河文化遗产资源市场需求和大众消费心理出发，创新遗产活化利用形式，研究开发文创衍生产品，打造文化创意基地，培育文化创意产业，以此扩展景区文化品牌化的发展空间，赢得大众文化消费口碑。要讲好大运河故事，深入发掘大运河沿线不同地区历史文化渊源和历史治水名人事迹，厘清城水关系的历史机理和空间格局变迁，通过文学、音乐、影视、书画等文艺创作或微媒传播、现代科技与艺术整合等形式，向受众群体生动讲述大运河故事，展示其背后蕴藏的伟大治水智慧和治水理念，启发人们深刻认识大运河水利文化价值和时代精神内涵，增强行业心理认同，进而营造全社会爱水护水、共同参与水利风景区建设管理的良好社会氛围。

参考文献

［1］文化和旅游部：《大运河文化和旅游融合发展规划（送审稿）》，2019年11月。
［2］国家文物局：《大运河文化遗产保护传承专项规划》，2020年2月。
［3］水利部办公厅：《大运河河道水系治理管护规划（送审稿）》，2020年2月。
［4］江苏省水利厅景区办：《推进新时代水利风景区高质量发展》，2019年4月。

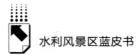
［5］姜师立：《文旅融合背景下大运河旅游发展高质量对策研究》，《中国名城》2019 年第 10 期。

［6］张军扩、侯永志、刘培林等：《高质量发展的目标要求和战略路径》，《管理世界》2019 年第 22 期。

［7］郭文礼：《创新驱动是旅游业实现高质量发展的必由之路——以国家全域旅游示范区洪洞县发展为例》，《文化产业》2019 年第 10 期。

典型省市域和景区发展报告

Development Report of Typical Provinces and Scenic Areas

B.7

河南省水利风景区发展报告

李世军　王欣苗　张运峰　刘中芳 *

摘　要： 河南省地跨淮河、长江、黄河、海河四大流域，水利风景资源丰富，百姓临水而居，城市依水而建，文明因水而起。近20年来，河南省积极推进水利风景区建设工作，取得了显著的成绩，极大地满足了人民群众日益增长的美好生活需要。本报告全面分析了河南省水利风景区发展现状，总结了取得的主要成效，研判了当前存在的主要问题以及面临的机遇与挑战，展望了水利风景区的发展形势与方向，并从健全体制机制、强化监督管理、补齐建设管理短板等方面提出了对策

---

* 李世军，河南省农田水利水土保持技术推广站站长，高级工程师；王欣苗，水利部综合事业局，工程师；张运峰，河南省农田水利水土保持技术推广站科长，工程师；刘中芳，河南省农田水利水土保持技术推广站，工程师。

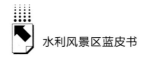

与建议。

关键词： 水利风景区　河南省　黄河流域

一　基础与现状

（一）基础条件

河南省位于我国中东部、黄河中下游，东接安徽、山东，北接河北、山西，西接陕西，南邻湖北，呈望北向南、承东启西之势。河流跨长江、淮河、黄河、海河四大流域，流域面积分别为 2.77 万平方千米、8.61 万平方千米、3.60 万平方千米、1.53 万平方千米，另中流域面积超过 1 万平方千米的河流有 11 条。

河南省已建成水库 2654 座，总库容 425.75 亿立方米；共有流域面积 100 平方千米以上的河道 560 条，其中已初步治理的有 300 条，堤防总长为 14980 千米，治理总长度 12626 千米；已建成 30 万亩大型灌区 40 处。众多的河流和星罗棋布的水利工程，特别是河南省地跨黄河流域、大运河文化带的区位优势，为河南省创建水利风景区提供了丰富的水利风景资源。

（二）发展状况

河南省水利风景区在全省的生态建设和旅游产业中具有举足轻重的地位。截至 2020 年底，全省已建有 55 处国家水利风景区（小浪底水利枢纽管理中心其中黄河水利委员会和管辖水利风景区 11 处）和 27 处省级水利风景区（详见表 1、表 2）。河南省黄河流域（含引黄工程）建有焦作市博爱青天河等 26 处国家水利风景区（详见表 3）。河南省大运河沿线建有郑州黄河生态水利风景区等 6 处国家水利风景区。

表1 河南省国家水利风景区建设情况

序号	景区名称	类型	批次	序号	景区名称	类型	批次
1	信阳市南湾湖水利风景区	水库型	1	18	光山县龙山水库水利风景区	水库型	5
2	驻马店市薄山湖水利风景区	水库型	1	19	许昌市白沙水库水利风景区	水库型	5
3	舞钢市石漫滩水库水利风景区	水库型	1	20	濮阳黄河水利风景区	自然河湖型	5
4	修武县云台山水利风景区	水库型	2	21	方城县望花湖水利风景区	水库型	6
5	平顶山市昭平湖水利风景区	水库型	2	22	安阳市彰武南海水库水利风景区	水库型	6
6	焦作市群英湖水利风景区	水库型	2	23	范县黄河水利风景区	自然河湖型	6
7	黄河三门峡大坝水利风景区	水库型	2	24	卫辉市沧河水利风景区	水库型	7
8	河南黄河花园口水利风景区	自然河湖型	2	25	驻马店市宿鸭湖水利风景区	水库型	7
9	焦作市博爱青天河水利风景区	水库型	3	26	信阳市光山县泼河水利风景区	水库型	7
10	灵宝市窄口水库水利风景区	水库型	3	27	河南台前县将军渡水利风景区	自然河湖型	7
11	黄河小浪底水利枢纽水利风景区	水库型	3	28	洛阳市陆浑湖水利风景区	水库型	8
12	林州市红旗渠水利风景区	灌区型	4	29	河南孟州黄河开仪水利风景区	自然河湖型	8
13	驻马店市铜山湖水利风景区	水库型	4	30	南阳市龙王沟水利风景区	水库型	9
14	信阳市香山湖水利风景区	水库型	4	31	信阳市北湖水利风景区	水库型	9
15	商城县鲇鱼山水库水利风景区	水库型	4	32	漯河市沙澧河水利风景区	城市河湖型	9
16	开封黄河柳园口水利风景区	自然河湖型	4	33	商丘市黄河故道湿地水利风景区	湿地型	10
17	西峡县石门湖水利风景区	水库型	5	34	南阳市鸭河口水库水利风景区	水库型	10

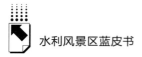
续表

序号	景区名称	类型	批次	序号	景区名称	类型	批次
35	柘城县容湖水利风景区	城市河湖型	11	45	洛阳孟津黄河水利风景区	自然河湖型	14
36	郑州市黄河生态水利风景区	自然河湖型	11	46	睢县北湖生态水利风景区	城市河湖型	15
37	河南故县洛宁西子湖水利风景区	水库型	11	47	许昌曹魏故都水利风景区	城市河湖型	16
38	商丘市商丘古城水利风景区	城市河湖型	12	48	虞城响河水利风景区	城市河湖型	16
39	驻马店市板桥水库水利风景区	水库型	12	49	南乐西湖生态水利风景区	城市河湖型	17
40	禹州市颍河水利风景区	城市河湖型	13	50	林州太行平湖水利风景区	水库型	17
41	永城沱河日月湖水利风景区	城市河湖型	14	51	荥阳古柏渡南水北调穿黄水利风景区	自然河湖型	17
42	淮阳龙湖水利风景区	城市河湖型	14	52	长垣黄河水利风景区	自然河湖型	17
43	民权黄河故道水利风景区	水库型	14	53	许昌鹤鸣湖水利风景区	城市河湖型	18
44	武陟嘉应观黄河水利风景区	灌区型	14	54	郑州龙湖水利风景区	城市河湖型	18
				55	济源沁龙峡水利风景区	水库型	18

表2　河南省省级水利风景区建设情况

序号	景区名称	批次	序号	景区名称	批次
1	桐柏县淮源水利风景区	1	15	打磨石岩水库水利风景区	8
2	西峡县鹳河漂流水利风景区	1	16	燕山水库水利风景区	9
3	内乡县斩龙岗水库	2	17	彭李坑水库水利风景区	9
4	洹河水利风景区	2	18	引沁水利风景区	10
5	南召县九龙湖水利风景区	3	19	汝州市洞山口水库水利风景区	12
6	南召县辛庄水库水利风景区	3	20	洛阳恐龙谷漂流景区	12
7	光山县五岳湖水利风景区	7	21	樱桃沟金水源景区	12
8	遂平县狮象湖水利风景区	7	22	济水源（济渎庙）水利风景区	13
9	沁阳市逍遥水库风景区	7	23	汤阴县汤河水利风景区	14
10	镇平县九龙湾水利风景区	7	24	前坪水库水利风景区	16
11	兰营水库水利风景区	7	25	汝州北汝河水利风景区	16
12	内乡县马山湖风景区	8	26	汝州黄涧河水利风景区	16
13	唐河县友兰湖水利风景区	8	27	息县龙湖水利风景区	16
14	唐河县倪河水库风景区	8			

表3 河南省黄河流域水利风景区建设情况

序号	景区名称	类型	批次
1	黄河三门峡大坝水利风景区	水库型（干流）	2
2	河南黄河花园口水利风景区	自然湖型（干流）	2
3	焦作市博爱青天河水利风景区	水库型（支流）	3
4	灵宝市窄口水库水利风景区	水库型（支流）	3
5	黄河小浪底水利枢纽水利风景区	水库型（干流）	3
6	开封黄河柳园口水利风景区	自然湖型（干流）	4
7	濮阳黄河水利风景区	自然河型（干流）	5
8	范县黄河水利风景区	自然河湖型（干流）	6
9	河南台前县将军渡水利风景区	自然湖型（干流）	7
10	洛阳市陆浑湖水利风景区	水库型（支流）	8
11	河南孟州黄河开仪水利风景区	自然河型（干流）	8
12	商丘市黄河故道湿地水利风景区	湿地型（引黄工程）	10
13	郑州市黄河生态水利风景区	自然湖型（干流）	11
14	河南故县洛宁西子湖水利风景区	水库型（支流）	11
15	商丘市商丘古城水利风景区	城市河湖型（引黄工程）	12
16	武陟嘉应观黄河水利风景区	灌区型（引黄工程）	14
17	民权黄河故道水利风景区	水库型（引黄工程）	14
18	洛阳孟津黄河水利风景区	自然河型（干流）	14
19	荥阳古柏渡南水北调穿黄水利风景区	自然湖型（干流）	17
20	南乐西湖生态水利风景区	城市河湖型（引黄工程）	17
21	长垣黄河水利风景区	自然河型（干流）	17
22	郑州龙湖水利风景区	城市河湖型（引黄工程）	18
23	济源沁龙峡水利风景区	水库型（支流）	18
24	焦作引沁灌区水利风景区（省级）	灌区型（支流）	10
25	沁阳市逍遥水库风景区（省级）	水库型（支流）	7
26	济水源（济渎庙）水利风景区（省级）	其他（支流）	13

1. 总体增长较为平稳

目前，全省国家水利风景区共55处（含水利部和黄委会属11处），省级水利风景区共27处，形成了覆盖全省16个省辖市主要江河湖库的水利风景区群落。全省国家水利风景区总体增长较为平稳，省级水利风景区增加数量有起伏（详见图1）。

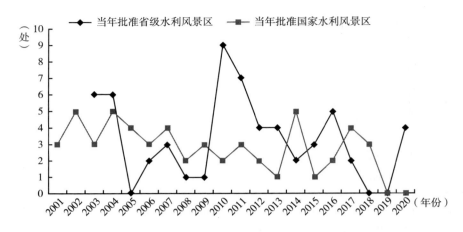

图1 河南省国家水利风景区增长趋势（自绘）

2. 空间分布尚不均衡

全省水利风景区空间分布不均衡，各地市数量悬殊，基本反映了其资源禀赋差异。其中，商丘市水利风景区以城市河湖型为主；南阳、信阳、驻马店、平顶山等地大中型水库资源较多，水利风景区以水库型为主；郑州、许昌、南阳、焦作等市，是我国第一批和第二批水生态文明建设试点城市，旅游市场相对完善，水利风景区数量较多；新乡、鹤壁、漯河、开封和周口等地资源、市场和景区开发能力等尚存在不足，水利风景区数量相对较少（详见图2）。

3. 以水库型、河湖型为主要类型

河南省境内拥有的众多河流、湖泊和水库水利风景资源构成了大量的水利工程景观，水土保持、灌区和湿地等工程总量有限。目前河南省境内的水利风景区已覆盖六大类型，其中水库型水利风景区数量最多，其次为城市河湖型和自然河湖型，灌区型、湿地型和水土保持型等水利风景区数量和占比均较低（详见图3）。

（三）管理现状

2010年河南省水利厅成立了水利风景区建设与管理领导小组，随后各

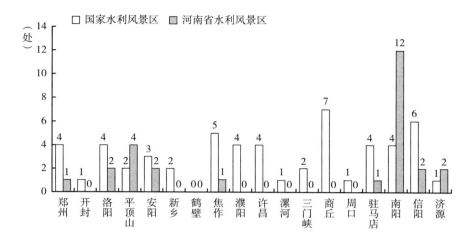

图2 河南省国家水利风景区行政区域分布情况

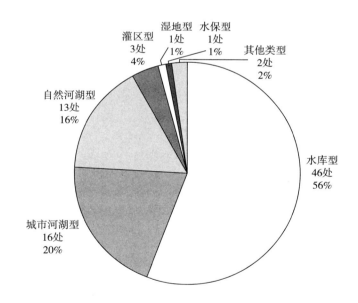

图3 河南省国家水利风景区类型分布

省辖市陆续成立了相应机构。2019年机构改革以后，河南省水利厅印发了《关于调整水利风景区建设与管理领导小组成员的通知》，再次明确了水利风景区工作机制，省水利厅厅长兼任水利风景区建设与管理领导小组组长，

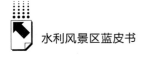
相关业务处室、直属单位负责同志为小组成员，统筹河南省全省水利风景区的建设管理相关工作。

经过近20年探索与发展，河南省大部分市、县（市、区）水利局成立相应水利风景区建设与管理工作机构，基本形成省、市、县三级上下连贯、相互联动的水利风景区管理体系。

河南省水利风景区管理主要有四种模式。一是水管单位直接管理模式，如舞钢市石漫滩水库水利风景区、驻马店市薄山湖水利风景区。二是管委会管理模式，如郑州市黄河生态水利风景区、焦作市博爱青天河水利风景区。三是独立公司管理模式，如荥阳古柏渡南水北调穿黄水利风景区、洛阳恐龙谷漂流景区。四是政府和资产公司合作的管理模式，如郑州龙湖水利风景由郑东新区管委会设立的河南省龙湖文化旅游开发有限公司管理。

二　成效与问题

（一）发展成效

1. 促进生态环境改善

水利风景区是科学利用水利风景资源的一种方式，其具有维护水工程、保护水资源、改善水环境、修复水生态、弘扬水文化、发展水经济六大主体功能，是河南省各地水生态文明建设的重要平台。

保护恢复水生态和改善优化水环境是水利风景区建设与管理的着力点。永城沱河日月湖水利风景区通过综合规划建设，林草覆盖率达85%，水土流失综合治理率达95%，既有效防治了水土流失，又增加了生态景观。景区内沱河、日月湖不仅改善了水生态环境，而且更重要的是为市区40万人口提供了安全可靠的饮用水水源。永城市政府出台一系列保护饮用水源地的地方性法规，确保饮用水水源的安全，沱河、日月湖水源地长期保持Ⅱ－Ⅲ类水质。

水利风景区作为建设水生态文明城市的重要载体，所开展的各种工程和非工程措施建设，改善了水域环境、减少了水污染，保护和维持了生物多样性，提升了城镇形象和人居环境。许昌曹魏故都水利风景区，沿城市中轴水系建成规模 3000 多亩的生态中央公园，绿化面积 6500 亩，建成 1300 亩的临河绿地游园，新修 150 多千米栈道、滨河游园步道，设置多处智慧书屋供游人休憩品鉴。2015 年许昌市被列为国家生态文明先行示范区，2017 年通过国家水生态文明城市建设试点的验收，被国家旅游局授予"国家全域旅游示范区"称号。

2. 促进地方经济增长

有助于提升居民收入及生活水平。水利风景区的建设与旅游活动的开展，一方面能够增加就业机会，特别是吸纳农村剩余劳动力；另一方面能够带动其周边产业的迅速发展，进一步提高当地居民的收入水平。南乐西湖生态水利风景区创建前，景点布局分散，服务设施和服务质量不高，对第三产业的拉动和对地方经济发展的贡献均十分有限；创建后，其为南乐县吸引来大批周边城市客源，景区景点及相关宾馆、饭店、商店等为下岗工人和进城务工的农民提供了灵活的就业岗位，全面带动了当地第三产业的发展。餐饮住宿等服务业已成为该景区所在地最活跃的经济成分；拉动了慕龙工艺品、道德金豆制品等当地特色产品的生产；盘活了周边村庄的灯笼小镇、平邑特色小巷等旅游项目，增加了农民收入。

有助于带动城市发展。依托水体开发、水系连通等城市河湖型水利风景区的建设，城市触媒效应正在逐步显现，水利、社会、经济、生态发展均得以提升，水质改善、岸线景观完善。郑州龙湖水利风景区是典型的具有触媒效应的景区，未对郑州东区进行规划与水域建设时，该地域属于城市边缘地带，周围区域经济、环境发展较落后，绿化建设不完善，周边地块未开发利用，不能适应多人口、快发展的郑州城市发展空间要求。随着城市发展，郑州龙湖水利风景区生态磁力逐渐显现，郑州国际会展中心、河南艺术中心等均位于景区内；也吸引众多高校纷纷落户；房地产业也逐渐兴起，成为郑州市房价最高的区域。

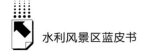

3. 促进社会发展

有助于扩大水利服务范畴。水利风景区的建设管理不仅要适应当代社会发展要求、人民群众的精神文化需要，还需获得社会各方面的支持。水利风景区的建设已经不再局限于水利行业内部，而是主动走向社会，服务社会，成为地方政府促进经济社会发展的重要手段。一些城镇还通过综合治理水环境、建造亲水景观，大力建设城市河湖型水利风景区，不断改善人居环境，有力提升了城镇品质。特别是城市河湖型水利风景区，注重各种开放场地和设施建设，以满足市民文化娱乐、体育健身的需要。许昌曹魏故都景区建成多处市民读书屋，永城沱河日月湖景区设有免费自动借书亭等设施，体现出民生水利的新价值。

有助于提高城市综合竞争力。水利风景区的建设能够进一步补足和优化改善城市的水利工程设施，水利风景区建设中的植物绿化、工程美化、污水处理和环境治理等，完善了水利工程的综合服务功能，展示了新时代水利建设的成就，促进社会进步。林州市红旗渠水利风景区通过提升各方面的建设与管理，先后被列入全国中小学爱国主义教育基地、全国爱国主义教育示范基地、全国研学旅游示范基地和全国廉政教育基地等名单。红旗渠已成为集爱国主义、廉政、红色、研学于一体的水文化教育高地，有效提升了林州市的城市竞争力。

有助于提升居民就业率和幸福指数。水利风景区的建设不仅从生态、社会、经济等多个方面服务当地居民生产、生活、生态环境，还推动了水管单位的机构改革，带动当地经济和社会的同步发展，成为一项利国利民的民生工程。水利风景区的建设带动了相关产业的发展，不仅为水管单位创造更多的经济收入，也为周边居民提供更多就业机会。提高了当地居民的就业率和经济收入水平，改善了居民生活品质，增加了居民生活幸福指数，为创建和谐社会、推动社会稳定做出了有益贡献。平顶山市昭平湖水利风景区随着景区不断发展壮大，知名度有了很大提高，吸引着众多游客纷至沓来，昔日的穷乡僻壤也逐渐繁华起来，小镇面貌发生了改天换地的变化，居民素质明显提升。每年景区的接待量保持在 15 万人次以上。通过开展水上游乐、餐饮购物服务、温泉水疗等项目，容纳周边劳动就业数千人，改善了当地居民的生产生活条件。

4.促进文化建设

有助于提升文化品位和文化承载能力。人们在享受现代化的水利设施、优美的水景观环境以及接受独特的水文化熏陶的同时，能够更进一步地了解我国悠久的治水文化和水利方面的科普知识，感受当下水利事业的蓬勃发展所取得的成就和水文化所蕴含的深刻内涵，从而更好地认识水利、热爱水利、宣传水利。水利风景区还进一步提升了全民爱水、保水、用水、节水的意识和水素养，成为水利科普宣教的示范性基地。实践证明，河南省水利风景区已经成为挖掘水文化内涵、宣传和推广水文化价值、打造水文化景观的主要依托平台。信阳市南湾湖水利风景区开展了水文化系列研究和水科普宣传。先后制作《一湾碧水润申城》宣传片，自创南湾水库库歌《美丽的南湾湖》，开设望湖轩、聚贤祠、浉源阁等别具特色的水工建筑展示馆，充分展示了南湾水库在水利发展和改革中积累沉淀的丰富水文化，大力弘扬"创新、争先、奉献"的南湾水库精神。为进一步加大水利行业知识普及宣传，下一步景区将在灌区技改渠道、节制闸、大坝、望湖轩、停车场、旅游码头、景区内浉源阁等明显位置设置水科普知识宣传牌，让游客在休闲旅行中更多了解水利行业知识和水库文化。

有助于发掘、传承和创新地域文化。水利风景区文化展示是地域文化承接与延续、创新与发展的重要途径。荥阳古柏渡南水北调穿黄水利风景区在南水北调中线干渠两侧和黄河沿岸滩地种植万亩樱花树和5000亩苜蓿草，对南水北调工程和水资源、水环境加大了保护力度。结合景区内穿黄入水口和出水口、穿黄博物馆、观景台、李村提灌站、桩坝亲水平台等景观，充分利用景区现有联通路、盘山路、滨河路等基础设施，使用便利的观光车、小火车、竹排、快艇等交通工具，挖掘厚重的荥阳历史文化和神奇的古柏渡口传说，精心打造了"丰乐樱花园、古柏渡南水北调穿黄水利风景区"游览专线。

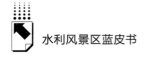

（二）经验做法

河南省水利风景区建设与管理工作在省水利厅党组的领导和推动下，各级水利部门逐步认识到水利风景区工作对全面推动水利事业发展、促进水生态文明建设的重要性，把水利风景区建设作为发展民生水利、改善水生态环境的具体实践，探索出一些行之有效的经验。

1. 坚持抓宣传，提高水利风景区品牌效应

多年来河南省水利厅党组对水利风景区宣传工作高度重视，全省水利风景区宣传坚持每年都有新策划、新内容，取得了显著成效，水利风景区社会影响力逐年提升。河南省水利厅景区办将水利风景区宣传工作作为年度工作的一项主要内容，每年要专题研究宣传工作，并安排 8 万 ~ 10 万元专项资金用于全省水利风景区整体品牌宣传。

积极创办河南省水利风景区网站。为发挥新媒体在水利风景区宣传中的作用，2009 年河南省水利厅景区办创办了独立的"河南水利旅游网"，并安排专职人员对其进行维护。网站开设旅游资讯、走进水利风景区、政策法规、公众互动论坛等板块，全方位介绍河南水利风景区管理要求、政策法规和建设成就，并与大河网以及各景区网站形成互联互动，成为公众全面了解河南水利风景区的重要平台。网站历史日最高点击率达 10 多万次。河南水利风景区公众号暨手机版"河南水利风景区"网站也正在筹建中。

策划丰富多样的水利风景区主题宣传活动。从 2009 年到 2018 年，河南省水利厅坚持每年策划一项到两项专题宣传活动，增强水利风景区品牌整体影响力。"河南十大最美丽的湖"评选、走进水利风景区城市广场巡展、水利风景区直通车、河南水利风景区有奖征文等一系列宣传活动，受到社会各界的广泛关注。编印水利风景区画册以及多种形式的宣传品，用不同形式广泛宣传水利风景区建设成就。在历次中国水博会和水利风景区博览会上，"河南水利风景区展区"都是公众和媒体关注的焦点。

强化对各级水利风景区的宣传和指导。省水利厅景区办除开展全省水利风景区整体宣传外，还组织力量对水利风景区各种宣传形式、效果及活动策

划进行了研究，完成了《河南省国家水利风景区专题宣传课题研究报告》，对水利风景区及其他部门设立景区的社会知名度和影响力以及不同媒体形式的宣传效果进行了调查、比较、分析，总结出不同景区、面向不同群体的宣传策略及方式，给予省内各级水利风景区活动策划、对外宣传相应的指导性建议。在此基础上，省水利厅景区办深入各级水利风景区，共同策划丰富多彩的宣传活动。

加强与新闻界常态化互动交流。近年来河南省水利风景区主管部门特邀新华社（新华网）、人民日报社（人民网）、河南日报社等省内外主要媒体和一些地方记者组团到景区采访、开研讨会，还邀请省文联、省作协、省画院、省书协等文化界人士，到景区举办笔会，让宣传界朋友关注水利风景区、了解水利风景区工作，主动去找新闻点宣传报道水利风景区。

2. 注重质量建设，强化水利风景区品牌

注重创建质量。河南省在水利风景区创建工作中，逐步转变观念、创新思路，实现了由过去注重创建数量向现在更加注重创建质量转变。为提高全省国家水利风景区申报质量，省水利厅景区办组织专家深入现场，对拟申报国家水利风景区单位进行具体指导。近几年，河南省推荐申报国家水利风景区的候选单位的景区质量得到显著提升，对提升全省国家水利风景区品牌效应起到了良好的示范作用。

落实监管责任。为全面加强水利风景区监督管理，保障景区建设健康发展，省水利厅景区办认真对照水利风景区有关要求，落实监督检查，在全国范围内首先提出和建立了省级水利风景区退出机制。按照《水利风景区管理办法》，基于景区规划不到位、发展建设停滞、管理问题较多等原因，先后取消了两家单位"河南省水利风景区"称号。2019 年，省水利厅委托华北水利水电大学对全省水利风景区建设与管理工作进行绩效评价，总结了水利风景区建设成果与经验，为指导今后水利风景区发展提供了科学依据。

强化水利风景区管理队伍建设。为解决水利风景区建设与管理人才短缺问题，省水利厅特别注重持续加强水利风景区管理人员培训工作，除每年组织人员参加水利部培训班外，还组织 1～2 期全省水利风景区建设与管理培训班，邀请专家学者为各级管理人员传授专业知识，安排他们学习水利风景区管理规范，还安排景区管理单位之间交流建设管理经验，分享水利风景区宣传成功案例，不断拓宽思路和视野。为进一步提高全省各级水利风景区管理人员业务水平，省水利厅组织人员编撰《水利风景区建设与管理工作指南》一书，指导各级从事水利风景区建设与管理工作的部门领导和相关工作人员更好地了解水利风景区的政策精神、建设意义、申报程序、建设标准、管理规范等。

3. 统筹水利工程与水利风景区规划建设

河南省注重将工程建设与景区建设相结合，在新建大型水利工程项目过程中，把生态、水文化和环境景观建设同工程建设相融合，统筹规划水利风景区建设与发展，形成"建成一处水利工程，打造一个水利风景区"的发展态势。燕山水库建成后被评为河南省省级水利风景区；河口村水库在建设后期结合水库建设及自然环境、人文禀赋，打造济源沁龙峡水利风景区；前坪水库在设计之初就考虑水利工程设施的景观效果，水利风景区相关基础设施和水文化建设项目与工程项目同步建设；出山店水库在建设期间追加了水利风景区资源的调查与评价工作，为后期水利风景区建设奠定了基础。

同时，一些水利风景区管理单位抓住水库除险加固、工程升级改造等较大项目投资机遇，提升水利风景区基础设施建设。石漫滩水库将改造的防浪墙建成水文化墙，打造了警示文化广场；龙王沟水库将水工设施、管理设施进行景观化、艺术化提升；陆浑水库、石山口水库等景区的生态环境、文化建设也得到全面提升。

随着工程建设与景区建设的结合，水利风景区建设与管理理念已经融为城市水系治理工程建设的重要指导思想。在水生态文明城市建设中，许昌市打造了许昌曹魏故都水利风景区；郑州市郑东新区以龙湖调蓄工程及水系建设为核心，建成郑州龙湖水利风景区。

4. 加强水利风景区与相关行业融合发展

水利风景区积极融入当地经济社会发展。许昌鹤鸣湖水利风景区成为鄢陵县北部花木产业园重要生态支撑；永城沱河日月湖水利风景区被打造为永城市采矿沉陷区生态改造的成功典范；禹州市颍河水利风景区是拉开城市框架的重要依托。

水利风景区促进文旅产业发展。郑州市黄河生态、林州市红旗渠、焦作市博爱青天河、黄河小浪底水利枢纽、信阳市南湾湖等 10 多个水利风景区被列入全省文化旅游发展规划以及多个区域文化旅游发展规划重点项目。

（三）存在问题

经过近 20 年的发展，河南省水利风景区数量和质量稳步提升，与其相关的市场效应和社会关注度也在逐年上升，但其建设与管理仍存在不足。

1. 发展质量方面

思想认识不足，景区发展不均衡。全省部分地区对水利风景区建设的重要性认识不足，重视程度不够，相应的政策和措施不完善，在创建水利风景区方面积极性不高，并且在后续的开发利用、建设和安全管理、监督中的做法不到位；同时，水利风景区发展还存在区域不平衡的特征，这是因为资源禀赋的制约、经济条件的限制，以及当地相关政府部门认识的不足和重视程度的不够。

整体品牌质量不够强，宣传方式有待改善。全省各地水利风景区在景区基础设施的建设、经营管理和品牌形象设计与推广等方面存在提升空间。近年来，一些水利风景区能够结合新时代背景，多举措开展宣传推介，但是其知名度、影响力仍然低于湿地公园、风景名胜区、自然保护区和森林公园等自然保护地。其根本原因在于水利风景区整体品牌宣传力度不够，宣传投入太少，并且没有合理运用新媒体。

景区规划不够完整，管理水平不高。多数水利风景区建设单位和管理单位对景区规划的重要性认识不够，存在不愿意投入资金和精力进行规划设计、委托单位的规划水平不足、规划特色不明显等问题，甚至有的景区未按《水利风景区管理办法》要求编制水利风景区建设规划。一些水利风景区后续投入与维护跟不上，景区设备老化，产品单一，管理和服务粗放，与水利风景区建设品牌的要求、人民群众日益增长的物质和精神文化需要存在有一

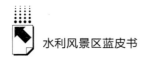

定的差距。

水文化展示方式不全面，文化内涵挖掘不足。各地新创建的水利风景区普遍加强了对水文化科普内容完善和宣教展示的力度，但仍存在文化科普宣教展示内容不深入、展览形式单调、缺乏可观赏性和互动性等问题。部分景区水文化内涵挖掘不充分，未能充分发挥水利风景区宣传水知识、弘扬水文化的重要作用。

2. 管理方面

管理存在重创建、轻管理问题。部分水利风景区，特别是早期设立的景区，管理制度不够健全，管理规程不规范；部分景区虽然设立有相应的管理机构，但在实际运行中却存在职权关系模糊和职能职责不清晰的问题，导致难以实现有效的建设管理。此外，国家级和省级水利风景区的建设具备良好的示范能力和多方面的示范效应，但是水利风景区在实际的建设和发展过程中当地缺乏应有的关注和重视。受经济条件所限，河南地方政府普遍认为水利风景区建设没有专项资金投入，没有明确的激励政策，与水利工程项目统筹建设时又受到系统内其他因素制约，对水利风景区品牌创建工作积极性不高，反而更青睐于有明确资金的其他景区品牌创建，乐于把河湖水系连通工程，甚至水库纳入其中。这也是水利风景区在品牌竞争中弱于其他景区品牌的一个主要原因。

三　形势与方向

（一）形势与机遇

1. 生态文明建设为水利风景区建设提供方向指引

党的十九大以来，各级党委和政府高度重视生态文明建设，中央提出的"要提供更多优质生态产品满足人民日益增长的优美生态环境需要""绿水青山就是金山银山"，为水利风景区建设提供了方向指引。河南省委、省政府提出要突出生态惠民、生态富民、生态利民，加快发展绿色经济，推动生态优势转化为经济优势、发展胜势，增强群众获得感、幸福感。

河南省水利系统按照省委、省政府制定的"四水同治"战略，统筹谋划水利改革发展各项工作，相继落地一大批治水兴水项目，河湖监管不断强化，水生态环境明显改善，全省共谋划"四水同治"项目 682 个，概算总投资 2535.8 亿元，已完建项目 299 个，完成投资 671.4 亿元，流失治理 319.4 平方千米。"十四五"期间，还将陆续规划建设一批生态工程和民生工程项目，为全省经济社会发展提供有力的水利支撑和保障。

2. 黄河流域生态保护与高质量发展为水利风景区发展提供新思路

2019 年，习近平总书记在河南省郑州市召开的"黄河流域生态保护与高质量发展"会议上发出"让黄河成为造福人民的幸福河"的号召，为河南省水利风景区发展提供了思路。实现"优质水资源、健康水生态、宜居水环境、先进水文化"相统一是建设"造福人民幸福河湖"的新要求，这与水利风景区发展宗旨和目标一致。

河南省委、省政府以习近平总书记重要讲话精神为根本遵循，以生态廊道建设为抓手强化沿黄地区生态保护；以国土绿化提速行动为抓手建设森林河南；以重大防洪工程建设为抓手确保黄河安澜；以"四水同治"为抓手开展综合治理；以黄河流域生态保护治理为抓手带动全省生态文明建设。开展实施沿黄生态廊道试点示范、规划建设沿黄湿地公园群、推进重要支流水环境综合治理、加强黄河防洪安全防范治理、开展深度节水控水行动、构建黄河历史文化主地标体系、推进黄河文化与大运河文化融合发展、实施黄河文化遗产系统保护八大标志性项目。同时加快水土流失综合治理，持续开展全域国土综合整治与生态修复试点，推进淮河生态经济带建设。

（二）发展方向

1. 积极推进与河长制工作的结合

河长制逐步成为各级党委和政府开展河湖治理工作的重要抓手，开展的清"四乱"、"四水同治"、修复生态等系列工作，提升了河湖的水环境及生态环境质量，为水利风景区发展提供了良好的资源储备。2018 年机构改革，

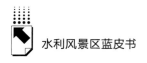
河南省水利风景区职能划归运行管理处，重新明确了工作机制，河长制工作处作为重要成员单位，积极配合，为二者工作结合提供了良好平台。目前，河南省水利厅正在研究如何将水利风景区纳入河长制工作考核范围，水利风景区建设管理同河长制工作的结合能够更有效地推进水利风景区维护河湖健康美丽的宗旨。

2. 成为讲好"河湖故事"的传播平台

在黄河流域生态保护和高质量发展、大运河文化带系列重要讲话中，习近平总书记进一步强调传承、弘扬河湖文化的重要性。弘扬水文化、水利精神既是水利行业的职责，也是高质量发展的需要。国家"十四五"规划建议再次要求加快建设长城、大运河、长征、黄河等国家文化公园。河南省是唯一肩负长城、大运河、长征、黄河"四大"国家文化公园建设任务的省份，具有"四大"国家文化公园的集聚效应，这为全省水文化建设提供了重要资源基础条件。全省各相关部门强化水文化挖掘、传承与保护，进一步加大弘扬水文化的基础设施投入，以水利风景区建设为依托，讲好"河湖故事"，特别是黄河流域、大运河沿线的河湖故事。河南省水利厅正在规划建设或提升一批如林州市红旗渠、武陟嘉应观黄河、三门峡黄河大坝、郑州市黄河生态、荥阳古柏渡南水北调穿黄、开封宋都汴河景区、商丘古城、滑县大运河、浚县大运河等自身水文化特色突出且建设完善的精品水利风景区。

3. 成为服务民生水利的重要载体

水利风景区是水利服务民生功能的拓展，是水利部门为满足人民群众日益增长的美好生活需要提供的高质量生态产品。水利风景区更好服务人民群众，已成为评价新时期水利风景区高质量发展的重要指标。随着"四水同治"和水系连通工程实施落地，将有一大批服务城市发展和为城乡居民提供良好的水生态环境的城市河湖型水利风景区应运而生，河南省水利厅正在酝酿制定未来10年水利风景区覆盖全省80%的市、县的发展目标。

4. 面向社会的窗口作用更加凸显

河南省水利风景区秉承"水生态建设示范区、水利建设成就展示窗口、水文化传播平台、水科普教育阵地"的建设理念，积极推进水利风景区全面建设水情教育基地；开展节水型景区建设，使水利风景区成为节水示范区；组织编写水利科普研学课程，以研学基地建设促进水利风景区科普建设；以提高水利风景区的建设和管理水平为基础，促进国家级和省级的水利工程管理单位建设；结合水土保持科技示范园区，加快创建水土保持型水利风景区；把每年开展世界水日和中国水周宣传活动作为长期任务，并将其纳入景区年度宣传计划。

四 对策与建议

（一）进一步健全体制机制

各级部门相互配合、上下畅通的管理体制是水利风景区行业管理的重要保障，同时，和时代背景相契合的工作机制也是强化水利风景区有条不紊运营的重要方式。结合国家、河南省各级机构改革新形势，全省各级水利部门应当进一步明确管理职责，优化经营形式，充分发挥政府和市场的协同作用，构建运行有效的管理体制机制，从而实现各级水利风景区提质增效。

1. 加强顶层设计，完善协调机制

为适应新时代水利风景区高质量发展的新形势，应进一步加强水利风景区相关政策研究，尽快出台"河南省水利风景区高质量发展指导意见"，将水利风景区管理职能明确到各级水行政主管部门的职责体系之中，推动机构实体化、职能法定化、工作常态化，以保证系统内协调和政府各部门间协调有据可依，人员稳定，经费落实。同时做好与各地自然资源、生态环境、文化和旅游、住房和城乡建设、林业等部门的协调工作，在政策支持、规划衔接等方面进行整合，实现水利风景区与国土资源空间、全域旅游等融合发展。加强各级地方政府的指导，提升水利风景区建设、管理水平，使其发挥更大效能。

2. 建立多元化资金投入机制

投入不足、融资不畅是现阶段水利风景区建设和发展所面临的根本问

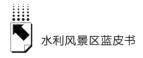
题。应增加水利风景建设与管理的投入，落实水利风景区管理单位运行管理费用，建立激励奖惩制度、生态补偿机制，鼓励社会资本参与；同时最大限度地发挥财政资金的指引作用，设立水利风景资源的专项发展基金项目，建立长期、有效、稳固的"政府引导、社会参与、市场运作"的多主体投入机制。

（二）强化监督管理

1. 进一步完善水利风景区申报和退出机制

按照《水利风景区管理办法》要求，基于景区资源、管理水平和发展质量等多维度，完善水利风景区设立程序，严格省级水利风景区的申请条件和认定程序。为切实保障水利风景区的可持续发展，发挥其综合效益，应加强长效机制管理，增加退出机制，明确退出程序和要求。对已批准设立的国家级和省级水利风景区规划编制与实施、基础设施建设、水利资源综合开发与保护等开展定期复查。对认定后发展停滞或造成生态破坏等情况的景区，对管理单位不明确、存在重大安全隐患的景区，视情节严重程度分别给予警告、限期整改、降级、撤销等处理，以实现水利风景区的提质增效。

2. 加快推进将水利风景区纳入河湖建设与管理工作

建设水利风景区是水利部门切实对水利基础设施、水域主体和水域岸线综合利用的重要举措，也是维持河湖生态健康和生态景观优美的主要手段。新时代背景下应当将水利风景区纳入幸福河湖建设与管理范畴。水利风景区建设应当融入水环境综合治理，加强部门合作，建立联动机制，探索实现全流域生态环境建设、全区域文化旅游发展和全社会参与河湖管理的长效机制和发展模式。

（三）补齐建设管理短板

1. 强化景区规划管理

为科学指导全省水利风景区高质量发展，应尽快组织编制"河南省黄河流域水利风景区发展专项规划"和"河南省大运河文化带水利风景区专项规划",同时把水利风景区的建设和管理纳入河南省"十四五"水利发展规划、河南省黄河流域水利规划、河南省大运河河道治理管护规划、河南省引黄灌区高质量发展规划。同时要督促各级水利部门,按照《水利风景区规划编制导则》,高质量编制不同级别的水利风景区规划。规划编制遵循地方国民经济发展总体规划,与土地规划相协调,与当地国土空间规划相衔接,融入地方旅游规划,以保证项目落地实施。为避免水利风景区同质化,规划编制内容应当体现地域文化,宣传水利工程建设贡献。

2. 加强文化科普建设

当前人民群众对优质的生态环境和丰富的科技文化需要不断增加。水利风景区建设和管理更要突出文化引领作用,体现水文化特色,新时代背景下更好地发挥和拓展水利行业的社会服务价值。"十四五"期间,要加大对水利风景区文化科普建设工作的支持力度,力争在河南建设 5～10 处水利风景区文化科普建设示范景区。通过实物、图片、视频、模型展示等形式,结合水情教育基地和研学旅行基地等,展现新时代水利创新成果和水利建设取得的新成就,科普水利知识,弘扬水文化,宣传水法规,建立良好的水利行业形象。

3. 强化景区智能化建设

信息化是提升水利风景区建设与管理水平的有效方式,也是现代水利风景区建设和管理的时代要求。数字时代背景下各相关单位应以新一代信息技术为支撑,搭建智慧管理平台,完善水利风景区基础信息数据平台和管理数据库,提升景区综合管理和运营能力。

B.8
福建省水利风景区发展报告

王晓峰　张　蕾　万云江　侯进勇*

摘　要：　层峦叠嶂的地势、暖热湿润的气候、星罗棋布的水利工程，造就了福建丰富的水利风景资源。近年来，福建省水利风景区得到长足发展，为推动生态文明建设、促进经济社会发展、满足群众日益增长的美好生活需要做出了贡献。本报告全面分析了福建省水利风景区发展现状，总结了福建省水利风景区建设与管理中的经验做法和取得的主要成效，研判了当前存在的不足以及面临的形势与机遇，展望了水利风景区的发展方向，并从顶层设计强化、监管能力提升、"幸福河湖风景区"打造、融合创新发展等方面提出对策与建议。

关键词：　水利风景区　发展　幸福河湖

一　基础与现状

（一）基础条件

1. 地理环境

福建省地处中国东南沿海，位于北纬 23°31′~28°18′、东经 115°50′~

＊　王晓峰，福建省水利管理中心科长，工程师；张蕾，水利部综合事业局，经济师；万云江，江西省防汛信息中心，工程师；侯进勇，水利部综合事业局，工程师。

120°43′，北界浙江，西邻江西，西南与广东相接，东隔台湾海峡与台湾相望。省内地形以山地和丘陵为主，丘陵占全省总面积的 80% 以上，素有"八山一水一分田"之称。陆地海岸线长达 3752 千米，长度居全国第二位。福建省靠近北回归线，受季风环流和地形的影响，形成暖热湿润的亚热带海洋性季风气候，雨量充沛，光照充足，年平均气温 17 ~ 21℃，平均降雨量 1400 ~ 2000 毫米，是中国雨量最丰富的省份之一。

2. 河流水系

福建省河流众多，分属 3 个流域 8 个水系，流域面积 50km² 以上河流有 740 条，总长度超过 1.2 万 km，河网密度之大，全国少见，是中国最突出的多元水系地区。境内主要河流有"五江一溪"，即闽江、九龙江、晋江、汀江、赛江、木兰溪。福建省河流的共同特点为：纵横交错，流程短，流域面积小，多独流入海；汛期较长，流量大；多数河流落差大，水流湍急。

3. 自然风景资源

福建省自然风景资源以山体景观类型见长，群山环绕，层峦叠嶂；依托境内丰富的水系分布和漫长的海岸线，又形成众多的瀑布叠水、山涧急流、岩溶地貌、湿地滩涂、海堤沙滩等山水景观；多变复杂的地形地貌与水系造就了变化莫测的小气候，形成独特的气象与天象景观，云海、雨雾、朝晖、晚霞千变万化，构成福建独具一格的自然风景资源。

4. 动植物资源

福建省优越的气候条件，适宜动植物生长，森林覆盖率长期居全国首位，动植物种类繁多。境内有高等植物 4703 种，占全国高等植物种类的 15.7%。地带性植被为常绿阔叶林，木本植物共有 1943 种，约占全国木本植物科的 81%，各种野生动物有数千种，兽类有 130 种，占全国的四分之一；鸟类超过 550 种，占全国的二分之一；爬行类 123 种，占全国的三分之一；两栖类 46 种，山溪鱼类几十种；昆虫类 5000 种以上，占全国的五分之一。

5. 水利工程

福建省有江海堤防 4860 处、总长度 7684km，灌区 40887 处，水闸

4481 处，水电站 6678 座，泵站 433 处，引调水工程 6 处，农村供水工程 759269 处，塘坝 13738 处。全省建成各类水库 3692 座，其中大型水库 21 座、中型 185 座、小型 3486 座，总库容 200.73 亿 m^3，水利工程规模庞大，大小水库星罗棋布。近年来福建省持续开展万里安全生态水系建设、水土保持治理、小流域整治和综合治水试点等水利生态项目，建成安全生态水系 5400 多 km，综合治理河流 2100 多 km，形成了一批高品质的河流生态走廊和水保生态区。

6. 环境保护与水生态

截至 2019 年底，全省规模养殖场粪污处理设施配备率达 97%，畜禽粪污综合利用率达 88%；化肥、农药使用量连续三年减量增效；92% 的乡镇、50% 以上的行政村建有生活污水处理设施，农村无害化厕所普及率达 95% 以上；5897 座水电站完成改造，安装了泄流设施；水土流失治理超额完成"十三五"目标，水土流失率下降到 8% 以下。

2019 年，福建省 12 条主要河流 I ~ III 类水质比例为 96.5%；55 个地表水国考断面 I ~ III 类水质比例为 92.7%，高出同期全国平均水平约 20%；小流域 I ~ III 类水质比例为 92.8%；市县两级集中式生活饮用水水源地水质达标率 100%。中国工程院 2019 年发布全国生态文明指数，福建排名第一位。

得天独厚的自然环境、星罗棋布的水利工程以及持续推进的生态建设，造就了丰富的水利风景资源，为福建省水利风景区发展奠定了坚实的基础。

（二）发展状况

1. 发展历程

福建省水利风景区的发展大致可分为两个阶段。一是发展水利旅游经济的尝试摸索阶段（2001—2011 年）。为推动并规范水利旅游经济发展，2001 年水利部开始国家水利风景区评审，拉开了水利风景区发展的序幕。在这一阶段，我省主要是协助水利部开展国家水利风景区评审，逐步摸索水利旅游的管理方法。二是以提供优质生态产品的快速发展阶段（2012 年至今）。党的十八大提出了生态文明建设发展战略，水利发展理念发生了重大转变，维护工程安全、涵养水源、保护生态、提供优质生态产品成为水利风景区发展的出发点。在这一时期，福建省水利风景区工作得到长足的发展，全省各地结合水利工程建设与改造，依托丰富的水利风景资源和文化资源，在河畔、溪流、库区、灌区、水土流失治理区、海堤等地建设了一批类型多样的水利风景区，景区数量从 2011 年的 17 家，发展到 2020 年底的 117 家（其中，国家级 37 家、省级 80 家），景区质量不断提升，为广大群众休闲健身、观光旅游、科普教育、文化活动提供了清新悦目的场所空间。

2. 发展现状

从水利风景区景观类型来看，参照国家水利风景区的分类标准，结合福建特色，福建省水利风景区分为水库型、河湖型、灌区型、湿地型、水土保持型和滨海型六种，各类型水利风景区数量及占比情况见表1。从表中可以看出，河湖型水利风景区最多，占总数的 48.7%，真实地反映了河道水域治理成果，大量的城乡滨河空间，已成为风景秀丽的休闲场所；其次是水库型，占 40.2%，福建水库大多青山绿水、风光秀丽，地理位置较好的水库成为观光旅游的紧缺资源；其他类型的水利风景区占比少，这与福建的地理气候环境和其他因素造成的与水利工程有关的风景资源量少有关。

表1　各类型水利风景区数量分布情况

类型	河湖型	水库型	水土保持型	灌区型	湿地型	滨海型
数量（家）	57	47	3	2	4	4
占比（%）	48.7	40.2	2.6	1.7	3.4	3.4

从区域分布来看，2020 年末，全省 9 个设区市和平潭综合实验区基本实现了水利风景区全覆盖，但数量分布很不平衡。有的设区市每个县（市、区）都有水利风景区，有的设区市设立水利风景区的县（市、区）占比仅百分之十几。拥有水利风景区最多县（区）的是宁德市蕉城区，有 8 家水利风景区；全省仍还有 1/3 的县（市、区）未设立水利风景区。全省水利风景区分布情况见表 2。

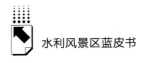
表 2　全省水利风景区分布情况

| 设区市 | | 景区数量(个) | | | 景区涉及
县级区划
（个） | 含景区的
县级区划
占比（%） |
市级	县级行政 区划(个)	合计	国家	省级		
福州市	12	3	2	1	2	16.7
厦门市	6	1	1	0	1	16.7
宁德市	9	18	7	11	7	77.8
莆田市	7	13	3	10	5	71.4
泉州市	12	15	6	9	5	41.7
漳州市	13	11	3	8	8	53.9
龙岩市	7	12	7	5	7	100.0
三明市	12	13	3	10	8	66.7
南平市	10	27	5	22	10	100.0
平潭实验区	1	2	0	2	1	100.0
省属		2	0	2		
总计	89	117	37	80	54	60.7

注：表中县级行政区划含县级开发区。

（三）管理状况

1. 管理体制

2018 年机构改革后，福建省水利风景区管理职能归属省水利厅河湖处，省水利厅保留了水利风景区建设与管理领导小组，负责省级水利风景区认定和退出的审定工作，领导小组办公室负责景区发展具体工作。设区市和县级水行政主管部门基本实行专人负责，未设专门科室机构。

全省水利风景区管理单位隶属关系较为复杂，除水利系统外，景区管理机构还有县直机构、乡镇政府、村"两委"、私营企业、学校等，水利部门有直接管理权限的景区仅占 23%，增加了管理难度。隶属乡镇政府（含村）管理的景区占 42%，大量景区分布于乡镇乡村，与乡镇振兴发展息息相关。全省景区管理机构类型情况见表 3。

表3　水利风景区管理机构类型情况

机构类型	水管单位	县直机构	民营企业	乡镇政府	村级管理	学校
景区数量（家）	27	25	16	38	12	1
占比（％）	23	21	13	32	10	1

2. 景区建设

近年来，福建全省多地通过统筹各部门的环境治理项目经费，改善景区基础设施，提升河湖水生态环境，打造河湖景观。2019年，全省52家水利风景区有在建项目，涉及生态、景观、交通和旅游文化等设施建设，其中，水利部门建设项目21个，旅游、交通、住建等其他部门的项目35个；2020年，全省地方政府统筹水利风景区项目建设资金超过13亿元。省级财政设立水利风景区专项资金持续支持景区建设，"十三五"期间共投入奖补和景区提升资金超过4300万元，重点支持水文化建设项目，打造了12家精品示范景区，连城冠豸山等11家景区建设了水文化展馆（展室）。

3. 安全生产

各景区单位都高度重视安全生产，2020年水利风景区年度报告统计显示，所有景区基本都制定了应急预案，部分景区还开展了预案的演练；景区依托的水利工程设施运行正常，未发现安全隐患；所有景区配备了停车场、公厕、步道和导览指示牌等基本游览服务设施，危险地带设置了安全警示牌、护栏、防护网等安全设施。3A级以上旅游景区管理相对规范，设施配备更完善，有的还配有医务室。治安和消防方面，所有景区都按要求落实相关人员和配备设施，部分景区依托当地政府实施联防联控，有的还配备了智能监控设施。2020年，各水利风景区按要求，配合当地政府做好疫情防控，落实"限量、错峰、预约"安全措施。

4. 景区效益

2019年，全省水利风景区接待游客3900万人次，创造旅游产值135亿元，其中，经营性收入7.4亿元；2020年受疫情影响，效益有所下降，但接待游客量仍达2800万人次，创造旅游产值近100亿元，其中经营性收入

4.5 亿元。福建水利风景区公益特色显著，大多数景区以发挥社会效益为主。2020 年年报显示，全省 117 家水利风景区中，完全免费开放或仅有部分商业项目营运的公益性、准公益性景区有 84 家，占 72%；经营性景区 33 家，占 28%。

（四）存在不足

经过 10 多年的发展，福建省水利风景区已形成一定规模，取得了一定成绩，但也暴露出一些问题与短板，制约了福建省水利风景区高质量发展。

1. 认识不足，发展不平衡

部分县、区对建设水利风景区认识不足，重视程度不够，缺乏从整体层面推动水利风景区发展的思路和措施，辖区内水利风景区数量明显偏少，甚至未设立水利风景区；也有些市、县水行政主管部门，担心水利风景区的责任风险，主观上回避承担水利风景区建设与管理责任，对发展水利风景区动力不足。

2. 监管能力有待进一步提高

一是监管难度大。水利风景区一般范围较大，有的涉及多个行政区域，景区隶属关系较复杂，协调难度大。二是监管手段不足。相当数量的基层水利局主要依靠定期检查的方式实施监管，由于人手有限，平时深入水利风景区现场安全检查频次较少，管理存在盲区，难以及时发现问题。三是缺少专门队伍和专业人员。市、县水行政主管部门无法配备专门管理队伍，也缺少旅游经济等方面的人才，旅游监管能力相对薄弱。

3. 景区质量和经营水平有待提高

一是很多景区模式简单，管理粗放。水利风景区多数以自然风景为主，资源比较单一，对水文化和区域特色文化挖掘不够，忽视了生态科普等综合服务功能开发，旅游产品同质化现象较为严重。二是缺乏专业管理人才。许多管理机构经费不足，待遇不高，对人才缺乏吸引力，聘用人员素质不高，景区管理水平、服务质量有待提升。

4. 建设及管护资金缺乏

旅游业是一个资金密集性行业，需要长期投资，即使经营好的企业，回收周期也很长，风险高。福建省大部分水利风景区是公益性景区，多数没有固定的建设和养护经费渠道，依靠挤占其他经费或争取一部分项目资金。管护经费不足，设施维护和养护水平低，容易形成安全隐患。建设资金不足，基础设施和接待条件较差，无法对景区的文化特色进行挖掘开发，影响效益发挥。

二 成效与经验

（一）发展成效

水利风景区是水生态文明建设的重要抓手，福建省水利风景区随着数量不断增加，质量逐步提高，在保护水资源、改善水环境、修复水生态、弘扬水文化、促进经济发展等方面的作用日益突出，实现了社会效益、生态效益与经济效益的有机统一，为建设"机制活、产业优、百姓富、生态美"的新福建，发挥了积极的作用。

1. 提升了区域生态和环境质量

水利风景区是水利部门为服务群众打造的优质生态产品，各景区十分重视生态保护和环境修护工作。尤溪县闽湖水利风景区 2017 年投入 2500 多万元，清理了 4000 多个、近 20 万平方米的网箱，再通过后期生态环境综合治理防控管护，生态环境快速改善，重现青山绿水，水质从治理前的Ⅳ类，到现在稳定在Ⅲ类，最好时Ⅱ类。宁德霍童水利风景区，结合霍童溪安全生态水系建设和古镇改造项目，进行河道、古渠清淤，整治河滩，修复生态，建设亲水步道、观景木栈道，并结合清理"四乱"整治环境，景区面貌大幅改善。2020 年福建省水利风景区年报显示，全省水利风景区水土保持情况良好，景区河（库）水质达Ⅲ类以上，其中，超过三分之一景区水质达Ⅱ类以上，区域生态优势明显。

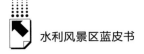
2. 改善了城乡人居环境

清新的空气、良好的生态、优美的滨水景观,水利风景区提升了城市周边地段价值,提高了城乡居民的生活品质,成为游客观光场所和市民休闲空间。南平市延平湖、漳州开发区南太武新港城、宁德东湖等水利风景区都成为当地市民日常休闲健身的重要场所。

3. 促进了地方经济

水利风景区建设带动了城乡旅游,拉动了周边经济,优化了产业布局,推动了绿色发展,为实施乡村振兴战略、带动群众致富发挥了重要作用。永春县岵山金溪水利风景区建设了特色吃游购一条街,举办岵山荔枝文化节,打造荔枝文创馆、老醋文创馆,以水利风景区为纽带,带动镇村旅游产业、观光农业发展。漳平台湾农民创业园水利风景区打造"大陆阿里山"台品樱花茶园品牌,成功举办樱花文化旅游节、两岸农民共庆丰收节等活动,永福樱花荣登中央电视台新闻联播全国"两会"《美丽中国》系列宣传片,带动永福镇形成"以茶促游、以游促销"多赢局面,取得了良好的社会效益和经济效益。

4. 弘扬了水文化

开展水科普、传承水文化是水利风景区的重要功能。近年来,福建省水利风景区管理单位逐步认识到挖掘水文化、讲好"水故事"对打造高品质水利风景区的重要作用,加大了水利遗产挖掘保护和水情科普、水文化宣传的力度,建设了一批各具地方特色的水文化展示设施。泉州市山美水库水利风景区利用电站地下通道建立的水库历史陈列馆、莆田市东圳水库水利风景区的东圳精神教育展示馆,展现了当年水库建设时期的艰苦历史,以及当地人民战天斗地的治水豪情,已成为爱国主义教育基地;莆田市木兰陂水利风景区成功入选了"世界灌溉工程遗产",如今木兰溪生态治理又成为河湖生态治理的典范工程,景区文化融合了千年古陂的治水智慧和当今生态文明建设的成就,让人们在优美的环境中休闲娱乐之余接受历史文化的熏陶,体验学习知识的乐趣。

5. 提升了水利形象

水利风景区拓展了水利服务民生的内涵，将水利的工程美、生态美、文化美展示给社会大众，服务于普通群众，加深了人民群众对水利建设的认知。在给人们提供优美生态环境的同时，提升了公众节约水资源、保护水环境、维护水生态的意识。高品质的水利风景区也是城市名片，能够提升城市的魅力，连城冠豸山水利风景区、三明市泰宁水利风景区每年吸引了来自全国各地的众多游客观光游览。

（二）经验做法

1. 建章立制，规范发展

福建省政府颁布实施了《福建省水利风景区管理办法》，发布了《福建省水利风景资源评价标准》《福建省水利风景区评价标准》《福建省水利风景区标识系统建设技术指南》三项地方标准，编制了《福建省水利风景区建设发展规划》，制定了全国首个省级河湖健康评价标准，在全国率先发布《河湖健康蓝皮书》，不断规范水利风景区健康有序发展。

严格按照相关标准开展国家水利风景区的推荐，以及省级水利风景区的认定工作，把好入口关。2020 年修订了《福建省水利风景区认定工作制度》，编制了规划评审和现场考评工作手册，严格申报前置条件符合性审查，明确申报景区应达到水利功能完备、安全管理达标等刚性要求，保证了景区质量。

2. 整合资源，合力共建

统筹水利项目，打造景区"水美"基础。"十三五"期间，福建省各级水利投入生态建设项目资金 300 多亿元，以县域为单元，组织 3 批 12 个试验县开展全域治理、综合改革；以生态为引领，采取水系连通、生态护岸、生物净化等综合措施，建成安全生态水系 5416km，全省流域生态系统质量和稳定性持续提升，形成了一批遍布城乡、百姓获得感强、社会认可度高的河流生态走廊和"水美城市""水美乡村"，成为建设水利风景区的重要力量。

整合部门资金，提升景区"颜值"内涵。福建省各级地方政府整合部门资源，系统治理，合力造景，共同营造群众身边的幸福河湖风景区，成为提升水利风景区品质内涵的重要手段。永春县统筹 11 个部门资金，岸上岸下齐抓，治污治乱并重，修复提升结合，有效改善了县域溪流整体水环境。同时，结合城乡改造和新区建设，构建滨水城镇景观带，建设岵山历史文化古镇古村、东关廊桥风情园、白鹤拳文化园，丰富幸福河湖风景区的文化内涵，全县创建省级以上水利风景区 5 处，实现了从"小水利"到"大景区"转变。莆田市政府统筹中央、省、市相关部门资金开展木兰溪系统治理，全流域已建成省级以上水利风景区 9 处，这些景区犹如装点在木兰溪两岸的璀璨明珠，提升了流域的生态质量和文化内涵品质，成为流域系统治理的样板工程。在首届中国十大"最美家乡河"评选中，木兰溪成为福建唯一入选河流。

多元投资，为景区发展注入活力。优良的环境促进企业投资兴业。将乐县兰花溪水利景区依靠地方政府完善基础设施，利用良好的自然生态条件，通过引资引智，引入 4800 多万元建设特色宾馆，改造升级精品民宿，并带动村民发展民宿，推动森林康养产业发展。

3. 探索新机制，强化监管

发挥民间组织作用。福建省成立了全国首家省级水利风景区社团组织——福建省水利风景区协会，充分发挥协会优势，参与行业管理，开展行业交流和行业自律及培训服务，提升景区安全生产意识和经营管理水平。

探索水利风景区与河长制结合的工作新机制。福建省多地进行水利风景区监管与河长制相结合的尝试，借助河长制完善的治理体系和有效的工作机制，开展全流域水污染防治、"清四乱"综合整治，构建景区河湖保护一张网；借助智慧河长制平台、监控探头、水质监测、无人机以及移动 App 等，提升景区监督管理效率；借助全覆盖的河长、河道管理员力量，实现景区巡查、保洁、维护无死角。年报显示，全省有近半的水利风景区不同程度地结合河长制开展景区河（湖）岸线保洁、整治和水环境、水生态保护工作，取得很好效果。泉州永春县通过河长制综合管理信息系统实现了"线上管，点上管，掌上管"，推动景区管理智能化。宁德蕉城区依托河长制开展水利风景区河道及镇村环境常态化巡查、保洁，组织水利、公安、海洋、国土等部门和有关乡镇开展联合执法，整治景区河道"四乱"。

加强行业监管。进一步明确水利风景区的行业管理责任，开展水利风景区安全隐患排查治理专项行动，对全省水利风景区工程安全、生态安全、景区建设管理、旅游安全、专项资金使用，以及各项安全责任落实等开展全面监督检查，认真落实问题整改。2020年，省水利厅景区办及时转发省委、省政府和水利厅疫情防控的文件，指导水利风景区管理单位做好疫情防控；贯彻落实"限量、预约、错峰"的精神，引导景区有序开放。

4. 融合发展，提升效益

宣教融合，打好"文化牌"。2020年，全省55家景区有文化设施建设项目，投入资金达1.14亿元。各地依托水利风景区开展了形式多样的宣传教育活动，提升了景区文化内涵，打造出一批极具特色的宣教基地。"惠女精神""龙江颂精神"成为传承水利奉献精神的红色教材；长汀水土保持科教园水利风景区科教馆成为普及水土保持知识、研究南方水土流失治理的重要平台和传播"长汀经验"的重要载体。

文旅融合，着眼"大旅游"。将水利风景区工作融入全省旅游产业发展大局，与相关部门务实协作，推动水利风景区提升服务质量、创建A级景区，打造"清新福建"旅游的重要节点。2020年全省38家水利风景区为3A级及以上旅游景区，其中4A级景区17家、5A级1家。将水利风景区融入乡村振兴，打造城乡全域旅游的特色景点。上杭县城区江滨水利风景区串联了红色旅游景点、汀州城墙码头古迹、水上运动中心、客家风情、乡村农业观光，成为上杭县发展全域旅游的重要枢纽。南靖土楼水乡水利风景区借助影视"云水谣"和土楼，成为"清新福建"路上的响亮品牌。

5. 加强宣传，注重培训

开展多种形式的宣传。利用水利风景区协会的网站、微信公众平台等，做好日常宣传；在重要时间节点，如世界水日、中国水周等，开展集中宣传活动；通过制作专题片、微视频、微电影，举办书画摄影展等，全方位开展宣传活动，营造全社会关心支持水利风景区建设的浓厚氛围。2020年组织

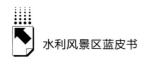

全省水利风景区开展"致敬最美逆行者，福建水利风景区在行动"活动，得到了全省近50家水利风景区的积极响应，全年接待医务工作者及亲属84万人次，表达了对医务工作者敬意，也提升了景区的影响力。

组织参加业务培训。每年举办两期省级水利风景区建设与管理培训班，邀请水利、生态、文化、园林、旅游、经济、管理等领域的专家学者讲课；同时积极组织相关单位人员参加水利部及有关科研院所举办的业务培训和有关活动，开阔视野，提升景区经营管理水平。

三　形势与方向

（一）形势与机遇

1. 生态文明建设的时代背景为水利风景区建设营造了良好的发展氛围

党的十九大进一步明确了建设生态文明、建设美丽中国的国家战略，指出要提供更多优质生态产品，满足人民日益增长的优美生态环境需要，"绿水青山就是金山银山"的理念已成为全社会的共识。福建省作为国务院确定的首批生态文明先行示范区、国家生态文明试验区，把生态文明建设作为建设"机制活、产业优、百姓富、生态美"新福建的重大举措，在生态文明试验区建设中，大胆探索实践，在制度创新、机制建设、模式探索上下功夫，生态环境保护"党政同责、一岗双责"、木兰溪水系生态治理、生态司法保护、全流域生态补偿等改革经验向全国推广。2018年11月发布实施的《福建省生态文明建设促进条例》专门设置了保障机制专章，明确规定地方各级人民政府应建立健全生态文明建设资金保障机制，增加生态文明建设的资金投入，支持公益性生态文明建设项目。持续的生态治理打造出优质的生态产品和优美的生活环境，让群众看得见、摸得着，不断增强人民群众的获得感，群众更加理解、支持生态文明建设。

水利作为生态文明建设的重要力量，在推进福建生态文明试验区建设中发挥了巨大作用，福建省打造出了"长汀经验""永春经验"等一批具有福建特色的生态治理典型经验。水利风景区以保护水资源、改善水环境、修复水生态、弘扬水文化、发展水经济为宗旨，以满足人民群众对优质生态产品需要为目标。群众的需要、各级政府的高度重视、全社会的关心支持，为水利风景区营造了良好的发展氛围。

2. 打造"八闽幸福河"为水利风景区发展提供新机遇

当前，全省上下坚定贯彻落实习近平总书记在黄河流域生态保护和高质量发展座谈会上的讲话精神，深刻领会"造福人民幸福河"鲜明的时代特征、丰富的思想内涵和深远的战略意义，积极谋划福建水利"十四五"发展规划。未来福建水利将聚焦本省水资源、水生态、水环境、水灾害等领域的短板弱项，突出保安全、保供水、保生态，采取综合治理措施，加快补齐水利基础设施短板。河湖治理方面将进一步完善人水和谐、健康稳定的水生态安全保障体系，继续实施安全生态水系等重大水生态保护与修复工程，开展示范河湖建设，把打造"优质水资源、健康水生态、宜居水环境、先进水文化"相统一的"八闽幸福河"作为河湖生态治理的新目标、新任务，不断扩大优质水生态产品供给，努力满足人民群众对美好生活的期盼和需要。打造"八闽幸福河"与水利风景区发展宗旨和目标相一致，为水利风景区发展提供了更多优质资源，为未来水利风景区高质量发展提供了新的施展空间。

3. "清新福建"旅游品牌战略为水利风景区融入福建旅游发展大局提供了机遇

"十三五"期间，福建依托生态优势资源，大力发展旅游产业，围绕生态、海上丝绸之路、自贸区、红色旅游等重点，推出"清新福建"旅游品牌，培育旅游消费热点和消费潜力，打造个性化、差异化的生态旅游产品体系，全力建设全国生态旅游强省。全省高速铁路干线和高速公路网日趋完善，开通了福建生态游铁路环线，进一步整合生态、人文等旅游资源，构建了蓝色滨海旅游带和绿色生态旅游带，旅游产业已快速发展成为全省多地的重要支柱产业。"清新福建"注重生态发展和全域发展，随着全省水利风景区布局逐步完善和质量不断提升，作为水利生态文明建设重要成果的水利风

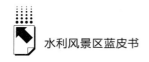

景区，正成为福建各地"清新生态体验、清新海丝度假、清新生活休闲"的重要节点。

（二）发展方向

1.更加注重人民群众的幸福感

水利风景区是水利服务民生功能的拓展，是水利部门为满足人民日益增长的对美好生活需要提供的优质生态产品。群众的幸福感是评价水利风景区高质量发展的重要指标，建设安全、健康、美丽、普惠大众的幸福河湖水利风景区是未来方向。未来各级党委和政府将更加注重建设群众身边的幸福河湖风景区，把城市、乡镇的滨河公园做起来，把城乡周边的郊野公园做起来，让当地百姓共享生态治理的成果；将打造更多有文化内涵的幸福河湖风景区，把水利风景区的"故事"挖掘出来，把特色水文化和地域文化展示出来，激发人的情怀和思想共鸣，让群众获得精神享受。

2.发展更规范

景区规划将更规范。各级党委和政府随着对本地区相关规划与管理的逐步完善，对水利风景区规划编制、批复及后期刚性管控约束更加严格，水利风景区规划除遵循《水利风景区规划编制导则》外，将进一步落实与本区域水利风景区发展规划及当地经济社会发展规划、国土空间规划和其他水利专项规划的有效衔接。

景区开发建设更规范。水源保护地、自然保护地、生态红线、生态环境容量和水资源承载力等约束机制有效发挥，水利设施、水域及其岸线空间管控持续强化，景区内开发利用活动将进一步规范。

景区监管更规范。政策法规体系、规划体系、标准体系以及复核评价体系逐步完善，与河长制体系衔接、协调联动加强，科技水平提升，水利风景区监管能力进一步增强。

3.融合更密切

融合发展是提升水利风景区效益的重要手段。发挥水利风景区生态优势、风景资源优势，挖掘和利用景区周边自然资源、人文环境的有利条件，对接全域旅游，融合发展观光农业、健康养生、户外运动、体育赛事、民宿度假、科普教育等产业，强化水利风景区外溢效应，带动周边致富，将是未来福建省水利风景区高质量发展的重要模式。

四 对策与建议

（一）加强顶层设计

2018年中央机构编制委员会批复的水利部"三定"方案，将"指导水域及其岸线的综合利用""维护河湖健康美丽"列为水利部重要职能。水利风景区对维护河湖健康美丽、综合利用水域岸线具有重要的示范作用，应立足河湖治理，完善水利风景区制度设计和体制机制设计。各相关部门应健全与相关法规有机衔接的法规体系、规划体系、标准体系，细化并完善有关操作规程及工作制度，形成适应水利风景区高质量发展需求的制度体系；进一步理顺体制机制，强化各级水行政主管部门的责任意识，切实将水利风景区建设管理纳入工作职责，完善复核评价体系和监管体系，将水利风景区全面纳入河湖建设管理体系。

（二）加强监管能力建设

各级水行政主管部门应加强行业监管能力建设，切实履行水利风景区的监督管理职责。探索依托河长制的水利风景区常态化监管模式，将水利风景区工作纳入河长制工作任务和考核指标，建立与河长制工作相衔接的水利风景区联合监督、检查、执行的工作机制；提升水利风景区监管的信息化水平。综合应用水利系统的智慧水利平台，利用好"全国水利风景区动态管理服务平台"和各地的河长制智慧河湖平台，推动水利风景区监督管理的信息共享、资源共享、技术共享。

（三）打造"幸福河湖风景区"

进一步对接河湖管理工作，结合福建省打造"八闽幸福河"的示范项

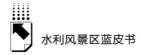

目，建设一批突出"优质水资源、健康水生态、宜居水环境、先进水文化"幸福河主题、具有特色水文化和地域风情的示范景区，推出"幸福河湖风景区"品牌，在推动水利风景区高质量发展的同时，强化水利风景区作为幸福河湖建设的引领示范作用。

（四）推动融合创新

多渠道筹集建设管护资金。相关部门应将水生态、水景观、水文化、水科普以及安全设施建设内容纳入水利工程建设项目的工程投资总体计划；鼓励地方政府、企业、个人或者其他组织整合当地经济社会、自然生态、历史人文、城镇乡村等各类资源，合力建设水利风景区；对政府投资建设并经营管理的公益性水利风景区，力争其资源保护、基础设施建设以及日常管理所需经费列入同级财政预算。

全方位推动产业融合创新。各级党委和政府推动水利风景区与农业、工业、商业以及文化旅游、体育、医养等服务业的深度融合，创新发展模式，打造"生态＋产业"的发展新格局，提升景区效益，进一步提高社会力量参与水利风景区建设的积极性。

B.9
淮安市三河闸水利风景区发展报告

陈昌仁　冯英杰　吴小根　王进东　时殿亮*

摘　要： 三河闸水利风景区生态环境优美，水工程历史悠久，水文化底
　　　　 蕴深厚。自2003年获批为国家水利风景区以来，依托大闸、大
　　　　 堤、大湖、大河四大特色资源，充分挖掘其中蕴含的自然和人
　　　　 文资源，有效整合三河闸与洪泽湖大堤工程，两大工程景区各
　　　　 具特色，联动发展，取得了显著的生态效益、经济效益、社会
　　　　 效益和文化效益，在规划引领、打造精品、生态为本、文化为
　　　　 魂、多元投资、合作共赢等方面积累了丰富的实践经验。

关键词： 三河闸水利风景区　水利工程　水文化

一　景区概况

三河闸水利风景区位于江苏省淮安市洪泽区，地处风景秀丽、碧波荡漾
的洪泽湖畔，是长江经济带、大运河文化带、淮河生态经济带的交汇点，堪
称江淮生态大走廊的生态绿心。景区距长深高速洪泽、蒋坝出口约5分钟车
程，距淮安机场1个多小时车程，距已开建的宁淮高铁洪泽站约10分钟车
程，区位条件优越，交通十分便利。景区范围北至洪泽区高良涧船坞，南至

* 陈昌仁，博士，江苏省洪泽湖水利工程管理处党委书记、主任，高级工程师；冯英杰，南京
大学金陵学院，讲师，研究方向为城乡规划、旅游规划与管理；吴小根，博士，南京大学，
教授，研究方向为旅游地理与旅游规划；王进东，江苏省洪泽湖水利工程管理处办公室主
任，高级工程师；时殿亮，江苏省洪泽湖水利工程管理处办公室副主任，高级工程师。

盱眙县马坝镇张庄村，西至洪泽湖堤防防浪林台坡脚外 10 米，东至洪泽湖堤防后顺堤河（含水面）。整个景区全长 32.35 千米，面积约 8 平方千米，其中水面面积约 4.699 平方千米。

三河闸水利风景区的资源特色可概括为四个"大"，即大闸、大堤、大湖、大河。"大闸"指淮河流域第一大闸——三河闸，它是新中国成立初期我国自行设计施工的大型水闸、淮河下游入江水道的控制口门、淮河流域性骨干工程，是整个水利风景区的核心，周边有礼湖、鹤鹭自然保护区等自然景观。"大堤"指洪泽湖大堤省管段及顺堤河湿地。洪泽湖大堤位于洪泽湖东岸，北起淮阴区码头镇，南迄盱眙县张大庄，始建于东汉，扩建于明清，加固于当代，拥有 1800 多年的历史，经过历朝历代的加固维护，现已成为国家流域性堤防、里下河地区重要的防洪屏障，是名副其实的"水上长城"。2006 年洪泽湖大堤被国务院批准为国家级文物保护单位，2014 年洪泽湖大堤作为"中国大运河"项目的重要节点被列入《世界遗产名录》。"大湖"指沿堤洪泽湖水域。"大河"指淮河下游干流，即淮河入江水道。整个三河闸水利风景区治水文化遗存众多，源远流长，如洪泽湖治水碑廊石刻、周桥大塘、道光信坝遗址、乾隆智坝遗址、康熙礼坝遗址、林家西坝遗址、礼河坝遗址、义河坝遗址、仁河坝遗址、民国蒋坝水位站遗址、毛主席"一定要把淮河修好"碑刻、乾隆御碑、洪泽湖镇水铁犀等。

为了保护和开发好珍贵的水利风景资源，江苏省洪泽湖水利工程管理处（以下简称"管理处"）按照江苏省水利厅"统一规划、依法许可、积极支持、合作共赢"的总体思路和要求，深入挖掘洪泽湖大堤治水文化，打造沿堤风光带，串联起三河闸与洪泽湖大堤工程。

二　发展历程

（一）景区初创阶段（2002—2005年）

三河闸工程于 1952 年 10 月动工兴建，1953 年 7 月建成。闸身为钢筋混凝土结构，共 63 孔，每孔净宽 10 米，总宽 697.75 米。为了提高三河闸的防洪、抗震等标准，江苏省水利厅先后四次对工程进行加固，加固后设计流量为 12000 立方米/秒，设计抗震烈度为 8 度，属大（1）型水闸。自建成以来，三河闸吞淮吐江，近 70% 的淮河洪水由此安然汇流长江。

三河闸水利风景区创建工作始于 2002 年，当年管理处即编制了《三河闸水利风景区规划》。2003 年，三河闸水利风景区被水利部评为国家水利风景区。2005 年，三河闸管理所被水利部授予"国家一级水利工程管理单位"称号。

（二）提升发展阶段（2006—2016年）

2006 年以来，管理处持续推进水利风景区建设管理工作，一方面积极做好三河闸工程的提升完善，另一方面与洪泽湖大堤联动发展，两大板块各具特色，相得益彰。2015 年，三河闸水利风景区范围内的洪泽湖古堰景区获批国家 4A 级旅游景区。2016 年，三河闸水利风景区通过国家水利风景区复核验收。

三河闸工程在提升建设中，水文化底蕴得到了充分的彰显。管理处精心收集了明朝以来与水文化有关的精美石刻 27 块。为了保护好这些水文化遗产，管理处专门新建了两座御碑亭和水文化碑廊，两座御碑亭分别用于展示"乾隆阅示河臣碑"和"乾隆三次题字碑"，碑文记载了乾隆年间治理洪泽湖时对工程建设的批示和对建设有功人员的赏赐，体现了统治者对水利事业的高度重视；其他碑文石刻则在水文化碑廊内展示，内容有各类记事的文字碑刻，有莲笙三载（连升三级）、镇水神兽类（貔貅）图案碑刻等，反映了劳动人民对湖平工稳的祈盼和治水官员对美好仕途的向往。

三河闸工程共动用来自江苏省内外的 15.86 万民工和 6000 余名技术人员参加建设。为了生动再现这一如火如荼的历史场景，相关部门在三河闸工程指挥部旧址的基础上，改造建成了三河闸展示馆。馆内保存了大量建闸时珍贵的文献资料，复原了当年三河闸工程建设指挥部内的桌椅摆设，展示了建设和管理过程中使用的发报机、水利部原副部长王守强的手稿以及当时民

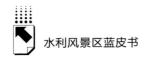

工使用的独轮车、夯等众多工具，再现了新中国成立初期党领导群众改造山河的勇气和壮举。

三河闸工程还依托深厚的文化底蕴打造了一系列水文化小景点。在三河闸管理所大门外俯卧着两条清代镇水铁犀，古人认为按五行相克理论，"牛为土性，土能克水"，有铁犀守护着洪泽湖大堤，就能保证金堤永固。在镇水铁犀附近整齐地摆放着4只巨大的齿轮，它们是最近一次加固三河闸工程时启闭机换下来的部件，虽然使用了60多年，但在三河闸人的精心保养和科学使用下依然光洁如新，成为公众了解水利知识的窗口。在原有三河闸水文站蒸发观测场和雨量观测场，利用原有池塘建设了"蒸月荷塘"景点，池塘内种植了洪泽湖野莲花，游人行走在曲径通幽的小道上可以欣赏小桥流水人家的雅致，感受浓浓的水文化气息。"刘少奇王光美下榻处"是根据当时参与接待人员的回忆，还原了1958年9月22日中共中央副主席、全国人大常委会委员长刘少奇偕夫人王光美视察三河闸等水利工程时，下榻于此的室内陈设与日常用品。"古建园"由古建筑群和若干古树名木组成，其中古建筑群由我国著名建筑学家杨廷宝设计，是原三河闸管理处办公、会议和住宿场所。此外，景区内还星罗棋布着"清风廊""清风亭""望湖亭""槭树园""银杏园""入江水道零点"等众多小景点。

洪泽湖古堰景区位于洪泽湖畔，是融观光游览、森林探秘、科普教育、休闲运动、文化体验等功能于一体的综合性生态文化旅游景区，主要包括洪泽湖大堤、水釜城、渔人湾、古堰梅堤等景点。洪泽湖大堤古称高家堰、捍淮堰，全长67.25千米，堤身宽约200米，是世界上最长最宽的大堤，迎水面直立式石工墙由6万多块千斤重的条石及糯米石灰浆砌筑而成，规格统一，筑工精细，工艺处于当时世界领先水平，大堤沿线有周桥大塘、信坝遗址等众多水文化遗存。洪泽湖大堤宛如巨龙依水而卧，沿线建成了乔灌草相结合的绿色防护工程，植物繁茂，环境优美，人行其中，"浩渺云烟笼细浪，空蒙雨色入重渊"的感觉油然而生。水釜城占地面积约50公顷，建筑风格以仿宋园林为主，亭台楼阁相间，小桥流水互映，绘就了一幅现代版的"清明上河图"。渔人湾依湖而建，波光激滟，空气清新，景色宜人，是赏大湖美景、品湖鲜美食之胜地。古堰梅堤拥有全长1000米、占地5公顷的梅花园，内有绿萼梅、江梅、黄香梅等8个梅花品种，还有灌木、乔木、地被等近百种植物，共同描绘出"月月有繁花，四季景不同"的优美画卷。

（三）新时代高质量发展阶段（2017年以来）

党的十九大以来，管理处以习近平新时代中国特色社会主义思想为指导，积极践行"绿水青山就是金山银山"理念和"十六字"治水方针，响应国家和江苏省建设大运河文化带的要求，推动三河闸水利风景区高质量发展。2017年，三河闸与洪泽湖大堤工程荣获江苏省"最美水地标"称号。2019年，三河闸与洪泽湖大堤工程荣获水利部"水工程与水文化有机融合典型案例"称号、江苏省"最美运河地标"称号。如今，在三河闸管理所大门外的荣誉广场上矗立着8根高大的荣誉柱，集中展示了三河闸和洪泽湖大堤工程所获得的"世界遗产""全国重点文物保护单位""国家水利风景区""最美运河地标"等荣誉称号。景区还新建了康熙和乾隆御笔牌坊、洪泽湖大堤终点标识、洪泽湖治水文化墙、礼湖亲水岸线、历史文化灯柱等。

下一步，管理处将从文化挖掘、景点建设、运营管理等方面推动三河闸水利风景区持续发展。

深厚的治水文化底蕴是三河闸水利风景区最大的特色。围绕上下五千年淮河的历史演变，特别是明清以来淮河与洪泽湖的治理历程，形成了独特的治水文化。目前，管理处正在收集相关治水典籍、图件、视频等资料，深入挖掘水文化内涵，以通过治水文化展示进一步弘扬优秀水利文化和中华传统文化，增强文化自信。

2019年11月，江苏省人大常委会通过的《关于促进大运河文化带建设的决定》中明确提出建设水利风景区，打造水文化地标。江苏省是大运河国家文化公园建设的试点省份，三河闸水利风景区位于大运河国家文化公园规划范围内。目前，管理处对接上位规划，已完成相关规划设计，正在建设一批新的景点，创建水情教育基地，不断提升三河闸水利风景区的生态和文

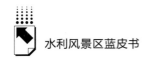

化品质。此外，管理处还将整合管理人才和技术队伍，引进科学的管理理念，着力推行景区信息化管理，不断提升三河闸水利风景区的管理水平。

三　建设成效

（一）生态效益

1. 保障水安全，提升水景观

三河闸有"天湖锁钥"之称，具有防洪保安、蓄水灌溉、便利航运、水力发电等综合作用，平时蓄水"固得于池挂碧空，烟波浩渺有无中"，汛期排洪"滔滔巨浪归江海，滚滚狂涛走巨龙"，在保障区域水安全方面发挥着巨大作用。三河闸水利风景区采取有限开放的形式，闸、堤、湖作为开放空间，而三河闸管理所院内需预约参观，有效协调了工程安全和水利旅游之间的矛盾，不仅不会产生负面影响，还可以提高公众对水安全和工程安全的认识。

三河闸水利风景区经过多年发展，逐步形成了三河闸与洪泽湖大堤工程两大板块，构建了水、林、镇交相辉映的景观格局，为公众提供了风景优美、亲近自然的场所，深入践行了"绿水青山就是金山银山"的发展理念。

2. 改善生态环境，保护生物多样性

景区将环境建设与水土保持相结合，建成了多层次高标准的水土保持和绿化防护工程，打造了红草地、水杉林、快活岭湿地花田等网红景点。目前，景区水土流失综合治理率达95%，宜林宜草面积已全部绿化。景区内约7000公顷的国家级生态公益林空气清新，空气质量达到一类区标准，负氧离子含量高，是一处"天然氧吧"。

三河闸水利风景区多采用乡土植物进行布置，在湖岸边种植水生植物，为野生动物营建觅食栖息的场所。在景区范围禁止任何人打鸟或捕捉野生小动物，春夏清理杂草时使用人工清杂，不用农药，冬季不用烧荒的方式清理荒草，为小动物保留栖息地。水利风景区创建后，区域内生态环境明显改

善，野生动植物数量和种类明显增多，成群的野生动物在此栖息繁衍。目前，景区内有浮游植物 165 种、浮游动物 91 种、高等植物 81 种、底栖动物 76 种、鱼类 67 种、鸟类 194 种，已发现国家一级保护鸟类丹顶鹤、白鹳、黑鹳近百只，并有约 12 万只野鸭、鸬鹚在此聚集。

（二）经济效益

1. 防洪减灾效益显著

三河闸工程极大地减轻了淮河下游的防洪压力，使苏北里下河地区不再受到淮河洪水灾害之苦。工程建成以来，迄今已安全行洪超过 1.2 万亿立方米，相当于长江一年的流量，并成功抗御了 1954 年、1991 年、2003 年、2007 年、2020 年的大洪水，充分发挥了骨干水利工程效益。三河闸工程上承淮河上中游 15.8 万平方千米洪水，下保苏北里下河地区 3000 万亩农田和 2600 多万人民生命财产安全，使洪泽湖成为一个巨型平原水库，为苏北地区的工农业和人民生活用水提供了丰富的水源。而水利风景区与水利工程二者是相辅相成的，水利风景区建设有助于提高水利工程管理水平，更好地发挥水利工程的防洪减灾效益。

2. 带动相关产业发展

近年来，三河闸水利风景区发展势头强劲，游客人数和旅游收入不断创出新高。据统计，2019 年三河闸水利风景区接待游客 10 多万人次，洪泽湖古堰景区接待游客 100 多万人次。水利风景区的创建大大带动了周边地区餐饮、住宿、交通、购物、娱乐等服务行业的发展。蒋坝镇依托便利的交通条件，吸引了众多游客前来自驾旅游，此外还开通了直达淮安市区的全域旅游直通车方便游客旅行。洪泽湖湖鲜咸鱼腊肉等特色旅游商品成为旅游者购买的首选，为当地居民提供了增收来源。据统计，周边居民的收入水平从风景区创建前的 5000 元/年提高到 50000 元/年，旅游扶贫效应凸显。此外，三河闸水利风景区的建设还带动了房地产价值的提升，有效拉动了地方经济的发展。

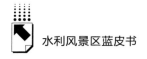

（三）社会效益

1. 优化人居环境

水利风景区的建设有助于完善区域基础设施和服务设施，改善人居环境，不仅可以为管理处职工创造舒适的工作和生活环境，激发水利人的行业自豪感和成就感，更能为大众提供游憩空间，提升人们的幸福指数。三河闸水利风景区作为当地著名的公益性景区，已成为周边居民和外来游客观光游览、休闲健身的好去处。景区内古堰梅堤建成了全长8千米的健身步道，步道旁设有2处亲水平台、9个休闲游憩节点。洪泽区连续多年迎新年万人健步走、洪泽区各单位健身走等活动均在古堰梅堤健身步道举行。每天清晨和傍晚，数千群众来到古堰梅堤健身散步，徜徉于历史与人文的长河中，呼吸着最清新的空气，可谓一路美景一路诗。

2. 增加就业机会

2018年，三河闸水利风景区内开通了从洪泽湖大堤到三河闸的一日游线路，游客可搭乘小火车体验"游千年古堰、观大湖风光、赏河工文化、品湖鲜美食、沐养生温泉"的乐趣。此外，景区内的"古堰梅堤健身步道线路""蒋坝河工风情步道线路"等主题游线还被纳入了淮安市"行走淮上"城市亲水行路线。景区主动融入地方旅游发展的大格局，拉动了周边地区的生态环境建设、城镇建设和乡村振兴，带来了就业机会的显著增加。据统计，三河闸水利风景区仅直接增加就业就达100余人。

（四）文化效益

1. 弘扬治水精神，普及水利知识

三河闸和洪泽湖大堤工程是人民群众力量和智慧的结晶，保留了丰富的治水记忆。三河闸水利风景区通过开发水科普与水文化旅游产品，向公众展示治水兴水的历史，介绍水利工程发挥的巨大效益，并面向有关专家、社会公众和中小学生量身定制了三个版本的解说词，有利于普及水利知识，传播水利文化，让社会各界进一步了解水利事业对社会经济发展所做的贡献，从而提升了水利行业的形象和地位。目前，三河闸水利风景区在管理处网站设立了水利风景区专栏，古堰管理委员会也开辟了洪泽湖古堰景区官网，成立了讲解员队伍，此外还充分利用今日头条、抖音等网络新媒体，广泛宣传水利建设的新成就，对于提升水利风景区和水利行业的影响力起到了良好的促进作用。

2. 传播地方文化，塑造品牌形象

三河闸水利风景区充分利用水文化、历史文化、渔文化、美食文化等资源，打造特色旅游产品，还在高速路口、地方电视台、地方报纸投放景区形象广告，及时更新宣传内容，发布各类活动信息，传播地方文化，景区内的古堰梅堤自 2016 年至 2021 年连续六年登上央视新闻。景区先后举办了"保护洪泽湖，节约水资源""世界水日纪念活动""水法规宣传进渔村""童谣征集传唱大赛"等系列活动，不仅通过管理处摄影爱好者在洪泽论坛发布景区优秀摄影作品，还联合地方旅游部门征集形象宣传语，设计雨伞、茶杯等富含水文化特色的文创礼品，这些举措不仅提高了三河闸水利风景区的知名度，也有利于塑造洪泽的品牌形象。

四　基本经验

（一）景区建设，规划引领

高起点规划是水利风景区持续发展的指导依据。为使景区建设有章可循，2002 年管理处编制完成了《三河闸水利风景区规划》。在原规划的基础上，2016 年管理处又委托东南大学建筑设计研究院有限公司编制了《三河闸水利风景区景观提升概念性规划》。该规划在充分研究《江苏省水利风景区发展规划纲要》《环洪泽湖地区旅游发展总体规划》等文件的基础上，以生态文明为理念，以水文化为主线，结合三河闸水利风景区的环境特点与水利工程空间分布，确定了景区发展的总体布局，明确了景区的提升方向、发展定位、建设步骤和保障措施等内容。

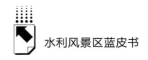

对于三河闸水利风景区范围内的重要板块和节点，也分别编制了相应的规划设计方案，如 2015 年编制的《洪泽湖古堰景区旅游总体规划（2015—2030）》《洪泽湖古堰森林公园总体规划（2015—2030）》《蒋坝镇滨湖区景观设计方案》，2020 年编制的《洪泽湖治水博物园总体规划》《洪泽湖大堤周桥大塘段生态修复与文化展示项目设计方案》《洪泽湖大堤菱角塘段生态修复与环境整治项目设计方案》《洪泽湖南部出湖口近岸带生态修复工程方案设计》等。

上述一系列规划设计方案对三河闸水利风景区的高标准建设和可持续发展起到了重要的指导作用。

（二）依托工程，打造精品

管理处利用三河闸工程除险加固的契机，拆除了原有老旧的启闭机房，于 2016 年建成了新的启闭机房和桥头堡。为配合地方政府最美乡村和古镇建设的需要，新的启闭机房不仅满足了功能性要求，还充分考虑了美学要求，采用"水上长廊"的设计方案，而桥头堡（三河闸工程控制中心）抬升成龙头，与长廊共同勾画出一条扼守洪泽湖咽喉的水上蛟龙形象。桥头堡共 9 层，寓意九层之台起于垒土，在第 8 层还设置有观湖层，游客可登高远眺，烟波浩渺的洪泽湖与对岸若隐若现的老子山构成了一幅"淮流天地外，山色有无中"的山水画。上游右侧翼墙建设了观湖听涛平台，面对时而汹涌时而平静的湖水，极目而望，亦有"面朝大海春暖花开"的感觉。工程整体采用宋代建筑风格，巧妙地把建筑之美、文化内涵与水利工程加固改造结合起来，打造出地标性建筑物，成为洪泽湖畔一道壮美的风景线。启闭机房和控制中心成功改造，地方政府高度重视，目前已被作为旅游景点重点推介。

（三）生态为本，文化为魂

三河闸水利风景区生态环境优美，水工程历史悠久，水文化底蕴深厚。景区充分挖掘自然和人文资源，展示大闸、大堤、大湖、大河的生态之美、文化之美。

一是展示自然生态之美。为加强水生态环境保护，景区实施了一系列生态修复工程，主要措施包括增加乔灌草水生植物、大力推进水生生物资源增殖放流行动、营造动植物生境、建立水生生物保护区、固土护堤、对部分裸露地和景观不佳处进行生态绿化及林相改造等。结合水利工程特点，管理处与地方政府合作，在防浪林台上新建了"古堰梅堤"，巧妙地化解了防浪林与美化苗木使用之间的冲突。整个三河闸水利风景区佳木秀而繁阴，穿行其中，如置身鸟类乐园，高贵典雅的白鹭、聪明伶俐的丝光椋鸟、欢快的白头鹎、文静的斑鸠等鸟类或舞于枝头，或翔于水面，生态环境如诗如画。

二是展示水文化之美。洪泽湖大堤工程在历朝历代一直备受重视，水文化底蕴深厚。景区内不仅有众多治水实物遗存，还流传着"九牛二虎一只鸡"、刘基与洪泽湖大堤、林则徐督修洪泽湖大堤等动人故事。为了保护好水文化遗产，充分展示水文化底蕴，景区于2015年新建了三河闸水文化广场、三河闸水文化碑廊、三河闸展示馆等精品景观节点，融入了丰富的水文化元素，既增进了公众对水利的了解，也提升了景区的文化品位。

（四）拓宽渠道，多元投资

三河闸水利风景区项目建设资金由水利单位省级财政拨付资金、地方政府资金、民间融资三部分组成。景区范围内各管理所院内的景观设施主要由水利单位的省级财政拨付资金保障，景区相对开放空间的景观设施主要由地方政府投入资金建设，而能直接产生经济效益的经营项目（游乐设施）建设所需资金主要由民间资本投入（见表1）。

表1 三河闸水利风景区主要建设项目投资主体

投资主体	建设项目
水利单位	御碑亭、水文化碑廊、信坝遗址、镇水铁犀、三河闸展示馆、三河闸启闭机房、畅淮园、清风亭、清风廊、望湖亭、槭树园、银杏园、入江水道零点
地方政府	洪泽湖碑、古堰北入口环境提升、古堰南入口环境提升、蒋坝镇最美三公里湖滨风光带、348省道与古堰景区连接段工程、周桥大塘遗址公园、周桥大塘环境提升二期工程、古堰梅堤、渔人湾码头、浴场、勤廉教育馆
民间资本	方特游乐场（在建）、游船项目、旅游观光车项目

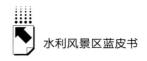
管理处结合三河闸除险加固工程，自 2002 年以来累计投入约 1.6 亿元（其中工程加固 9800 万元），主要资金来源为省级财政拨款；古堰景区自创建以来在洪泽湖大堤沿线投资约 14 亿元，资金主要来源为地方政府投入。

（五）创新机制，合作共赢

三河闸水利风景区不仅是水利行业的资源，也是国家社会共有的资源。为了保护和开发好水利风景资源，在坚持"洪泽湖大堤防洪功能不改变、工程管理职能不削弱，大堤的管理主体地位、工程属性、土地性质不能变"基本原则的基础上，在尽量减少人为活动对水利工程设施干扰和不破坏水利工程安全的前提下，管理处与地方政府共同开发水利风景资源，实现互利共赢。

管理处与蒋坝镇政府、洪泽区古堰管理委员会通力合作，主动沟通，建立了联系人工作制度。相关工作先由联系人进行沟通，安排单位主要负责人协商水利风景区建设与管理中遇到的问题，并定期召开碰头会。管理处负责按照省水利厅批复的内容监管蒋坝镇政府和古堰管理委员会项目的实施，并主动协助地方政府做好涉洪泽湖大堤旅游建设项目的行政审批工作，配合做好防洪评价、环境影响评价等基础性工作。2015 年，管理处配合古堰管理委员会将洪泽湖古堰申报国家 4A 级旅游景区并成功获批。在合作过程中还逐步建立了占用水利工程资源补偿机制。目前，水管单位已逐步融入了地方旅游经济发展的大格局。

专家点评

三河闸国家水利风景区属水利工程型水利风景区，以"大闸、大堤、大湖、大河"四大水利风景资源为特色，生态环境优美，文化底蕴深厚。景区内的三河闸为我国淮河流域第一大闸，洪泽湖大堤和三河闸工程拥有世界遗产、全国重点文物保护单位、水利部水工程与水文化有机融合典型案例、江苏省最美水地标、最美运河地标等称号。

三河闸国家水利风景区在建设与管理实践中形成了多项成功经验和亮

点。一是依托工程打造精品景点：三河闸启闭机房和控制中心通过改造不仅满足了功能要求，还考虑了美学要求，配合地方最美乡村和古镇建设需要，采用宋代建筑风格，勾画出水上蛟龙的形象，成为洪泽湖畔的地标性建筑物。二是充分彰显水文化底蕴：景区内治水文化遗存众多，如乾隆御碑、乾隆智坝遗址、道光信坝遗址、康熙礼坝遗址、周桥大塘、镇水铁犀等，据此大力开发水文化水科普旅游产品，建成了御碑亭、水文化碑廊、水文化广场、三河闸展示馆等景点，向游客展示治水兴水的历史，弘扬治水精神，普及水利知识。三是携手地方政府共同开发：在坚持"洪泽湖大堤防洪功能不改变、工程管理职能不削弱，大堤的管理主体地位、工程属性、土地性质不能变"的前提下，江苏省洪泽湖水利工程管理处与洪泽区地方政府通力合作，打造了三河闸与洪泽湖大堤两大特色板块，联动发展，相得益彰，取得了显著的生态效益、经济效益、社会效益和文化效益，其经验值得同类景区参考和借鉴。

参考文献

［1］李志荣、荣海北：《洪泽湖大堤工程旅游资源的开发和保护》，《水资源开发与管理》2017 年第 5 期。

［2］郭志毅、陈星辰、龙俊：《三河闸水文化建设实践浅析》，《水利发展研究》2019 年第 11 期。

［3］刘红升：《三河闸水利风景区经营管理存在的问题及对策》，《水资源开发与管理》2018 年第 3 期。

［4］王连喜、陈永臻、缪宜江：《三河闸水利风景区》，《江苏水利》2012 年第 9 期。

B.10
庆阳市庆阳湖水利风景区发展报告

赵西君 汪升华 张文瑞 王铭明 季晋晶*

摘 要: 庆阳市庆阳湖水利风景区依托庆阳湖和北湖雨洪集蓄与水土保持工程而建,是立足于董志塬沟壑地形建造的具有固沟保塬效益的水土保持型水利风景区。景区形成了"党建引领、政府主导、多方协作、居民参与"的共建共享立体化发展模式,因地制宜,有效利用了雨洪资源,提高了城市防洪能力,防止了水土流失,为农业灌溉、城市生态用水提供了水源保障,形成集城市防洪、农业灌溉、水土保持、固沟保塬、水资源综合利用、生态环境教育、健身休闲等多种功能为一体的水利风景区。

关键词: 庆阳湖水利景区 水土保持 固沟保塬

一 景区概况

(一)基本情况

庆阳湖水利风景区位于甘肃省庆阳市西峰区,系黄土高原沟壑区的董志塬腹地。其依托庆阳湖和北湖雨洪集蓄与水土保持工程而建,主景区地处规

---

* 赵西君,博士,中国科学院中国现代化研究中心,副研究员,研究方向为区域经济与地区现代化;汪升华,博士,中国自然资源学会资源生态研究专业委员会副秘书长,研究员;张文瑞,兰州交通大学,副教授,研究方向为城乡生态景观设计;王铭明,昆明理工大学副教授,研究方向为水利水电工程;季晋晶,华北水利水电大学硕士研究生。

划新城区董志镇北门村，由庆阳湖、北湖、水系连通工程、彩虹桥、绿地景观、海绵运动公园等部分组成。景区总面积为 11 平方公里，水域总面积 37.26 万立方米，工程总投资约 20.09 亿元，属于水土保持型水利风景区。2016 年被水利部批准为第十六批国家水利风景区。

庆阳湖水利风景区主体水体包括庆阳湖和北湖两个人工湖以及庆阳海绵运动公园三部分。其中，庆阳湖总占地面积 1046 亩，总投资 4.2 亿元。人工湖总库容 88.06 万立方米，水域面积 400 亩，平均水深 3.4 米，护岸线长 4.05 千米，年复蓄水量 173.6 万立方米。工程主要水源为城市雨洪水，补充水源为巴家咀提水，备用水源为日处理 2 万吨的污水处理厂处理后的中水。桥梁工程由两座车行桥与三座慢行桥梁组成，桥梁总建筑面积 25951 平方米。

北湖总占地面积 384 亩，总投资 1.05 亿元。人工湖总库容 9.25 万立方米，水域面积 160 亩，平均水深 1.2 米，护岸线长 2.2 千米，年复蓄水量 42 万立方米。工程主要水源为庆阳机场雨洪水，补充水源为巴家咀提水。

庆阳海绵运动公园是庆阳海绵城市建设的示范性工程之一，在海绵功能上，它与雨洪集蓄保塬生态工程融为一体，共同构建起城市与工业园区间的天然隔离带，并有效控制雨水径流量，起到固沟保塬作用；在城市功能上，绿化面积超过 80%，是市民休闲运动的好去处，有滨水休闲、农乐体验、体育健身等 8 个功能区域，提供了不同功能的户外活动场所。

（二）资源特色

庆阳市庆阳湖是西北黄土高原沟壑区的典型区域，地理坐标为东经 107°27′42″~107°52′48″、北纬 35°25′55″~35°51′11″。庆阳市内大部分区域属泾河流域，有马莲河、蒲河等 5 条主要河流。庆阳城市水系由北湖、东湖、西湖、庆阳湖（天湖）、东郊湖五处雨洪集蓄人工湖和人工河组成，通过人工河绕城连接五湖。人工河工程以新老城区硬化地面作为集雨场，以城市周围的雨洪集蓄人工湖为基础，绕城连通，丰水期集蓄城市雨洪，枯水期由巴家咀电力提灌工程上水补充，形成城市巨大的调节输水系统及"长藤结瓜"的优化灌溉调节输水模式。

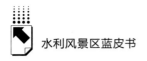

（三）功能特点

庆阳湖水利风景区是集城市防洪、农业灌溉、水土保持、固沟保塬、水资源综合利用、生态环境教育、健身休闲等多种功能为一体的综合性水利风景区。它是城市防汛、固沟保塬、农田灌溉的重要工程，重点解决城区和庆阳机场的排洪问题，提高城市防洪能力，也是周边农田的灌溉水源。此外，它还有以下几方面的功能：一是减缓雨水对塬面的冲刷，有效防止水土流失；二是变害为利，使雨洪成为资源，促进水资源的可持续利用，提高城市水资源承载力；三是蓄水湖与已建的生态防护林共同形成工业区与城市生活区之间的隔离屏障，提升人居环境质量；四是为农业灌溉、城市生态用水提供了水源；五是形成环湖经济圈，带动周边开发建设。

（四）运行管理

庆阳湖水利风景区目前由庆阳市西峰区市政公用事业管理局负责管理，庆阳市西峰区水务局等部门配合管理。景区建成后，西峰区委区、政府将其纳入城市公共设施，全部交由西峰区公用事业管理局管理，该局在景区成立管理所负责景区运行、管理和维护，环境卫生、园林修剪等向社会招标分包。由于风景区属于社会公益项目，免费向社会开放，人员工资和管理经费全部由财政补贴。

二　发展历程

庆阳市庆阳湖水利风景区的发展可以划分为基础工程建设、景区品牌创建和景区品质提升三个阶段。其三个阶段的时间划分及各阶段主要工作如图1所示。

（一）基础工程建设阶段（2002—2005年）

这个阶段是景区起步探索阶段。2002年开始开挖南湖收集雨水。本阶

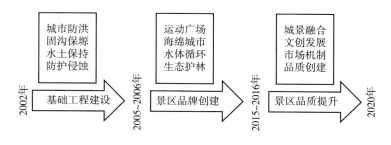

图1　庆阳湖水利风景区发展阶段

段重点是水利工程建设，解决工程性缺水、水土流失、雨洪收集、护沟保塬等问题。

2003年初，市（区）政府和水务部门通过论证，决定以西峰世纪大道和世纪广场硬化面作为集流场，在西峰新城区建设城市雨洪资源化试验示范项目，把雨洪水资源利用起来，建成集解决区洪水排放、雨水资源集蓄利用、生态环境建设、城市抗旱、高效农业节水灌溉和地下水回灌等功能于一体的城市雨洪水资源综合利用项目，形成了城区雨洪资源集蓄利用工程建设的基本思路。

2003年6月，世纪广场、世纪大道相继竣工。2004年4月12日，西峰新城区集雨抗旱水源工程试验项目主体工程竣工。该项目占地170亩，建成了"日、月、星"三个湖体，水面面积66亩，总容量13.2万立方米，年蓄水40万立方米，完成总投资528.9万元。2004年6月1日，项目通过了市级验收，投入运行。2004年新建的天湖工程为非常规水资源开发、雨洪资源集蓄利用、城市防洪、集雨抗旱、城市美化提供了先进经验。

（二）景区品牌创建阶段（2006—2015年）

这个阶段是景区规划建设与品牌创建阶段。2006年开始筹划和初步设计庆阳湖、北湖工程，充分考虑新城与庆阳机场硬化面积，设计库容达到小（二）型水库标准。

2006年，庆阳市委、市政府借鉴天湖工程的成功经验，提出了建设庆阳市新城南区雨洪集蓄保塬生态项目——庆阳湖工程的构想。该项目位于西峰区已规划新城区的东南角，濒临天湖水系，是一项集生态水利、景观水利、旅游休闲、城市防洪、水资源综合利用等多种功能为一体的综合性生态水利工程。项目占地面积 1800 亩，水体总面积 626 亩，总库容 180 万立方米；年复总蓄水量 250 万立方米。2006 年 11 月，《庆阳市新城南区雨洪集蓄保塬生态项目"庆阳湖"工程可研报告》由水利部水利水电科学研究院编制完成，并申报立项，同步规划建设水利风景区。

2012 年庆阳市贷款 1.1 亿元开始筹建庆阳湖、北湖工程。2013 年遵循建设不影响交通的原则，确定位置；6 月新城区雨洪集蓄保塬项目开工，彩虹桥、人工湖水系和绿地景观三元素共同构成南大门。2014 年 6 月部分主体工程完工，挖掘湖体 65 万立方米，完成桥梁桩基 250 个，浇筑完成承台 2 个。2015 年 10 月主体工程开始蓄水，申报甘肃省省级水利风景区。

（三）景区品质提升阶段（2016—2020 年）

这个阶段是景区质量提档升级发展阶段。2016 年开始建设湖库水系连通工程，同时依托庆阳湖、立足城市建设进行庆阳海绵运动绿地建设与雨洪集蓄保塬生态工程，共同构建起城市与工业园区间的天然隔离带，并有效控制雨水径流量，起到固沟保塬作用。对地势低洼，无法进入湖体的雨洪水，利用海绵城市的理念因地制宜建设小体积的模块化蓄水池接纳雨水。同年，申报国家水利风景区。

2017 年建设雨洪径流控制分洪系统，形成雨洪径流控制分洪系统，完成地表水中水回用补水，建设一体化泵站，庆阳湖景区主体工程基本完善。2018 年 10 月正式开园，形成了集蓄、水质控制、排洪水体循环与有效利用、生态景观等系统完整的雨洪集蓄保塬生态工程，对 8.16 平方千米的城市硬化面有效降雨形成的雨洪水实现了集蓄利用，重点解决城区和庆阳机场的排洪问题，提高城市防洪能力，也为周边农田提供了灌溉水源。

庆阳海绵运动公园 2016 年开始建设，以海绵城市、管廊建设、固沟保塬的大生态理念为指引，实施"雨水集存、中水利用、水质净化、有序排放、生态修复、环境治理、防洪防涝、固沟保塬、智慧管控"等措施，将庆阳湖与北湖水系连接，构成多功能的综合性生态水景绿地。2018 年 9 月 30 日建成并投入使用。

三　建设成效

庆阳湖水利风景区在充分发挥防洪安全、固沟保塬主体功能的同时，对改善城市生态环境、转变经济发展方式、促进人与自然和谐共生等起了积极作用，取得了工程、生态、社会、经济、文化等方面的综合效益。

（一）工程效益

庆阳市新城南区雨洪集蓄保塬生态项目是城市防汛、固沟保塬的重要工程之一。庆阳湖、北湖等工程形成"高原湖城"水系的主体构架，大力推进庆阳城市雨水利用工作，为构建和谐庆阳和把庆阳市建成"高原雨水明珠"奠定坚实基础。工程充分利用城市硬化集雨面以及雨水管网形成的有利条件，变天然降水为城市可利用水资源，促进水资源的循环利用，增加城市水资源承载力，提高城市防洪和内涝防治能力，减缓雨水对塬面的冲刷，有效防止水土流失，改善区域水生态环境。

雨洪集蓄工程建成后，既能把有效的天然降水和城市污水处理厂处理的中水收集于湖中，增加城市可利用水资源，也能充分发挥集雨、调蓄、消峰的重要作用，彻底解决南区的防洪问题，开创高原建平湖的新模式。固沟保塬工程实施后，解决了新城区汛期洪水集中排放的问题，以及雨水冲向塬边造成大量的水土流失的问题，探索了固沟又保塬的新路子。

（二）生态效益

景区湖体、绿地、碳汇防护林等项目构建了西峰石油石化产业园与城市生活区之间的隔离带，有效吸附了石化工业区的工业废气，净化空气，提升环境质量，创造资源型城市有效治理生态新机制。雨洪集蓄保塬生态项目建成后，形成了新城区环湖经济圈，带动周边千亩土地升值；项目与规划建设的庆阳民俗文化产业园连成一片，增添了城市灵气、提升了城市品位，创造了宜居、宜业、宜游的发展新环境。

景区水工程项目突出生态环境的改善。一方面，项目实施的目的之一就是解决新城与机场防洪问题，以有效防止董志塬水土进一步流失。另一方面，项目在设计上融入整个城市规划。项目位于城市南、北入口，形成南、北区的工业园区之间的一道生态屏障，湖岸线的设计多采用湿地自然景观，重点突出生态文明建设。形成了四个转变：城市雨洪水向可利用水资源的转变，城市雨洪水由排到蓄、由害到利的转变，雨水利用由农村分散小工程向城市集中大工程的转变，水土保持由坡道治理和沟头防护到源头治理的转变。

景区抓住海绵城市建设试点的有利机遇，与集树林草地、水域溪流、运动休闲、民俗文化为一体的城南海绵运动公园绿地结合，与生态碳汇林相呼应，形成有效吸附石化工业区工业废气、工业区与城市生活区之间的绿色屏障，形成了优美、舒适、生态良好的人居环境。

（三）社会效益

庆阳湖水利风景区的建设形成了城市河湖景观以及各具特色的生态景观和水文化、民俗文化景观，为城市市民提供了天蓝、地绿、水碧、城美的生态宜居环境，为居民群众增添了健身、休闲、娱乐场所，提高了城市品位。通过系列水利工程和措施及建设配套，形成了具有黄土高原特点的水利风景区，政府也及时成立了管理机构，确保了景区正常运转。西峰区委、区政府将其纳入城市公共设施，全部交由西峰区公用事业管理局管理；该局在风景区成立管理所负责运行、管理和维护，环境卫生、园林修剪等向社会招标分包；景区属于社会公益项目，免费向社会开放。庆阳湖水利风景区所形成的特色水景观、水文化和良好的生态环境，受到市民欢迎，成为庆阳市的新地标。

（四）经济效益

庆阳湖水利风景区建设形成环湖经济圈，带动周边开发建设，是"一项投资，多项受益"的利民项目。景区提升了周围土地利用价值，将来可收储水系周围土地，开发为商业用地，进行土地招拍挂。景区可适度进行旅游开发，带动当地经济社会的全面发展。景区配套2000亩喷灌系统，为2个乡镇4个村近千名群众发展苹果、养殖等农业主导产业提供了灌溉水源，其中苹果产业为农民提供人均纯收入1640元，带动12.2万人脱贫致富。同时为2955亩的海绵运动绿地公园提供灌溉用水。项目建设带动周边千亩土地升值，不仅在种植、养殖方面给群众带来了直接收入，也积极引导周边群众发展农家乐、农宅风情体验等新兴产业、服务业形成致富新渠道。

（五）文化效益

庆阳湖水利风景区充分利用水工程、水文化、民俗文化、美食文化等资源，打造特色旅游产品，并在地方电视台、地方网络平台、地方报纸开展对景区的更新宣传，发布相关活动信息，传播地方特有文化。景区积极举办"世界水日纪念活动""水法规宣传日""陇东报小记者科考活动——关注水土保持治理活动"等科普活动，以及"垂钓比赛""城市环行短程马拉松赛""民俗美食节"等系列活动，并通过摄影作品展在媒体网络进行宣传，不仅提高了水利风景区的知名度，宣传了特色水文化，同时塑造了庆阳湖水利风景区的品牌形象。

四　基本经验

甘肃省庆阳市属于西北旱塬地区水资源短缺地区，是水土流失严重侵蚀区。庆阳湖水利风景区建设紧密结合当地实际和经济社会发展需要，创造性地开展工作，破解了高原城市防洪和塬面萎缩、西北旱塬地区水资源贫乏、

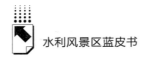

生态脆弱区水生态环境保育、黄土高原河湖防渗工程和施工技术等诸多难题，积累了有益的和可资借鉴的经验。

（一）因地制宜，构筑形成共建共享立体化发展模式

庆阳湖水利风景区建设根据当地实际和发展需要，积极探索出"党建引领、政府主导、多方协作、居民参与"发展模式。在景区从基础工程设计谋划、开工建设到品牌创建与发展的全过程中，基层党组织和党员始终发挥着引领与模范作用；庆阳市和西峰区政府发挥主导作用；水利、市政、住建、交通、林业等部门积极协作与配合，各司其职，各负其责；景区村庄与社区居民积极参与和支持，共建共享。景区管理按照"谁管辖、谁负责，谁集蓄、谁利用，谁排放、谁治理"的原则，明确责任主体，落实建、蓄、用责任。凡小区建设，均由小区责任单位配套相应的雨洪水利用设施，增加雨水集蓄利用和就地入渗量，使小区的拓展不增加城市防洪负担；道路、广场等公共部分则由政府负责雨洪资源的集蓄利用工作。形成由政府主导、社会参与、共同承担的立体化投融资体制。

（二）情系民生，强力推进实施集雨治水工程

长期以来，由于人类生产生活、石油开采、城镇化进程等经济社会活动的大规模开展，董志塬塬面水土流失正以平均每年42公顷的速度吞噬着人们赖以生存的农田。加之受季风性气候影响，区域年均降水量561毫米，但时空分布不均，一年两头旱、中间涝，汛期经常遭受内涝灾害，城市发展和水土保持面临严重威胁。为解决水土保持和城市排洪难题，克服国家宏观政策趋紧、土地调控严格等困难，政府大力实施"千池百湖"工程，从2004年开始，斥资6.2亿元，新建了庆阳湖、北湖两个民生工程，总库容达到98万立方米，年复蓄水量215万立方米，在解决城市洪涝灾害和水土流失问题、实现水资源良性循环的同时，打造出了功能多样、魅力独特的城市生态景观，使水利风景区成为展示民生水利成就的重要载体。

（三）规划先行，科学定位和多视角谋划景区发展

景区规划按照"维护水工程，改善水环境，保护水资源，修复水生态，弘扬水文化，发展水经济"的功能定位，突出城市河湖和水土保持两大特点，学习和借鉴国内其他地区好经验好做法，邀请中国水科院、同济大学、兰州交通大学有关专家进行实地调研，通过实地勘查、走访、收集景区水文、地质地貌、周边环境、历史文化背景资料，形成科学的规划编制指导建议。本着自然、生态、环保的理念，结合城市建设总体规划、全区旅游总体规划，经过反复评审修改，编制出起点高、特色鲜明、操作性强的《庆阳市庆阳湖水利风景区规划》，使景区建设方向更加明确，重点更加突出、工作更有抓手。特别是在湖岸线设计上，以大绿、野趣、生态、自然为主题，多采用湿地自然景观，为游人提供不同于城市公园的景致，为市民提供休闲观光好去处。

（四）水城一体，连片打造人水和谐精品景区

景区发展紧盯打造"高原湖城"目标，加快实施以北湖、庆阳湖、西湖、东湖为支撑的"一带、两轴、三站、四湖"城市水系工程，实现了城市雨洪水向可利用水资源的转变，由排到蓄、由害到利的转变，雨水利用由农村分散小工程向城市集中大工程的转变，水土保持由坡道治理和沟头防护到源头治理的转变，实现了"水、城、人"和谐统一。抢抓海绵城市建设试点的发展机遇，在庆阳湖水利风景区规划区内，建设有占地2955亩的集树林草地、水域溪流、运动休闲、民俗文化为一体的城南绿地；该绿地与生态碳汇林相呼应，有效吸附石化工业区工业废气，共同构筑工业区与城市生活区之间的绿色屏障，提升了景区和城市品位。

（五）科技支撑，研发推广应用工程新技术

庆阳湖水利风景区在项目建设与管理中结合不同阶段的问题不断完善项目更新和科技更新，形成了西北湿陷性黄土地区海绵城市建设关键技术体

系。庆阳湖和北湖在项目施工过程中，为解决湿陷性黄土防渗难题，采用"原土翻夯＋水泥土＋防渗土工布＋素土压覆"的技术，为黄土高原水利工程建设积累了宝贵经验。在入水口设计了滩地区，采用"种植浅水植物＋堆毛石护坡"等微生态系统对雨洪水进行初次过滤，采用沉砂池对其进行二次沉淀。同时，配套建设了水体循环泵站，实现整个人工水系的水体循环和处理净化，促进水资源的可持续利用。针对黄河上游水土流失及该地区湿陷性黄土地质情况，景区在建设中对海绵城市建设关键技术进行研究创新，完成"湿陷性黄土地区海绵城市建设关键技术研究及工程示范应用"项目。

五　前景展望

（一）城景融合发展

坚持"城市＋景区"理念，促进城景高度融合，形成景在城中、城中成景、互为一体的城景融合格局。以海绵城市建设为动力，持续推进庆阳湖水利风景区建设，在北湖建成欢乐谷和生态农业旅游度假区，在庆阳湖建成以湖面为中心的城市 CBD 中心，再造一个城市中心繁华区域。同时尽快落实城市水系工程建设，使北湖、庆阳湖和规划建设的西湖、东湖相连，通过水体循环泵站，实现整个水系的水体循环，推进"水化西峰"进程，全力打造"高原湖城"建设。

（二）水旅融合发展

坚持"水利＋旅游"理念，促进水旅深度融合发展。通过水利和旅游产业有机融合，实现水利经济与旅游经济快速发展，力争到 2025 年，景区年接待量和景区收入及经济贡献率有新突破，促使景区对庆阳香包、剪纸等特色产业产生强关联带动作用。通过发展水利风景区旅游业，使当地居民人均纯收入持续增加，带动区域经济社会更好发展。

（三）市场化运营

坚持"两手发力"发展思路。一方面继续坚持政府主导型发展战略；另一方面积极发挥市场作用，让市场在水利风景区发展中充分发力。加大招商引资力度，推进合作经营，适时引进一批专业强、实力强、运营强的企业加盟。通过市场化运作，提升景区发展水平，实现景区集聚化、规模化发展，创新景区经营管理模式，推动景区实现可持续发展。

（四）品质化提升

加快景区公共服务设施和旅游配套设施建设，高标准策划景区运营模式，多元化发展服务经济。进一步优化服务产业发展环境，营造景区发展良好氛围。坚持发展环湖绿色产业，为广大人民群众提供更多更好的城市生态产品。持续提升生态景观水系质量，逐步完善夜景亮化工程，适时启动夜游项目，不断丰富观光产品，满足多元化市场需求。

（五）高质量发展

坚持创新驱动发展战略。深入推动景区发展质量、发展效率和动力变革。进一步完善形成一个好的景区规划，营造一个好的景区环境，建立一个好的运营体制，健全一个好的运营机制。不断整合各方面资源为服务产业发展服务，持续增加景区建设投入，增强景区发展动力和后劲。深化"景区＋互联网"建设，建成智慧景区，推进景区高质量发展。

专家点评

庆阳市庆阳湖国家水利风景区属于水土保持型水利风景区，是集城市防洪、塬面保护、生态环境改善、水土保持、雨洪综合利用等多种功能为一体的水利风景区。景区建设形成了各具特色的生态景观和水文化、民俗文化景观，为居民提供了一个天蓝、地绿、水碧、城美的生态宜居环境，带动了当地经济社会的全面发展。在建设和管理过程中景区融合海绵城市、管廊建设、固沟保塬的大生态理念，立足当地创新多项海绵城市建设的技术，体现了水利人的开拓创新精神和智慧。景区在发展进程中形成一系列好做法好成效：倒逼自救，破解高原城市防洪和塬面萎缩难题；水利牵头，破解西北旱塬地区水资源贫乏难题；多措并举，破解生态脆弱区水生态环境保育难题；双管齐下，破解黄土高原河湖防渗工程和施工技术难题。庆阳湖水利风景区的诸多做法与经验对同类型地区及其他景区具有很好的借鉴和参考意义。

B.11
湖州吴兴太湖溇港水利风景区发展报告

赵　敏　于小迪　席桂平　高亚婷*

摘　要： 湖州吴兴太湖溇港水利风景区是依托"世界灌溉工程遗产——太湖溇港"而建的灌区型水利风景区。自2017年获批为国家水利风景区以来，景区以"让环境更美、让产业更旺、让百姓更富"为发展目标，基本实现了"美丽生态""美丽资源"向"美丽经济"的转变。同时，将景区建设与世界灌溉工程遗产保护相融合，挖掘景区的内涵特色与文化底蕴，提升景区综合形象，使其成为实现水生态文明城市、美丽乡村建设以及滨湖一体化发展的重要支撑。

关键词： 太湖溇港水利风景区　横塘纵溇　世界灌溉工程遗产

一　景区概况

湖州吴兴太湖溇港水利风景区位于浙江省湖州市吴兴区北部、美丽的太湖南岸，是依托"世界灌溉工程遗产——太湖溇港"而建的灌区型水利风景区，于2017年被水利部批准为国家水利风景区。

吴兴太湖溇港水利风景区规划面积为76平方千米，涉及高新区和织里

---

* 赵敏，河海大学，博士生导师、研究员，研究方向为水利经济；于小迪，水利部综合事业局，高级工程师；席桂平，浙江省湖州市吴兴区水利局副局长，高级工程师；高亚婷，云南大学硕士研究生。

镇的 24 个行政村。景区区位优势明显，水陆交通便捷，是长三角经济圈、环杭州湾产业带、环太湖经济圈的腹地。景区周边拥有杭宁高速公路、申苏浙皖高速公路、申嘉湖高速公路、宣杭铁路、104 国道、318 国道、长湖申航线，以及宁杭高铁、商合杭高铁和在建的沪苏湖高铁等重要交通要道，2 个小时内可到长三角经济圈内任何一座重要城市。

吴兴太湖溇港水利风景区以我国特有的水利遗产溇港为核心，以溇港圩田所催生的稻作文化、鱼文化、桥文化、茶文化、丝绸（蚕桑）文化等文化景观为主线，以古镇、古村、古闸、古桥、古寺、古建筑等历史古迹为点缀，形成了太湖南岸风华无尽的溇港文化带，是典型的太湖平原与水利工程共同营造的"天人合一、人水和谐"的自然与文化景观区。

吴兴太湖溇港水利风景区内环太湖堤防、太湖出口的 17 座水闸和其中的大钱港、罗溇港、幻溇港、洑溇港、汤溇港及其两岸堤防由湖州市太湖管理局管理，其余河道堤防由所属乡镇政府及行政村管理，其他相关非水利工程遗产由当地政府与城建、交通、文物等相关部门管理。为全面推进水利风景区建设工作，切实做好溇港保护与利用发展，2017 年 3 月，经吴兴区政府研究，成立分管区长为组长、各相关部门负责人为成员的吴兴区太湖溇港水利风景区管理委员会，并充分发挥其统筹协调和综合管理的作用。

吴兴太湖溇港的建设在美化了自然环境的同时，也为水利风景区发展提供了良好的基础设施条件。自 2017 年以来，在吴兴区太湖溇港水利风景区管理委员会统筹协调和综合管理下，景区积极打造"生态水利、民生水利、旅游水利"一体化，基于太湖溇港水乡的特色，依托世界灌溉工程遗产品牌的声誉，突出溇港水利资源的特色优势，融入了水乡古村落、水乡民俗等人文景观，通过溇港文化体验与休闲娱乐功能联动引擎的驱动，积极发展休闲农业、观光旅游、民宿经济等多种产业，将生态文明建设、乡村振兴等充分融入其中，使景区成为集科普教育、生态示范、文化体验、休闲观光等功能于一体的综合型水利风景区，实现了绿水青山向金山银山的转换；也使景区成为推动水利、休闲农业及全域旅游发展的综合区域，以及实现湖州水生态文明城市、美丽乡村和滨湖一体化发展的重要支撑。

二　发展历程

（一）溇港的起源

2004 年在湖州城东毗山遗址的发掘中，考古人员发现了一条于夏商时期（4000 多年前）就已存在的南北走向、面宽约 16 米的人工河道——"毗山大沟"，它是迄今为止发现的太湖流域历史上最早的河渠工程，具备了溇港排、降、蓄、引水和导水入湖的基本功能。春秋后期，为了争霸和征战需要，吴、越两国在苏州、无锡、嘉兴一带开始了大规模的屯田事业，溇港萌生雏形。到了西晋永嘉之乱时期（281—381 年），我国历史上第一次人口大转移开始，中国的经济重心逐步向南方转移。东晋永和年间（345—356 年）吴兴太守殷康始筑荻塘，荻塘自城东至平望，长 125 里，旁灌田千顷。后形成太湖南岸最早最长的环湖大堤，从而为溇港、横塘和圩田的修筑打下了基础，至此溇港正式起步。

古人在太湖南部的滨湖沉积区筑东西向的"横塘"，开凿南北向的"溇港"，之后逐步形成了"横塘纵溇"的水系结构——被称为"太湖溇港"。

（二）溇港的发展

"太湖溇港"作为太湖流域特有的古代水利工程始于春秋时期吴国在太湖滩涂上纵溇横塘的开凿或整治，后逐渐形成了节制太湖蓄泄的水利工程体系，至北宋形成了完善的溇港水利体系，并以南太湖的湖州地区保存最为完整，在潮起潮落的滩涂上诞生了河渠、农田、乡村和城镇，太湖平原也逐步成为中国主要的粮食产区和纺织品生产地。

1. 唐末五代时期快速发展

唐安史之乱后，我国出现了历史上第二次大规模北方人口南迁。随着人口的增加以及北方先进技术的引进，太湖流域的塘浦工程和圩田水利均有了快速的发展：一是塘浦圩田逐渐成形，太湖地区水土资源的开发利用发展到

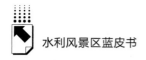
一个新阶段；二是朝廷充分重视溇港管理，在太湖流域专门设置"都水营田使"和"撩浅军"万余人，专职浚河、筑堤、建闸和日常的养护管理，从而使塘浦圩田和溇港圩田得到了飞速的发展。

2. 宋代时期转型发展

宋代盛行一时的屯田屯政开始变得有名无实，水利的重点也转为以漕运为纲；同时以"转运使"取代"都水营田使"，致使治水治田分割，养护撩浅制度废弛，养护管理工作放松。以塘浦为田界、位位相承、圩圩棋布的大圩古制，终于逐渐分割成为犬牙交错、分散零乱的民修小圩。塘浦圩田系统也最终被迫解体成"围田相望，皆千百亩"的中小格局，由大圩古制向小圩制转型。

3. 元明清时期持续发展

元明清时期，为适应小农经济的生产格局和管理方便，地方政府逐步提倡分圩，使得太湖流域的塘浦圩田进一步隳坏，并继续向小圩制方向发展。而在溇港圩田基础上发展起来的"桑基鱼塘"和"桑基圩田"系统，则在这一时期更有了进一步的完善和发展。著名的《沈氏农书》和张履祥编著的《补农书》等均对此做了详细的记载和专门的论述，以上模式也成为我国乃至世界"生态农业"和"循环经济"的典范。

4. 新中国时期焕发新春

新中国成立后，当地引入"系统治理"的现代理念。经过历年的整治，尤其是经过 1957 年实施东西苕溪分流工程、东苕溪导流工程和 20 世纪 90 年代的太湖治理，吴兴溇港至今保存完好并持续发挥其功能效益。2003 年吴兴区成立以来，区委、区政府高度重视太湖溇港建设与保护工作，先后编制完成了《南太湖溇港片区田园综合体发展规划》和《太湖溇港水利遗产保护与利用规划》，有力地促进了溇港灌溉工程体系及文化遗产得到长期、科学的保护和传承。按照安全水利、民生水利、生态水利、资源水利的目标，当地先后实施了河道清淤、堤防加固、入湖骨干河道整治、滨湖溇港水系综合整治、生态治理、圩区整治等重点项目，不断加大纵溇横塘的水系整治。吴兴人民继承和弘扬历代积累的治水经验和成就，经过大规模的水利建设和溇港治理，该地形成了较为完整的水利工程体系，这些水利工程体系也成为促进经济社会发展的重要基础设施。而对水利工程体系的有效管理和运用，则有力地支撑了当地经济和社会的可持续发展。

太湖溇港水利工程体系的开发和治理，彻底改变了南太湖区域的自然环境和生态系统，使涂涠成陆、洪涝可排，既为先民人居营造了良好环境，也为农业开发创造了基本条件，同时也推动了航运及商贸的发展。圩田是中国古代农田水利的重要形式，溇港圩田在太湖流域具有深厚的历史文化积淀。溇港圩田是本土先民在社会经济发展和与自然灾害抗争过程中创造的适应太湖南岸地区地势低洼、河网密布特点和水土资源条件的水利工程体系，是我国古代文明和传统水利的光辉典范，是天人合一、协调发展的杰出代表，在华夏民族的文明史和水利史上，具有重要地位。

太湖溇港是可与四川都江堰、陕西关中郑国渠相媲美的古代水利工程，是变涂泥为沃土的古代劳动人民的伟大创举。溇港既孕育出富庶之区，更有耕读世家的人才辈出。应该说，溇港是两千多年来太湖流域治水的历史见证，也是区域人文与自然史演变进程的见证，更成就了吴兴"鱼米之乡、天下粮仓"的江南美誉。

2016 年 11 月 8 日，太湖溇港水利工程成功入选"世界灌溉工程遗产"名录。太湖溇港成功申遗为湖州生态文明示范区和水生态文明试点城市建设、"五水共治"、美丽乡村和休闲旅游业发展等助力，具有重要的现实意义和突出的社会效益、经济效益、文化效益。

（三）景区的形成与建设

太湖溇港入选"世界灌溉工程遗产"名录后，吴兴区结合生态文明建设和美丽乡村建设，对原有溇港水系进行沟通修复，建设生态护岸 38 千米，将 27 条溇港、两片溇港圩田和一大批桥梁、古宅、牌坊等列为市级文保单位，重点对织里镇义皋村进行了古建筑修复、纵溇横塘整治、溇港文化馆建

设和圩田灌排体系完善。

2017 年吴兴太湖溇港水利风景区被水利部批准为第十七批国家水利风景区。自景区创建以来，吴兴区委、区政府以习近平总书记"绿水青山就是金山银山"理念为指导，一直高度重视溇港的保护与传承，进一步按国家级标准全面推进风景区品质的提升。经过多年持续不断的治理，太湖溇港的水资源保障、水环境改善、水生态修复、水文化挖掘等成效日益显现。

1. 规划溇港遗产保护

为了有效地保护太湖溇港水利遗产，实现太湖溇港遗产及自然景观的全面保护，自 2015 年起湖州市启动了太湖溇港水利遗产保护与利用工作。湖州市水利局委托有关单位编制完成了《太湖溇港水利遗产保护与利用规划》，规划从灌溉工程遗产的角度分析遗产构成，挖掘遗产价值，并针对保护和发展面临的突出问题制定保护利用规划。2020 年，太湖溇港水利风景区水利遗产保护与利用被水利部景区办列入试点。为此，湖州市水利局组织编制了《南太湖溇港水利风景区水利遗产保护与利用实施方案》，明确了水利遗产在水利风景区的内涵和外延，探索了水利遗产在水利风景区建设中的作用，从而促使水利遗产在美丽乡村、文旅融合、生态文明等乡村建设中发挥作用。

2. 建设溇港骨干工程

深入实施百项千亿防洪排涝工程，拓浚骨干溇港，完成太湖流域水环境综合治理四大重点水利工程，完成拓宽罗溇、幻溇、濮溇、汤溇 4 条入湖骨干溇港 56 千米，溇港水利功能大幅提升，水生态环境明显改善。对景区内纵溇横塘开展了全面治理，完成溇港片区河道 206 千米整治任务。

3. 改善溇港生态环境

大力实施纵溇横塘清淤，目前已完成溇港区域内清淤河道 88 千米、清淤量 180 万立方米，完成投资 3500 万元。实施生态护岸工程。按"美丽乡村建设的样板区、滨湖乡村旅游的先行区"的要求，全面提高溇港生态整治标准，累计投资 6000 万元，建成生态护岸 50 千米。与此同时，基于江南水乡的低洼湿地生态系统，进一步保护和完善我国历史最悠久的综合生态养殖模式——"桑基鱼塘系统"。"倚港结村落，获苇满溪生""绿桑成荫，鱼塘连片"，南太湖独特的生态循环系统和优美的农业景观形成，被联合国教科文组织评价为"世间少有美景，良性循环典范"。

4. 打造溇港滨湖风景

利用好太湖水资源，投资 1.8 亿元在太湖南岸建设长 16 千米、宽 100 米的滨湖景观带。在沿太湖杨溇、汤溇、幻溇、许溇等入湖口建设了一批反映南太湖农耕文化的系列景观小品，形成了有浓郁太湖风情的滨湖"美水"景观带，使游客获得良好的视觉享受和优美的生态体验。

5. 展示溇港历史文化

建成"义皋溇港文化旅游馆群"，包括溇港文化展示馆、中国湖镜博物馆、中国溇港书报展示馆、崇义馆、南太湖（湖州）水生态治理法治馆和数字溇港博物馆。馆群详细介绍太湖溇港及圩田系统的自然环境、发展历史、水利功能、区域民风民俗等内容。通过展览，人们能够零距离接触溇港这部"千年水利巨作"，品味溇港文化独有的魅力。通过编印《吴兴山水》《吴兴四季游》等涵盖太湖溇港水利风景区内旅游资源的宣传书籍和画册、拍摄《溇港——太湖溇港水利遗产》纪录片、设置溇港文化展示馆进行线上展示（"美丽溇港"微信公众号）等方式，对外大力宣传推介吴兴太湖溇港水利风景区。

6. 提升溇港旅游功能

近年来，累计完成景区绿化面积 5600 亩，修建城乡骨干道路和通往景区旅游主干道 51 千米，规范设置旅游标识牌 500 多块。立足溇港生态水利、农业优势，打造了灵粮农庄、许溇枇杷园等"农家乐"旅游项目，启动了杨溇"世茂康养""华师大农村游学"等旅游项目。湖州太湖溇港文化旅游发展有限公司全面运作，成功策划了 2 条太湖溇港旅游线路。景区内农家乐、民宿日益增多，义皋村游客服务中心对外运营，旅游服务功能显著提升。

2019 年 10 月 16 日，太湖溇港又被国务院公布为第八批全国重点文物保护单位。时至今日，太湖溇港已成为国家级水情教育基地，也是湖州市委党校（行政学院）、浙江河长学院、浙江生态文明干部学院等院校的宣传教育、实践教学基地，河海大学农业工程学院将其作为教学实习基地。景区还与吴兴区教育局建立了联系合作机制，为学生定期开展课外活动，组织学生参观。在"世界水日""中国水周""湖州生态文明日"等重要时间节点，景区积极开展丰富多彩的水情教育活动，并得到了爱尔兰、德国、南非、苏丹等国外学者的青睐。据统计，仅景区内的"太湖溇港文化展示馆"年均接待国内外各类参观者就达 6 万人次。

展望未来，吴兴区委、区政府及景区管理部门将进一步加强世界灌溉工程遗产保护、国家水利风景区建设与水情教育的有机融合，力求使景区发展成为集水利文化、非物质文化和民俗文化于一体的多功能水情教育基地。

三　建设成效

太湖溇港水利风景区坚持以服务乡村振兴为初心和使命，努力将景区"美丽生态""美丽资源"转向"美丽经济"，基本实现了"让环境更美、让产业更旺、让百姓更富"的发展目标。

（一）管理特色

1. 政府统筹，责权明确

吴兴区政府成立了太湖溇港水利风景区管委会，由分管副区长担任管委会主任，吴兴区属水利、建设、交通、旅游、农林、环保等职能部门和高新区、织里镇两个属地乡镇相关负责人为成员。管委会的主要职责是：执行水利风景区建设与管理的有关政策、法规、制度和技术标准；研究制定太湖溇港水利风景资源的开发利用与保护规划；协调落实促进水利风景区建设与管理的有关工作。管委会办公室设在区水利局，负责景区的规划、建设、保护及管理工作。在成立景区管委会的基础上，进一步明确了各成员单位和属地乡镇的职责，细化了工作方案与举措，以确保景区建设责任层层压实、工作稳步推进。高新区、织里镇也高度重视景区的建设工作，高新区成立了溇港景区建设指挥部，整合资金资源，实行封闭化运作；织里镇建立了溇港片区管委会，专人专职负责溇港古迹保护与修复以及景区环境管护工作。

2. 制定条例，法规保障

为进一步保护和传承太湖溇港国家级、世界级遗产，提升湖州在浙江乃至全国、全球的影响力，根据《南太湖溇港水利风景区水利遗产保护与利用实施方案》，由湖州市人大牵头、湖州市水利局和吴兴区水利局参与，于2020年开始组织拟定《太湖溇港世界灌溉工程遗产保护条例（草案）》。条例制定并出台后，责任监督机制将逐步建立和规范，责任追究制度也更加严格，责任制落到实处有了保证，各级政府开始将溇港水利遗产、遗址的保护以及水利风景区的发展，与环境保护、生态建设和经济发展有机地整合起来。

3. 长远谋划，多规融合

景区管委会组织专业力量编制了《吴兴太湖溇港水利风景区总体规划》，突出规划的"龙头"地位，立足可持续发展，对景区进行高起点、高标准的规划设计。同时积极整合《吴兴区国家现代农业产业园建设方案》和《南太湖溇港片区田园综合体发展规划》，充分挖掘景区水生态、水文化、水景观等优势，通过资源整合与提升，将太湖溇港区域打造成为凸显太湖溇港文化，以圩田景观、河道景观、古村落景观等为主导，集科普教育、生态示范、文化体验、休闲观光等功能于一体的综合型水利风景区。

4. 多元投入，推进建设

按照"政府主导、企业投入"的发展思路，进一步整合水利、农业、建设、交通、旅游等部门政策项目与资金资源，各职能部门和属地乡镇条块结合、各司其职，合力推进景区建设；同时探索建立统一的国家水利风景区运作平台，通过公司化管理、实体化运作，引入高端优势的市场主体和社会资本，集聚各方资源投入景点、民俗和产业等实体建设。从人水和谐的角度大力推进景区内水利工程建设，完成太湖流域水环境综合治理、骨干溇港及景区内纵溇横塘的河道整治，水生态环境明显改善；从乡村振兴的角度不断推进美丽乡村建设，景区内 24 个村全部创建成为"美丽乡村"，贯穿景区的主干道路整治提升全部完成。

5. 塑造精品，彰显特色

以国家水利风景区为抓手，依托优越的区位优势和独特的资源禀赋，通过市场化的方式招商引资，大力发展民宿、农家乐、旅游、研学等乡村产业，以企业化的方式管理和运营"水、景、人、文、农、产"相融合的水利风景区，有力推动美丽景区向美丽经济的转化，进一步促进了景区内产业兴旺。在渔业产业方面，引进品牌建成了太湖蟹水乡示范基地；在养殖产业方面，建成了南太湖湖羊养殖基地。同时，为支持景区内种粮大户的农业生产，上市公司星光农机将总部也迁至景区内高新区戴北村。在抓好太湖溇港地区古桥、古村、古建筑和刺绣、水乡传统糕点制作等物质和非物质文化遗产保护的同时，努力塑造"一户一处景、一村一幅图、一镇一天地"的乡村画卷，尽显"望得见山、看得见水、记得住乡愁"的诗情画意。

6. 挖掘文化，讲好故事

为加深大众对溇港文化的认识，提升景区文化品位，积极挖掘历史古迹、民风民俗等文化资源，组织专家走访调查、收集资料并将其整理汇编，历经两年编制出版了《吴兴溇港文化史》，得到各方文史专家的好评。目前，已建成了"义皋太湖溇港文化展示馆"，参观者能零距离接触溇港这部千年水利巨作，品味溇港文化独有的魅力。同时，通过报纸、网络广泛宣传太湖溇港历史文化遗产，特别是与中央电视台合作，在央视纪录片频道播出《溇港》。建立了"政企联手、部门联合、上下联动、市场运作"的宣传机制，大力宣传推介国家级湖州吴兴太湖溇港水利风景区，有效提升了太湖溇港的知名度。

（二）综合效益

1. 生态效益

（1）治出了一湖秀水

结合太湖流域水环境综合治理重点水利工程的实施，各级政府在景区投资近 22 亿元，拓宽并疏浚罗溇、幻溇、濮溇、汤溇 4 条入湖骨干溇港共计 56 千米；对景区内纵溇横塘开展全面治理，投入 2 亿元完成河道整治共计 206 千米；全面实施纵溇横塘清淤和生态护岸建设，累计完成河道清淤 88 千米，建成生态护岸 50 千米。深入开展水产养殖尾水治理专项行动，景区内 2.7 万亩水产养殖尾水全面完成治理任务，并实现达标排放。通过综合治理，景区内太湖主要入湖口断面水质连续多年保持在 Ⅲ 类及以上水平。2019 年，景区内骨干工程之一的罗溇港被评为浙江"省级美丽河湖"。

（2）治出了一片蓝天

通过出台《吴兴区农作物秸秆综合利用和禁烧工作方案》，在农村推行秸秆禁烧和综合利用工作责任人保证金制度，全面控制景区内农村秸秆垃圾焚烧；通过培训、宣传等手段，积极引导农户推进秸秆综合利用，目前秸秆综合利用率达到了 97.78%。经过努力，景区范围内大气环境质量持续改善，空气优良率和 PM2.5 浓度连续多年保持"一升一降"态势。

（3）治出了一方整洁

通过全面开展人居环境大整治行动，彻底清理景区内村庄周边各类积存垃圾，全面拆除主干道沿线及村内居民私自搭建的违法违章构筑物。仅 2019 年，景区内 24 个行政村就清理了积存垃圾 4 万吨，拆除违法违章建筑逾 1 万平方米。目前，景区内 2 个乡镇全部创建国家级生态乡镇，景区内的水环境明显得到改善且质量全面达标，使广大游客获得了良好的视觉享受和优美的生态体验。

2. 社会效益

（1）美丽精品村星罗棋布

经过连续多年投入，景区内 24 个行政村已全部创建成为"美丽乡村"。其中杨溇、义皋、伍浦、庙兜 4 个村为"精品村"，另外许溇、上林、陆家湾 3 个村也即将完成"精品村"的创建，平均每个"精品村"投入达 3500 万元。杨溇村、义皋村作为景区的重要节点，已经创建成为国家 3A 级旅游景区，目前正在争创 4A 级旅游景区，具有太湖溇港文化特色的美丽乡村示范带已具雏形。

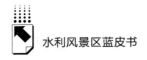

（2）滨湖景观带风情浓郁

景区充分利用滨湖风光秀美的天然优势，在滨湖大道和每条溇港入湖口周边建设了一批展现南太湖农耕文化的系列景观小品，形成了"北望湖光南赏绿，一路畅行一路景"的具有浓郁太湖风情的景观带。

（3）特色小集镇精彩纷呈

景区内重点打造了 2 个特色小集镇，即高新区的幻溇小集镇和织里镇的漾西小集镇。幻溇小集镇总投资 2 亿元，分两年实施，防汛观光塔、幻溇渔市、街面整治等工程已全面完成，"世遗幻溇、太湖渔村"已呈现在世人面前；漾西小集镇总投资 1.6 亿元，实施改造项目 32 个，目前已全面完成，呈现出"宜居宜业宜游"的水漾人居小镇。

（4）景区功能配套日渐完善

修建城乡骨干道路和通景旅游主干道路合计达 51 千米，累计完成景区道路绿化面积 5600 亩，规范设置了各类旅游标识标牌，增设 3A 级以上旅游公厕 20 余座，扩建了一大批停车场。区内各重点景区实现了陆路、水路"全通畅"目标，义皋游客服务中心、杨溇游客集散中心、幻溇游客集散中心也全部投入运营，使景区旅游服务功能得到显著的提升。

3. 经济效益

（1）项目开发成果显著

充分发挥太湖溇港的生态优势，在景区核心区内义皋村引进了中国湖镜博物馆、中国溇港书报展示馆、上海纯风居、福兴假日酒店、浙江省直机关同人疗养基地、范家大厅崇义馆等 10 多个旅游项目；庙港人水乡示范基地、壹伍田园物联网农业开发、现代高效渔业生态养殖等多个融合农创休闲功能的高精尖农业项目也相继入驻景区。与此同时，打造了杨溇民宿群、太湖蔬菜公园、许溇枇杷园等一批农旅项目；伍浦人家、好佳缘、高家庄等一批特色农家乐雨后春笋般出现，2 条太湖溇港旅游线路成功开通。

（2）品牌打造全面升级

按照"节庆聚人气、人气促商机"的思路积极举办各类节庆，2018 年在景区内成功举办了第三届"世界乡村旅游大会暨吴兴太湖溇港文化旅游节"，并在核心区内的义皋村先后举办了"扬义风·梦回千年吴越尚义节""此风溇港来·第六届太湖溇港民俗旅游丰收节""秋游南山，力行劳动·溇港第一期亲子活动"等活动，场场人气爆棚。同时，建立"政企联手、部门联合、上下联动、市场运作"的宣传营销机制，全方位讲好溇港故事、推介溇港景区。

（3）文旅融合前景广阔

太湖溇港是太湖流域特有的古代水利工程，始建于春秋时代，历经汉、晋、唐、五代发展，至南宋时成熟完善，经元、明、清的持续经营而绵延至今。太湖溇港作为世界灌溉工程遗产，是不可再生、不可替代的宝贵资源，其科技价值体现了古代劳动人民治水用水的智慧，生态价值为湖州发展为"丝绸之府""鱼米之乡"奠定了坚实的基础，文化价值反映了太湖溇港千余年的发展脉络以及历史文化特征，景观价值具有较高的旅游开发前景。在文旅融合的背景下，"活化"文化遗产、打造文化旅游、体现遗产价值已成为趋势。

（4）美丽经济逐步显现

吴兴区以吴兴太湖溇港水利风景区建设为抓手，围绕溇港文化、生态湿地、田园风情、农业观光四大主题，积极打造集水乡民俗风情运动区、溇港古村落文化体验区、创意农庄休闲娱乐区、特色生态农业观光区于一体的南太湖溇港生态旅游发展基地，让一大批村庄得以重塑。作为缩影，处于太湖溇港水利风景区的核心区的义皋村，近年来吸引了众多游客前来观光，这个昔日以打鱼、耕田为主的小村，也依靠景区建设吃起了"旅游饭"。在太湖溇港水利风景区的建设过程中，吴兴区始终以服务乡村振兴为主方向，将环境综合整治、美丽乡村建设、精致景区打造、文旅融合发展融为一体，借力风景区内的"美丽生态""美丽资源"唤醒"美丽经济"。

（5）产业经济成效显著

吴兴太湖溇港水利风景区的建设与运行，对当地而言拉长了产业链、改善了产业结构、增加了经济亮点，直接或间接拉动与促进产业的作用突出、效应明显。景区内建设完成的各类旅游项目，在使游客近距离感受太湖溇港伟大魅力的同时，也带动了当地旅游业的发展，增加了地方财政收入；同时也为当地居民创造了诸多就业机会，有效地提高了当地居民的经济收入水平。

据统计，2017 年和 2018 年景区内农民人均收入分别为 2.99 万元和 3.26 万元；2019 年，吴兴太湖溇港水利风景区接待游客共计 15.8 万人次，农民人均收入达到 4.02 万元。可以看出，景区内农民人均收入呈现出逐年增长的趋势。

4. 文化效益

（1）文化底蕴得以挖掘

为加深大众对溇港文化的认识和了解，积极挖掘历史古迹、民风民俗等文化资源，历时两年编制的《吴兴溇港文化史》一书出版，该书系统阐述了溇港的成因、作用和溇港地区的风俗文化，详尽展示了太湖先民顺应自然、师法自然、改造自然的波澜历程，体现了其科学治水、用水、管水的宏大智慧。

（2）文化保护得以加强

景区联合市、区两级文保部门，对市级文保单位划定了保护范围，并实施抢救性修复，留住了溇港历史底蕴；景区内的义皋古村也被列入中国传统村落名录和浙江省历史文化保护村落名录。

（3）文化展示得以实现

景区内设置了太湖溇港文化展示馆，陈列展览了太湖溇港及圩田系统的自然环境、发展历史、水利功能、区域民风民俗等内容。2019 年 4 月，太湖溇港文化展示馆获第三批全国水情教育基地授牌。由湖州广播电视总台承制的纪录片《溇港》，解密了隐藏于这项古代伟大水利工程之中的自然和人工的密码，展示了一幅充满了传统韵味和当今真实存在的农耕画卷。该片被央视频道《走遍中国》《记住乡愁》等黄金时段栏目播出，有效地提升了太湖溇港知名度。

四　经验启示

（一）先进经验

1. 统筹协调，综合发展的建设管理模式

一是完善管理组织机构。通过组建吴兴太湖溇港水利风景区管理委员会，完善其职能、发挥其作用，研究制定水利风景区建设与管理的有关政策、制度和技术标准；组织高水平专业队伍，高质量谋划太湖溇港水利风景资源的开发利用与保护规划；积极协调各部门、乡村扎实推进水利风景区建设与管理有关工作，避免各自为政的局面。

二是打造综合建设平台。将水利风景区作为重要的建设平台，以平台带动整个面的发展。各成员单位和属地乡镇按照各自职责，坚持部门政策向景区倾斜的导向，在景区范围内先后实施了生态环境整治、美丽乡村建设、小城镇建设、国家级旅游景区创建以及杨溇水产产业园、现代高效渔业生态养殖项目、田园物联网农业项目等建设。政府统筹区级部门及相关镇村的资源要素，统一组织策划、统一宣传推介、统一品牌营销，使水利风景区知名度进一步提升，吸引了一批社会资本对景区投入，带动了当地旅游及经济的发展。

三是协调多方综合出力。以开放的姿态，积极欢迎水利、农林、旅游、建设等各级各部门为景区发展出谋划策，邀请地方人大、政协等组织对景区建设建言献策，将太湖溇港国家水利风景区建设成为向外界展示的窗口，从而为景区提供更多的发展机遇。

2. 政府搭台、多方参与的资金运行模式

一是多部门、多方向争取上级资金。水利风景区建设涉及水利、建设、农业、文旅等多个部门，吴兴区以水利风景区为载体，积极争取各方资金。水利部门通过太湖流域水环境综合治理等重点水利工程，筹措水利资金近40亿元。建设部门充分利用滨湖风光秀美的天然优势，筹措资金1.8亿元，在滨湖大道建成绿廊和花海；结合小城镇试点建设，筹措资金3.6亿元，将景区内幻溇和漾西2个重要集镇打造成精品城镇。旅游部门通过筹措资金，规范设置了各类旅游标识标牌和3A级以上旅游公厕20余座。农林部门结合美丽乡村、精品村及品牌创建，完成了景区道路及绿化建设，景区内24个行政村平均每个村投入3500万元，全部创建成"美丽乡村"。

二是多渠道积极引入社会资本。吴兴太湖溇港水利风景区随着知名度的进一步提升，吸引了一批社会资本对景区投入，同时也带动了当地旅游及经济的发展。杨溇村引入了专业运营乡村旅游的上海逸璞酒店管理有限公司，作为杨溇乡村旅游的运营方，逸璞公司从一开始就介入该村的民宿集群整体规划，并主导产业引入，直营的民宿湖光溇舍成了乡村民宿的网红。国内民宿界的知名品牌"半边山下"租下景区内20多栋闲置农房，打造"太湖人家"风格的乡村民宿，由企业来整体运营民宿集群，更好地与市场接轨，产业越做越活。

三是构建较为完备的投融资体制。充分发挥吴兴太湖溇港水利风景区的优势，利用水利风景区的各项资源，积极营造各类投融资平台，从体制机制上积极引导各类资金不断投入。以政府牵头主导规划，实施各类基础设施建设，加大对景区旅游项目的招商力度，推进一批重点旅游项目建设。义皋古村与宁波中青旅合作，以打造世遗溇港文化实景地为目标，全面推进市场化运营。

3. 保护优先、协调发展的水生态保护模式

一是坚持保护优先、适度开发的原则。水利风景区秉承"绿水青山就是金山银山"和"山水林田湖草沙是生命共同体"的意识以及生态文明的理念，在景区发展的过程中，首先将保护摆在前面，在保护的基础上适度开发，将保护与开发充分融合。目前，湖州市人大正在着手编制"太湖溇港水利遗产保护与利用条例"，将以法律法规的形式进一步规范吴兴太湖溇港水利风景区的建设与管理。

二是建立水资源保护协调机制。通过加强水利、环保、国土、建设、交通、农业、气象等部门间协作配合，有效地解决水安全保障、水生态修复、水污染防治和应急事件处理等问题，并科学整合各项监测职能，实现景区水资源保护与协调所需的基础信息共享。

三是采取强有力的生态环境改善措施。按"美丽乡村建设的样板区、滨湖乡村旅游的先行区"的要求，大力实施纵溇横塘清淤、生态护岸工程，全面提高溇港生态整治标准。通过深入开展水产养殖尾水治理专项行动，全力推进水产养殖环境改善，努力构建产出高效、产品安全的现代渔业产业生态环境体系，为景区农旅发展提供了安全、优美的环境。

4. 文化引领，立足产业推动景区建设的发展模式

一是紧抓水文化核心，积极开展文化建设。水为魂，有水的地方就有灵

气，有水的地方才能产生文明的发展，人类的发展历史也是水文化发展的历史。吴兴太湖溇港水利风景区紧紧抓住溇港文化这个核心，以及延伸出来的古桥、古宅、牌坊、水井、老街、古村落等一系列具有历史经历的古迹，同时将运河文化、稻作文化、丝绸（蚕桑）文化、鱼文化、桥文化、茶文化等融入其中，形成了景区独特而丰厚的历史文化底蕴。

二是积极弘扬溇港文化，带动地方经济发展。水文化保护的最终目的是传承与发展，吴兴太湖溇港水利风景区在做好溇港文化的各项保护工作的基础上，高度重视品牌创建、文化古村落保护、田园综合体建设，积极引入各类文化和旅游产业，把水利风景区建设作为乡村振兴的重要抓手，以大旅游格局推进农旅融合，让水文化进一步产生新的生命力，让保护更加可持续，从而带动地方经济发展。

（二）有益启示

1. 立足高质量定位看溇港景区的建设与发展

文旅融合发展是满足人民群众对高品质生活需要的必然要求，也是实现吴兴高质量发展的重要路径。

一是抢抓"天时"的必然之举。太湖溇港兼具文化和旅游功能，是长三角区域具有较强比较优势的稀缺文旅资源，推动溇港发展既是对政府决策部署的贯彻，也是顺应文化和旅游融合发展的必然要求。

二是占据"地利"的关键之举。景区地处长三角黄金腹地，要抓住长三角地区一体化发展的重要机遇，打响太湖溇港品牌，加强与长三角地区的旅游协同开发，吸引更多旅游项目落户吴兴，让太湖溇港水利风景区成为长三角旅游带的首选目的地。

三是顺应"人和"的迫切之举。时代的发展，拉高了人民群众对高品质生活的需要，做优溇港片区，就是要满足人民群众对美好生活的需要。同时，做大溇港文旅，有助于提升吴兴软实力，增强吴兴对各类人才的吸引力。

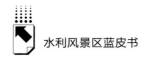

2. 立足多方位保护看溇港景区的建设与发展

保护性开发是当前溇港景区建设与发展的必然路径，离开了"保护"，溇港景区就失去了开发的意义和价值，因此首先要在保护上做足文章。

一是突出抓好生态保护。溇港之美首先在于生态与环境美，因此更加注重生态环境保护是抓好溇港文旅发展最根本的要求和最基础的工作。只有全面打好治水治气治废攻坚战，大力推进景区内环境综合治理，才能为下一步发展奠定良好的生态基础。

二是突出抓好民生保护。景区发展的重要目的之一是惠及周边的居民，不能把群众排除在景区发展之外，更不能使景区发展成为老百姓的负担。只有把惠民生与溇港保护有机结合起来，找准群众富与环境美的平衡点和结合点，才能真正使老百姓在绿水青山的保护中增强获得感。

三是突出抓好文化保护。溇港是吴兴江南水乡的地理印记和文化印记，是溇港文旅发展的精神内涵所在，其中蕴含着千百年来当地劳动人民生产生活方式起源、变迁、发展的全过程，具有十分重要的历史学、民俗学等诸多方面的研究价值。随着城市化进程的不断拓展，溇港文化的保护与传承在面临一定危机的同时也存在机遇。只有抓住机遇保留溇港文化元素，做好溇港文化的传承工作，才能将其融入经济社会的发展并充分体现自身价值。

3. 立足全系统规划看溇港景区的建设与发展

太湖溇港有着深厚的文化底蕴，是湖州作为"鱼米之乡、丝绸之府"的起源地，是湖州作为历史文化名城的突出亮点，更是吴兴文化的重要象征。推动太湖溇港文旅发展，重点就是要有序做好开发的各项规划准备工作。

一是绘好一张蓝图抓规划。从太湖溇港文旅发展的系统性和整体性出发，系统梳理和掌握当前溇港既有的文化元素、发展面临的生态隐患和环境风险，科学绘制出一张文化传承、生态保护与美丽经济协同发展的美好蓝图，并力求规划适度超前。

二是突出一体建设抓规划。深入实施美丽乡村建设，因地制宜、因村制宜、因情制宜优化乡村的空间布局和各项建设，将每一户、每一村打造成为展现溇港风貌的"美丽风景"。与此同时，持续加强景区道路景观、标识标牌、停车泊位建设，加快构建智慧交通体系。

三是讲好一个故事抓规划。借助湖州城市营销的契机，深入挖掘溇港文化的故事性、艺术性、创意性，精心筹备各类民俗庆典活动和文旅特色项目，将景区内的运河文化、历史文化、古宅古村建设成一个个标志性网红打卡点，全力打造太湖南岸风华无尽的溇港文化带，力求整体成为网红景区。

4. 立足跨产业项目看溇港景区的建设与发展

打造溇港各种重大项目是景区发展的持续动力。而旅游既是浙江省的战略产业，又是湖州市的优势产业，也是吴兴区的未来产业。

一要强抓文旅产业。推动溇港景区发展，就必须推动稻文化、鱼文化、丝绸文化等溇港特色文化，与滨湖、溇港、古村、圩田农业等特色景观相融合，深度挖掘溇港文旅融合特色与亮点，培育更多更有活力的溇港文旅融合项目。

二要抢抓新兴产业。抓住新经济新业态发展的契机，以人工智能、虚拟现实、物联网为基础支撑，实施"文化＋""旅游＋"战略，将数字文化内容与溇港文旅发展相结合，推出溇港智慧游、溇港 VR 游、溇港文化产品线上销售等新模式、新业态。

三要快抓重点项目。溇港景区要在环太湖旅游带中脱颖而出，就必须吸引一批旅游业龙头项目，为溇港文旅发展安上"火车头"、装上"强引擎"。

专家点评

2000 多年的历史积淀，不断完善并逐步形成了"横塘纵溇"水系结构，造就了太湖溇港的内涵特色与文化底蕴，使其可与四川都江堰、陕西关中郑国渠媲美。2016 年，太湖溇港水利工程被国际灌排委员会批准入选"世界灌溉工程遗产"名录。而太湖溇港的建设在美化了自然环境的同时，也为水利风景区的发展提供了良好的基础设施条件。依托于世界灌溉工程遗产的特色与优势，2017 年，吴兴太湖溇港水利风景区被水利部批准为国家水利

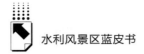

风景区。现今的吴兴太湖溇港水利风景区既解密了隐藏于古代伟大水利工程之中的自然和人工的密码，又展示出一幅充满传统韵味和当今真实存在的农耕画卷，是典型的太湖平原与水利工程共同营造的"天人合一、人水和谐"的自然与文化景观区，且已成为实现湖州水生态文明城市和美丽乡村建设以及滨湖一体化发展的重要支撑。

回顾景区的发展历程我们可以得到以下几点结论：第一，"横塘纵溇"的水系结构融入太湖鱼米文化以及水乡古村落、水乡民俗等人文景观，是吴兴太湖溇港水利风景区经久不衰的基因所在；第二，积极打造"生态水利、民生水利、旅游水利"一体化的"美丽幸福"景区，满足人民群众对美好生活的需要，是吴兴太湖溇港水利风景区高质量发展的目标追求；第三，将水利资源的科学有序开发与文化遗产的保护传承弘扬有机结合，是吴兴太湖溇港水利风景区实现可持续发展的必然途径。

附　　录

Appendices

B.12
国家水利风景区名录

序号	行政隶属	景区名称	批次	流域机构
1	水利部（2）	黄河小浪底水利枢纽水利风景区	3	黄河
2		黄河万家寨水利枢纽水利风景区	3	黄河
3	北京（3）	昌平区十三陵水库水利风景区	1	海河
4		怀柔区青龙峡水利风景区	2	海河
5		门头沟区妙峰山水利风景区	9	海河
6	天津（2）	北辰区北运河水利风景区	3	海河
7		东丽区东丽湖水利风景区	3	海河
8	河北（23）	秦皇岛市桃林口水库水利风景区	2	海河
9		鹿泉市中山湖水利风景区	4	海河
10		秦皇岛市燕塞湖水利风景区	4	海河
11		衡水市衡水湖水利风景区	4	海河
12		平山县沕沕水水利风景区	5	海河
13		武安市京娘湖水利风景区	5	海河
14		迁西县潘家口水利风景区	5	海河
15		邢台县前南峪生态水利风景区	6	海河
16		邢台县凤凰湖水利风景区	6	海河
17		承德市庙宫水库水利风景区	6	海河

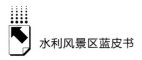

序号	行政隶属	景区名称	批次	流域机构
18		邯郸市东武仕水库水利风景区	6	海河
19		迁安市滦河生态防洪水利风景区	7	海河
20		沽源县闪电河水库水利风景区	9	海河
21		丰宁县黄土梁水库水利风景区	10	海河
22		魏县梨乡水城水利风景区	14	海河
23		临漳邺城公园水利风景区	14	海河
24	河北(23)	衡水滏阳河水利风景区	14	海河
25		滦县滦河水利风景区	15	海河
26		邢台七里河水利风景区	15	海河
27		邢台紫金山水利风景区	16	海河
28		保定易水湖水利风景区	16	海河
29		邯郸广府古城水利风景区	17	海河
30		张家口清水河水利风景区	18	海河
31		太原市汾河二库水利风景区	2	黄河
32		忻州市汾源水利风景区	2	黄河
33		山西永济黄河蒲津渡水利风景区	4	黄河
34		太原市汾河水利风景区	5	黄河
35		阳泉市翠枫山水利风景区	8	海河
36		平顺县太行水乡水利风景区	8	海河
37		晋城市山里泉自然风光水利风景区	8	黄河
38		吕梁市柳林县昌盛水保示范园水利风景区	8	黄河
39		盂县藏山水利风景区	8	海河
40	山西(20)	朔州市桑干河湿地水利风景区	8	海河
41		宁武县暖泉沟水利风景区	12	黄河
42		汾河水库水利风景区	12	黄河
43		沁县北方水城水利风景区	12	海河
44		长子县精卫湖水利风景区	12	海河
45		繁峙县滹源水利风景区	13	海河
46		原平滹沱河水利风景区	14	海河
47		长治漳泽湖水利风景区	14	海河
48		怀仁鹅毛河水利风景区	15	海河
49		运城亳清河水利风景区	18	黄河
50		长治后湾水库水利风景区	18	海河

序号	行政隶属	景区名称	批次	流域机构
51		赤峰市红山湖水利风景区	4	松辽
52		赤峰市宁城县打虎石水利风景区	4	松辽
53		包头市石门水利风景区	4	黄河
54		鄂尔多斯市巴图湾水利风景区	4	黄河
55		巴彦淖尔市黄河三盛公水利风景区	5	黄河
56		兴安盟市察尔森水库水利风景区	5	松辽
57		赤峰市南山水土保持示范园水利风景区	6	松辽
58		赤峰市达理诺尔水利风景区	6	黄河
59		鄂尔多斯市杭锦旗七星湖沙漠水利风景区	6	黄河
60		赤峰市喀喇沁旗锦山水上公园水利风景区	6	松辽
61		呼和浩特市和林县前夭子水库水利风景区	7	黄河
62		兴安盟科右中旗翰嘎利水库水利风景区	7	松辽
63		鄂尔多斯市沙漠大峡谷水利风景区	7	黄河
64		赤峰市阿鲁科尔沁旗达哈拉湖水利风景区	8	松辽
65	内蒙古	赤峰市巴林左旗沙那水库水利风景区	8	松辽
66	（30）	呼和浩特市敕勒川（哈素海）水利风景区	8	黄河
67		锡林郭勒盟多伦县西山湾水利风景区	8	海河
68		巴彦淖尔市二黄河水利风景区	9	黄河
69		牙克石市凤凰湖水利风景区	9	松辽
70		呼和浩特市白石水利风景区	10	黄河
71		鄂尔多斯市砒砂岩水利风景区	11	黄河
72		额济纳旗东居延海水利风景区	11	黄河
73		巴彦淖尔德岭山水库水利风景区	14	黄河
74		赤峰德日苏宝冷水库水利风景区	14	松辽
75		乌海市乌海湖水利风景区	16	黄河
76		巴彦淖尔狼山水库水利风景区	15	黄河
77		包头南海湿地水利风景区	17	黄河
78		鄂尔多斯马颧沟神龙寺水利风景区	17	黄河
79		乌兰浩特洮儿河水利风景区	18	松辽
80		巴彦淖尔乌加河水利风景区	18	黄河

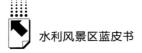
序号	行政隶属	景区名称	批次	流域机构
81	辽宁(12)	本溪县关门山水利风景区	2	松辽
82		抚顺市大伙房水库水利风景区	2	松辽
83		大连市碧流河水利风景区	4	松辽
84		朝阳市大凌河水利风景区	5	松辽
85		沈阳市汤河水库水利风景区	5	松辽
86		抚顺县关山湖水利风景区	5	松辽
87		沈阳市浑河水利风景区	8	松辽
88		沈阳市蒲河水利风景区	12	松辽
89		喀左龙源湖水利风景区	16	松辽
90		铁岭凡河水利风景区	16	松辽
91		抚顺浑河城区水利风景区	18	松辽
92		兴隆台辽河鼎翔水利风景区	18	松辽
93	吉林(30)	长春市新立湖水利风景区	2	松辽
94		集安市鸭绿江水利风景区	2	松辽
95		磐石市黄河水库水利风景区	3	松辽
96		长春市石头口门水库水利风景区	3	松辽
97		通化市桃园湖水利风景区	4	松辽
98		舒兰市亮甲山水利风景区	4	松辽
99		长春市净月潭水库水利风景区	5	松辽
100		东辽县白泉镇聚龙潭水库水利风景区	5	松辽
101		松原市查干湖水利风景区	6	松辽
102		梅河口市磨盘湖水利风景区	7	松辽
103		延吉市布尔哈通河水利风景区	8	松辽
104		长白县十五道沟水利风景区	8	松辽
105		松原市龙坑水利风景区	9	松辽
106		吉林市松花江清水绿带水利风景区	9	松辽
107		白城市嫩水韵白水利风景区	11	松辽
108		四平市二龙湖水利风景区	11	松辽
109		沙河水库水利风景区	12	松辽
110		长岭县龙凤湖水利风景区	12	松辽
111		东辽县鴜鹭湖水利风景区	13	松辽
112		松原市哈达山水利风景区	13	松辽
113		和龙市龙门湖水利风景区	13	松辽
114		和龙图们江流域红旗河水利风景	14	松辽
115		松原沿江水利风景区	15	松辽
116		白城嫩江湾水利风景区	16	松辽
117		大安牛心套保水利风景区	16	松辽
118		永吉星星哨水利风景区	17	松辽
119		通榆向海水利风景区	17	松辽
120		临江鸭绿江水利风景区	17	松辽
121		吉林新安水库水利风景区	18	松辽
122		长春双阳湖水利风景区	18	松辽

序号	行政隶属	景区名称	批次	流域机构
123		安达市红旗泡水库红湖水利风景区	1	松辽
124		五常市龙凤山水利风景区	3	松辽
125		五大连池市山口湖水利风景区	5	松辽
126		甘南县音河水库水利风景区	6	松辽
127		齐齐哈尔市劳动湖水利风景区	6	松辽
128		佳木斯市柳树岛水利风景区	6	松辽
129		鹤岗市鹤立湖水利风景区	7	松辽
130		密山市农垦兴凯湖第二泄洪闸水利风景区	7	松辽
131		齐齐哈尔市尼尔基水利风景区	7	松辽
132		哈尔滨市太阳岛水利风景区	8	松辽
133		密山市当壁镇兴凯湖水利风景区	8	松辽
134		哈尔滨市白鱼泡水利风景区	9	松辽
135		黑河市法别拉水利风景区	9	松辽
136		密山市青年水库水利风景区	9	松辽
137		孙吴县二门山水库水利风景区	9	松辽
138	黑龙江（32）	伊春市红星湿地水利风景区	10	松辽
139		伊春市上甘岭水利风景区	10	松辽
140		伊春市卧龙湖水利风景区	10	松辽
141		伊春市乌伊岭水利风景区	10	松辽
142		伊春市新青湿地水利风景区	10	松辽
143		伊春市伊春河水利风景区	10	松辽
144		哈尔滨市西泉眼水利风景区	10	松辽
145		哈尔滨市呼兰富强水利风景区	11	松辽
146		哈尔滨市金河湾水利风景区	13	松辽
147		大庆市黑鱼湖水利风景区	13	松辽
148		鹤岗市清源湖水利风景区	13	松辽
149		兰西县河口水利风景区	13	松辽
150		伊春市滨水新区水利风景区	13	松辽
151		伊春回龙湾水利风景区	15	松辽
152		泰来泰湖水利风景区	15	松辽
153		哈尔滨长寿湖水利风景区	17	松辽
154		呼兰河口水利风景区	17	松辽

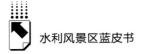

续表

序号	行政隶属	景区名称	批次	流域机构
155	上海（4）	松江区松江生态水利风景区	3	太湖
156		青浦区淀山湖水利风景区	6	太湖
157		海湾区碧海金沙水利风景区	7	太湖
158		浦东新区滴水湖水利风景区	9	太湖
159	江苏（63）	溧阳市天目湖旅游度假水利风景区	1	长江
160		江都区水利枢纽水利风景区	1	淮河
161		徐州市云龙湖水利风景区	2	淮河
162		扬州市瓜洲古渡水利风景区	2	长江
163		淮安市三河闸水利风景区	3	淮河
164		泰州市引江河水利风景区	3	长江
165		苏州市胥口水利风景区	4	太湖
166		淮安市水利枢纽水利风景区	4	淮河
167		淮安市古运河水利风景区	5	淮河
168		盐城市通榆河枢纽水利风景区	5	淮河
169		姜堰区溱湖水利风景区	5	淮河
170		南京市金牛湖水利风景区	6	长江
171		宜兴市横山水库水利风景区	6	长江
172		无锡市梅梁湖水利风景区	7	太湖
173		泰州市凤凰河水利风景区	7	淮河
174		南京市外秦淮河水利风景区	8	长江
175		宿迁市中运河水利风景区	8	淮河
176		徐州市故黄河水利风景区	9	淮河
177		太仓市金仓湖水利风景区	9	太湖
178		南京市珍珠泉水利风景区	9	长江
179		南京市天生桥河水利风景区	9	长江
180		邳州市艾山九龙水利风景区	10	淮河
181		赣榆区小塔山水库水利风景区	10	淮河
182		淮安市樱花园水利风景区	11	淮河
183		如皋市龙游水利风景区	11	长江
184		吴江区太湖浦江源水利风景区	11	太湖
185		无锡市长广溪湿地水利风景区	12	太湖
186		连云港市花果山大圣湖水利风景区	12	淮河
187		宝应县宝应湖湿地水利风景区	12	淮河
188		盐城市大纵湖水利风景区	12	淮河
189		泗阳县泗水河水利风景区	12	淮河

续表

序号	行政隶属	景区名称	批次	流域机构
190		盱眙县天泉湖水利风景区	12	淮河
191		淮安市清晏园水利风景区	12	淮河
192		淮安市古淮河水利风景区	12	淮河
193		苏州市旺山水利风景区	13	太湖
194		张家港市环城河水利风景区	13	长江
195		扬州市凤凰岛水利风景区	13	淮河
196		徐州潘安湖水利风景区	13	淮河
197		徐州市金龙湖水利风景区	13	淮河
198		连云港市海陵湖水利风景区	13	淮河
199		金坛愚池湾水利风景区	14	长江
200		昆山明镜荡水利风景区	14	太湖
201		镇江金山湖水利风景区	14	长江
202		无锡新区梁鸿水利风景区	14	太湖
203		宿迁宿城古黄河水利风景区	14	淮河
204		溧阳南山竹海水利风景区	14	长江
205	江苏（63）	阜宁金沙湖水利风景区	15	淮河
206		宿迁六塘河水利风景区	15	淮河
207		徐州丁万河水利风景区	15	淮河
208		江阴芙蓉湖水利风景区	15	长江
209		金湖荷花荡水利风景区	15	淮河
210		扬州古运河水利风景区	16	淮河
211		南京玄武湖水利风景区	16	长江
212		句容赤山湖水利风景区	16	长江
213		宜兴竹海水利风景区	16	长江
214		常州雁荡河水利风景区	16	长江
215		骆马湖嶂山水利风景区	16	淮河
216		泰州凤城河水利风景区	17	长江
217		宜兴华东百畅水利风景区	17	长江
218		涟水五岛湖水利风景区	17	淮河
219		常州青龙潭水利风景区	18	长江
220		泰州千垛水利风景区	18	淮河
221		徐州大沙河水利风景区	18	淮河

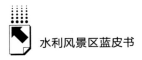

序号	行政隶属	景区名称	批次	流域机构
222		宁波市宁海县天河生态水利风景区	1	太湖
223		海宁市钱江潮韵度假村水利风景区	1	太湖
224		宁波市奉化区亭下湖水利风景区	1	太湖
225		湖州市太湖水利风景区	2	长江
226		湖州市安吉县天赋水利风景区	2	长江
227		慈溪市杭州湾水利风景区	2	太湖
228		江山市峡里湖水利风景区	3	太湖
229		新昌县沃洲湖水利风景区	3	太湖
230		绍兴市环城河水利风景区	3	太湖
231		江山市月亮湖水利风景区	4	太湖
232		余姚市姚江水利风景区	5	太湖
233		台州市天台山龙穿峡水利风景区	5	太湖
234		绍兴市浙东古运河绍兴运河园水利风景区	7	太湖
235		安吉县江南天池水利风景区	7	长江
236		绍兴市上虞区曹娥江城防水利风景区	8	太湖
237		台州市玉环市玉环水利风景区	8	太湖
238		丽水市南明湖及生态河川水利风景区	9	太湖
239	浙江(36)	安吉县老石坎水库水利风景区	9	长江
240		绍兴市曹娥江大闸水利风景区	10	太湖
241		天台县琼台仙谷水利风景区	10	太湖
242		衢州市乌溪江水利风景区	10	太湖
243		富阳区富春江水利风景区	10	太湖
244		衢州市信安湖水利风景区	11	太湖
245		遂昌县十八里翠水利风景区	12	太湖
246		桐庐县富春江水利风景区	13	太湖
247		松阳县松阴溪水利风景区	13	太湖
248		景宁畲族自治县畲乡绿廊水利风景区	15	太湖
249		宁波东钱湖水利风景区	16	太湖
250		乐清中雁荡山水利风景区	16	太湖
251		永嘉黄檀溪水利风景区	16	太湖
252		湖州吴兴太湖溇港水利风景区	17	太湖
253		云和梯田水利风景区	17	太湖
254		金华浦阳江水利风景区	17	太湖
255		金华浙中大峡谷水利风景区	18	太湖
256		衢州马金溪水利风景区	18	太湖
257		嘉兴海盐鱼鳞海塘水利风景区	18	太湖

序号	行政隶属	景区名称	批次	流域机构
258		六安市龙河口（万佛湖）水利风景区	1	长江
259		黄山市太平湖水利风景区	1	长江
260		六安市佛子岭水库水利风景区	3	淮河
261		蚌埠市龙子湖水利风景区	3	淮河
262		金寨县梅山水库水利风景区	4	淮河
263		六安市响洪甸水库水利风景区	4	淮河
264		太湖县花亭湖水利风景区	4	长江
265		蚌埠市淮河蚌埠闸枢纽水利风景区	4	淮河
266		宁国市青龙湾水利风景区	4	长江
267		六安市横排头水利风景区	5	淮河
268		霍邱县水门塘水利风景区	6	淮河
269		宣城市广德县卢湖竹海景区	7	长江
270		泾县桃花潭水利风景区	8	长江
271		黄山市歙县霸王山摇铃秀水水利风景区	9	长江
272		凤台县茨淮新河水利风景区	9	淮河
273		霍邱县临淮岗工程水利风景区	9	淮河
274		亳州市白鹭洲水利风景区	9	淮河
275		阜南县王家坝水利风景区	10	淮河
276		淮南市焦岗湖水利风景区	10	淮河
277		郎溪县石佛山天子湖水利风景区	10	长江
278		黄山市石门水利风景区	10	长江
279		芜湖市滨江水利风景区	11	长江
280	安徽（43）	六安市淠河水利风景区	11	淮河
281		岳西县天峡水利风景区	12	长江
282		来安县白鹭岛水利风景区	12	长江
283		全椒襄河水利风景区	14	长江
284		岳西大别山彩虹瀑布水利风景区	14	淮河
285		颍上八里河水利风景区	14	淮河
286		肥东岱山湖水利风景区	14	长江
287		合肥滨湖水利风景区	15	长江
288		六安悠然蓝溪水利风景区	15	淮河
289		休宁横江水利风景区	15	长江
290		池州九华天池水利风景区	15	长江
291		望江古雷池水利风景区	15	长江
292		黟县宏村·奇墅湖水利风景区	16	长江
293		宿州新汴河水利风景区	16	淮河
294		芜湖陶辛水韵水利风景区	16	长江
295		池州杏花村水利风景区	16	长江
296		金寨燕子河大峡谷水利风景区	16	淮河
297		肥西三河水利风景区	17	长江
298		南陵大浦水利风景区	17	长江
299		祁门牯牛降水利风景区	17	长江
300		铜陵天井湖水利风景区	18	长江

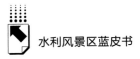
续表

序号	行政隶属	景区名称	批次	流域机构
301		福清市东张水库石竹湖水利风景区	1	太湖
302		仙游县九鲤湖水利风景区	2	太湖
303		南平市延平湖水利风景区	5	太湖
304		永安市桃源洞水利风景区	6	太湖
305		永泰县天门山水利风景区	6	太湖
306		德化县岱仙湖水利风景区	8	太湖
307		尤溪县闽湖水利风景区	9	太湖
308		龙岩市梅花湖水利风景区	9	太湖
309		华安县九龙江水利风景区	11	太湖
310		永定区龙湖水利风景区	11	珠江
311		漳平市九鹏溪水利风景区	12	太湖
312		泉州市山美水库水利风景区	13	太湖
313		漳州开发区南太武新港城水利风景区	13	太湖
314		莆田市木兰陂水利风景区	13	太湖
315		三明市泰宁水利风景区	13	太湖
316		顺昌县华阳山水利风景区	13	太湖
317		武夷山市东湖水利风景区	13	太湖
318	福建（37）	南靖土楼水乡水利风景区	14	太湖
319		邵武云灵山水利风景区	14	太湖
320		宁德东湖水利风景区	14	太湖
321		泉州金鸡拦河闸水利风景区	14	太湖
322		连城冠豸山水利风景区	15	太湖
323		永春桃溪水利风景区	15	太湖
324		邵武天成奇峡水利风景区	15	太湖
325		厦门天竺山水利风景区	15	太湖
326		柘荣青岚湖水利风景区	15	太湖
327		漳平台湾农民创业园水利风景区	15	太湖
328		莆田九龙谷水利风景区	16	太湖
329		武平梁野山云礤溪水利风景区	16	珠江
330		宁德洋中水利风景区	16	太湖
331		永春晋江源水利风景区	16	太湖
332		长汀水土保持科教园水利风景区	17	珠江
333		宁德水韵九都水利风景区	17	太湖
334		霞浦杨家溪水利风景区	17	太湖
335		寿宁西浦水利风景区	18	太湖
336		宁德霍童水利风景区	18	太湖
337		泉州龙门湖水利风景区	18	太湖

序号	行政隶属	景区名称	批次	流域机构
338		宜春市上游湖水利风景区	3	长江
339		景德镇市玉田湖水利风景区	3	长江
340		贵溪市白鹤湖水利风景区	4	长江
341		井冈山市井冈湖水利风景区	4	长江
342		南丰县潭湖水利风景区	4	长江
343		乐平市翠平湖水利风景区	4	长江
344		南城县麻源三谷水利风景区	4	长江
345		泰和县白鹭湖水利风景区	4	长江
346		宜春市飞剑潭水利风景区	4	长江
347		上饶市枫泽湖水利风景区	5	长江
348		赣州市三江水利风景区	5	长江
349		铜鼓县九龙湖水利风景区	6	长江
350		安福县武功湖水利风景区	6	长江
351		景德镇市月亮湖水利风景区	7	长江
352		九江市都昌县张岭水库水利风景区	9	长江
353		萍乡市明月湖水利风景区	9	长江
354		会昌县汉仙湖水利风景区	10	长江
355		南昌市赣抚平原灌区水利风景区	10	长江
356		庐山市庐湖水利风景区	10	长江
357		宜丰县渊明湖水利风景区	11	长江
358		新建区梦山水库水利风景区	11	长江
359		新建区溪霞水库水利风景区	11	长江
360	江西（44）	武宁县武陵岩桃源水利风景区	12	长江
361		九江市庐山西海水利风景区	13	长江
362		万年县群英水库水利风景区	13	长江
363		玉山县三清湖水利风景区	13	长江
364		广丰区铜钹山九仙湖水利风景区	13	长江
365		弋阳龟峰湖水利风景区	14	长江
366		德兴凤凰湖水利风景区	14	长江
367		宁都赣江源水利风景区	14	长江
368		新干黄泥埠水库水利风景区	14	长江
369		吉安螺滩水利风景区	14	长江
370		武宁西海湾水利风景区	15	长江
371		德安江西水保生态科技园水利风景区	15	长江
372		瑞金陈石湖水利风景区	15	长江
373		南城醉仙湖水利风景区	15	长江
374		吉安青原禅溪水利风景区	16	长江
375		弋阳龙门湖水利风景区	16	长江
376		石城琴江水利风景区	17	长江
377		崇义客家梯田水利风景区	17	长江
378		德兴大茅山双溪湖水利风景区	17	长江
379		宜春恒晖水利风景区	18	长江
380		抚州大觉山水利风景区	18	长江
381		吉安峡江水利枢纽水利风景区	18	长江

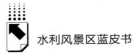
续表

序号	行政隶属	景区名称	批次	流域机构
382		临沂市沂蒙湖水利风景区	1	淮河
383		东营市天鹅湖水利风景区	2	黄河
384		聊城市江北水城风景区	3	海河
385		济南百里黄河水利风景区	3	黄河
386		德州市漳卫南运河水利风景区	4	海河
387		诸城市潍河水利风景区	5	淮河
388		泰安市天平湖水上公园水利风景区	5	黄河
389		昌乐县仙月湖风光水利风景区	5	淮河
390		东营市清风湖水利风景区	5	黄河
391		安丘市汶河水利风景区	6	淮河
392		寿光市弥河水利风景区	6	淮河
393		滨州市中海水利风景区	6	海河
394		广饶县孙武湖水利风景区	7	淮河
395		东阿县洛神湖水利风景区	7	海河
396		胶州市三里河公园水利风景区	7	淮河
397	山东(105)	淄博市峨庄水土保持生态水利风景区	7	淮河
398		枣庄市抱犊崮龟蛇湖水利风景区	7	淮河
399		海阳市东村河水利风景区	7	淮河
400		莱西市莱西湖水利风景区	7	淮河
401		山东淄博黄河水利风景区	7	黄河
402		潍坊市峡山湖水利风景区	8	淮河
403		昌邑市潍河水利风景区	8	淮河
404		滕州市微山湖湿地红荷水利风景区	8	淮河
405		桓台县马踏湖水利风景区	8	淮河
406		高唐县鱼丘湖水利风景区	8	海河
407		枣庄市岩马湖水利风景区	8	淮河
408		肥城市康王河公园水利风景区	8	黄河
409		潍坊市白浪河水利风景区	9	淮河
410		枣庄市台儿庄运河水利风景区	9	淮河
411		淄博市太公湖水利风景区	9	淮河
412		沾化区秦口河水利风景区	9	海河
413		临朐县淌水崖水库水利风景区	9	淮河
414		高青县千乘湖水利风景区	9	淮河
415		高密市胶河水利风景区	9	淮河

序号	行政隶属	景区名称	批次	流域机构
416		新泰市青云湖水利风景区	9	黄河
417		山东滨州黄河水利风景区	9	黄河
418		潍坊市浯河水利风景区	10	淮河
419		文登区抱龙河水利风景区	10	淮河
420		胶州市少海水利风景区	10	淮河
421		莱芜市雪野湖水利风景区	10	淮河
422		泰安市天颐湖水利风景区	10	黄河
423		东平县东平湖水利风景区	10	黄河
424		菏泽市赵王河水利风景区	10	淮河
425		滨州市三河湖水利风景区	10	海河
426		莒南县天马岛水利风景区	10	淮河
427		滨州市小开河灌区水利风景区	10	海河
428		沂源县沂河源水利风景区	10	淮河
429		东阿黄河水利风景区	10	黄河
430		德州黄河水利风景区	10	黄河
431		垦利区黄河口水利风景区	10	黄河
432	山东（105）	淄博市五阳湖水利风景区	11	淮河
433		青州市仁河水库水利风景区	11	淮河
434		临朐县沂山东镇湖水利风景区	11	淮河
435		莱阳市五龙河水利风景区	11	淮河
436		乳山市岠嵎湖水利风景区	11	淮河
437		沂南县竹泉水利风景区	11	淮河
438		单县浮龙湖水利风景区	11	淮河
439		惠民县古城河水利风景区	11	海河
440		无棣县黄河岛水利风景区	11	海河
441		山东邹平黄河水利风景区	11	黄河
442		山东菏泽黄河水利风景区	11	黄河
443		龙口市王屋水库水利风景区	12	淮河
444		栖霞市长春湖水利风景区	12	淮河
445		泗水县万紫千红水利风景区	12	淮河
446		乳山市大乳山水利风景区	12	淮河
447		邹平县黛溪河水利风景区	12	淮河
448		利津县黄河生态水利风景区	12	黄河
449		招远市金都龙王湖水利风景区	13	淮河

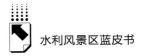

序号	行政隶属	景区名称	批次	流域机构
450		沾化区徒骇河思源湖水利风景区	13	海河
451		夏津县黄河故道水利风景区	13	海河
452		博兴县打渔张引黄灌区水利风景区	13	黄河
453		章丘区绣源河水利风景区	13	淮河
454		济南市长清湖水利风景区	13	淮河
455		微山县微山湖水利风景区	13	淮河
456		枣庄市城河水利风景区	13	淮河
457		沂河刘家道口枢纽水利风景区	13	淮河
458		曲阜沂河水利风景区	14	淮河
459		济宁蓼河水利风景区	14	淮河
460		青州弥河水利风景区	14	淮河
461		单县东沟河绿色生态长廊水利风景区	14	淮河
462		茌平金牛湖水利风景区	14	海河
463		滨州秦皇河水利风景区	14	海河
464		寿光巨淀湖水利风景区	14	淮河
465		烟台芝罘大沽夹河水利风景区	14	淮河
466		禹城大禹文化水利风景区	14	海河
467		巨野洙水河水利风景区	14	淮河
468	山东(105)	烟台牟平沁水河水利风景区	14	淮河
469		滨州韩墩引黄灌区水利风景区	14	黄河
470		临朐弥河水利风景区	15	淮河
471		邹平樱花山水利风景区	15	淮河
472		金乡金水湖水利风景区	15	淮河
473		聊城莲湖水利风景区	15	海河
474		泰安徂徕山汶河水利风景区	15	黄河
475		夏津九龙口湿地水利风景区	15	海河
476		任城南池水利风景区	15	淮河
477		肥城龙山河水利风景区	15	黄河
478		菏泽成武文亭湖水利风景区	15	淮河
479		莒南鸡龙河水利风景区	16	淮河
480		金乡羊山湖水利风景区	16	淮河
481		禹城徒骇河水利风景区	16	海河
482		莒县沭河水利风景区	17	淮河
483		青州阳河水利风景区	17	淮河
484		沂水县沂河水利风景区	17	淮河
485		德州大清河水利风景区	18	黄河
486		临沂沂沭河水利风景区	18	淮河

序号	行政隶属	景区名称	批次	流域机构
487		信阳市南湾湖水利风景区	1	淮河
488		驻马店市薄山湖水利风景区	1	淮河
489		舞钢市石漫滩水库水利风景区	1	淮河
490		修武县云台山水利风景区	2	海河
491		平顶山市昭平湖水利风景区	2	淮河
492		焦作市群英湖水利风景区	2	海河
493		黄河三门峡大坝水利风景区	2	黄河
494		河南黄河花园口水利风景区	2	黄河
495		焦作市博爱青天河水利风景区	3	黄河
496		灵宝市窄口水库水利风景区	3	黄河
497		林州市红旗渠水利风景区	4	海河
498		驻马店市铜山湖水利风景区	4	长江
499		信阳市香山湖水利风景区	4	淮河
500		商城县鲇鱼山水库水利风景区	4	淮河
501		开封黄河柳园口水利风景区	4	黄河
502		西峡县石门湖水利风景区	5	长江
503		光山县龙山水库水利风景区	5	淮河
504	河南(54)	许昌市白沙水库水利风景区	5	淮河
505		濮阳黄河水利风景区	5	黄河
506		方城县望花湖水利风景区	6	长江
507		安阳市彰武南海水库水利风景区	6	海河
508		范县黄河水利风景区	6	黄河
509		卫辉市沧河水利风景区	7	海河
510		驻马店市宿鸭湖水利风景区	7	淮河
511		信阳市光山县泼河水利风景区	7	淮河
512		河南台前县将军渡黄河风景区	7	黄河
513		洛阳市陆浑湖水利风景区	8	黄河
514		河南孟州黄河开仪水利风景区	8	黄河
515		漯河市沙澧河水利风景区	9	淮河
516		南阳市龙王沟水利风景区	9	长江
517		信阳市北湖水利风景区	9	淮河
518		商丘市黄河故道湿地水利风景区	10	淮河
519		南阳市鸭河口水库水利风景区	10	长江
520		郑州市黄河生态水利风景区	11	黄河
521		柘城县容湖水利风景区	11	淮河

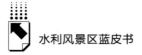

续表

序号	行政隶属	景区名称	批次	流域机构
522		河南故县洛宁西子湖水利风景区	11	淮河
523		商丘市商丘古城水利风景区	12	淮河
524		驻马店市板桥水库水利风景区	12	淮河
525		禹州市颍河水利风景区	13	淮河
526		武陟嘉应观黄河水利风景区	14	黄河
527		永城沱河日月湖水利风景区	14	淮河
528		淮阳龙湖水利风景区	14	淮河
529		民权黄河故道水利风景区	14	淮河
530		洛阳孟津黄河水利风景区	14	黄河
531	河南(54)	睢县北湖生态水利风景区	15	淮河
532		许昌曹魏故都水利风景区	16	淮河
533		虞城响河水利风景区	16	淮河
534		荥阳古柏渡南水北调穿黄水利风景区	17	黄河
535		林州太行平湖水利风景区	17	海河
536		南乐西湖生态水利风景区	17	海河
537		长垣黄河水利风景区	17	黄河
538		济源沁龙峡水利风景区	18	黄河
539		许昌鹤鸣湖水利风景区	18	淮河
540		郑州龙湖水利风景区	18	淮河
541		荆门市漳河水利风景区	2	长江
542		恩施市龙麟宫水利风景区	3	长江
543		京山县惠亭湖水利风景区	4	长江
544		襄阳市三道河水镜湖水利风景区	5	长江
545		钟祥市温峡湖水利风景区	6	长江
546		丹江口市松涛水利风景区	6	长江
547		荆州市沧水水利风景区	7	长江
548	湖北(28)	武汉市夏家寺水利风景区	7	长江
549		武汉市江滩水利风景区	8	长江
550		孝昌县观音湖水利风景区	9	长江
551		罗田县天堂湖水利风景区	9	长江
552		英山县毕升湖水利风景区	10	长江
553		通山县富水水利风景区	11	长江
554		长阳土家族自治县清江水利风景区	12	长江
555		丹江口大坝水利风景区	13	长江
556		麻城浮桥河水利风景区	14	长江

序号	行政隶属	景区名称	批次	流域机构
557	湖北（28）	郧西天河水利风景区	15	长江
558		荆州北闸水利风景区	15	长江
559		黄冈白莲河水利风景区	16	长江
560		宜昌百里荒水利风景区	16	长江
561		麻城明山水利风景区	16	长江
562		武汉金银湖水利风景区	17	长江
563		蕲春大同水库水利风景区	17	长江
564		武穴梅川水库水利风景区	17	长江
565		陆水水库水利风景区	17	长江
566		潜江田关岛水利风景区	18	长江
567		宜昌高岚河水利风景区	18	长江
568		十堰太和梅花谷水利风景区	18	长江
569	湖南（42）	张家界市溇江水利风景区	2	长江
570		娄底市水府水利风景区	2	长江
571		怀化市九龙潭大峡谷水利风景区	3	珠江
572		衡阳市衡东洣水水利风景区	4	长江
573		长沙市湘江水利风景区	4	长江
574		攸县酒埠江水利风景区	4	长江
575		益阳市鱼形山水利风景区	5	长江
576		永兴县便江水利风景区	5	长江
577		长沙市千龙湖水利风景区	5	长江
578		湘西土家族苗族自治州大龙洞水利风景区	6	长江
579		双牌县阳明山水利风景区	6	长江
580		怀化市五龙溪水利风景区	7	长江
581		长沙市皂市水利风景区	8	长江
582		衡山县九观湖水利风景区	8	长江
583		凤凰县长潭岗水利风景区	8	长江
584		衡阳县织女湖水利风景区	8	长江
585		长沙市宁乡县黄材水库水利风景区	9	长江
586		新化县紫鹊界水利风景区	9	长江
587		韶山市青年水库水利风景区	9	长江
588		衡阳县斜陂堰水库水利风景区	9	长江
589		花垣县花垣边城水利风景区	10	长江
590		耒阳市蔡伦竹海水利风景区	11	长江
591		澧县王家厂水利风景区	12	长江

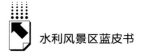

续表

序号	行政隶属	景区名称	批次	流域机构
592		辰溪县燕子洞水利风景区	12	长江
593		常德市柳叶湖水利风景区	13	长江
594		益阳市皇家湖水利风景区	13	长江
595		江华瑶族自治县潇湘源水利风景区	13	长江
596		湘潭韶山灌区水利风景区	14	长江
597		汉寿清水湖水利风景区	14	长江
598		资兴东江湖水利风景区	15	长江
599		江永千家峒水利风景区	15	长江
600		永兴青山垅-龙潭水利风景区	15	长江
601	湖南(42)	蓝山湘江源水利风景区	15	长江
602		望城半岛水利风景区	16	长江
603		汝城热水河水利风景区	16	长江
604		郴州四清湖水利风景区	16	长江
605		涟源杨家滩水利风景区	16	长江
606		芷江侗族自治县和平湖水利风景区	17	长江
607		长沙洋湖湿地水利风景区	17	长江
608		祁阳浯溪水利风景区	17	长江
609		株洲湘江风光带水利风景区	18	长江
610		永州金洞白水河水利风景区	18	长江
611		清远市飞来峡水利枢纽水利风景区	1	珠江
612		茂名市玉湖水利风景区	4	珠江
613		茂名市小良水土保持水利风景区	4	珠江
614		惠州市白盆湖水利风景区	5	珠江
615		梅州市洞天湖水利风景区	7	珠江
616		五华县益塘水库水利风景区	9	珠江
617	广东(14)	连州市湟川三峡水利风景区	10	珠江
618		增城区增江画廊水利风景区	11	珠江
619		仁化县丹霞源水利风景区	13	珠江
620		珠海竹洲水乡水利风景区	14	珠江
621		广州白云湖水利风景区	15	珠江
622		湛江鹤地银湖水利风景区	16	珠江
623		广州花都湖水利风景区	16	珠江
624		佛山乐从水利风景区	18	珠江

续表

序号	行政隶属	景区名称	批次	流域机构
625		百色市澄碧河水利风景区	2	珠江
626		北海市洪潮江水利风景区	2	珠江
627		南宁市大王滩水利风景区	2	珠江
628		南宁市天雹水库水利风景区	4	珠江
629		德保县鉴河水利风景区	11	珠江
630		鹿寨县月岛湖水利风景区	12	珠江
631	广西(13)	南丹县地下大峡谷水利风景区	13	珠江
632		柳城县融江河谷水利风景区	13	珠江
633		象州县象江水利风景区	13	珠江
634		靖西龙潭鹅泉水利风景区	14	珠江
635		都安澄江水利风景区	16	珠江
636		桂林灵渠水利风景区	17	珠江
637		隆林万峰湖水利风景区	17	珠江
638		儋州市松涛水库水利风景区	2	珠江
639		定安县南丽湖水利风景区	6	珠江
640	海南(5)	琼海合水水库水利风景区	14	珠江
641		保亭毛真水库水利风景区	16	珠江
642		海口美舍河水利风景区	17	珠江
643		大足区龙水湖水利风景区	4	长江
644		江津区清溪沟水利风景区	9	长江
645		璧山区大沟水库水利风景区	9	长江
646		合川区双龙湖水利风景区	9	长江
647		黔江区小南海水利风景区	9	长江
648		武隆区山虎关水库水利风景区	9	长江
649		潼南区从刊水库水利风景区	10	长江
650	重庆(15)	石柱县龙河水利风景区	10	长江
651		南岸区南滨路水利风景区	11	长江
652		永川区勤俭水库水利风景区	12	长江
653		开州区汉丰湖水利风景区	12	长江
654		璧山璧南河水利风景区	14	长江
655		武隆阳水河水利风景区	15	长江
656		荣昌荣峰河水利风景区	16	长江
657		丰都龙河谷水利风景区	17	长江

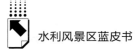
序号	行政隶属	景区名称	批次	流域机构
658		绵阳市仙海水利风景区	2	长江
659		三台县鲁班湖水利风景区	5	长江
660		绵阳市安县白水湖水利风景区	5	长江
661		自贡市双溪湖水利风景区	5	长江
662		自贡市尖山水利风景区	6	长江
663		盐源县凉山州泸沽湖水利风景区	6	长江
664		巴中市平昌县江口水乡水利风景区	8	长江
665		蓬安县大深南海水利风景区	11	长江
666		都江堰水利风景区	13	长江
667		汶川县水墨藏寨水利风景区	13	长江
668		绵阳市涪江六峡水利风景区	13	长江
669		眉山市黑龙滩水利风景区	13	长江
670		隆昌市古宇庙水库水利风景区	13	长江
671		南充市升钟湖水利风景区	13	长江
672		苍溪县白鹭湖水利风景区	13	长江
673		西充县青龙湖水利风景区	13	长江
674		遂宁市琼江源水利风景区	13	长江
675		乐山大渡河金口大峡谷水利风景区	14	长江
676		峨边大小杜鹃池水利风景区	14	长江
677		犍为桫椤湖水利风景区	14	长江
678	四川(42)	蓬安嘉陵第一桑梓水利风景区	14	长江
679		阆中金沙湖水利风景区	14	长江
680		青川青竹江水利风景区	14	长江
681		武胜太极湖水利风景区	14	长江
682		金口河大瓦山五池水利风景区	14	长江
683		大竹百岛湖水利风景区	15	长江
684		开江宝石桥水库水利风景区	15	长江
685		雅安飞仙湖水利风景区	15	长江
686		内江黄鹤湖水利风景区	15	长江
687		巴中化湖水利风景区	15	长江
688		广安白云湖水利风景区	15	长江
689		西昌邛海水利风景区	16	长江
690		泸州张坝河水利风景区	16	长江
691		壤塘则曲河水利风景区	16	长江
692		南部红岩子湖水利风景区	16	长江
693		广安华蓥山天池湖水利风景区	16	长江
694		雅安陇西河上里古镇水利风景区	17	长江
695		南江玉湖水利风景区	17	长江
696		遂宁观音湖水利风景区	17	长江
697		凉山安宁湖水利风景区	18	长江
698		广安天意谷水利风景区	18	长江
699		巴中柳津湖水利风景区	18	长江

序号	行政隶属	景区名称	批次	流域机构
700		镇远县舞阳河水利风景区	1	长江
701		毕节市织金恐龙湖水利风景区	1	长江
702		岑巩县龙鳌河水利风景区	2	长江
703		贞丰县三岔河水利风景区	2	珠江
704		黄平县舞阳湖水利风景区	2	长江
705		长顺县杜鹃湖水利风景区	2	珠江
706		毕节市天河水利风景区	3	长江
707		贵阳市松柏山水利风景区	4	长江
708		龙里市生态科技示范园水利风景区	4	长江
709		贵阳市金茫林海水利风景区	7	长江
710		六盘水市明湖水利风景区	11	长江
711		关岭布依族苗族自治县木城河水利风景区	11	珠江
712		遵义市大板水水利风景区	11	长江
713		贵阳市永乐湖水利风景区	11	长江
714		沿河土家族自治县乌江山峡水利风景区	11	长江
715		罗甸县高原千岛湖水利风景区	11	珠江
716	贵州(34)	惠水县涟江水利风景区	12	珠江
717		剑河县仰阿莎湖水利风景区	12	长江
718		铜仁市锦江水利风景区	12	长江
719		施秉县舞阳河水利风景区	13	长江
720		织金县织金关水利风景区	13	长江
721		龙里莲花水利风景区	14	长江
722		锦屏三江水利风景区	15	长江
723		思南乌江水利风景区	15	长江
724		绥阳双门峡水利风景区	15	长江
725		大方奢香九驿水利风景区	15	长江
726		威宁草海水利风景区	16	长江
727		开阳清龙河水利风景区	16	长江
728		凯里清水江水利风景区	17	长江
729		福泉洒金谷水利风景区	17	长江
730		贵定金海雪山水利风景区	17	长江
731		铜仁白岩河水利风景区	18	长江
732		遵义茅台渡水利风景区	18	长江
733		黔南州雍江水利风景区	18	长江

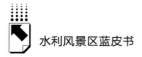
序号	行政隶属	景区名称	批次	流域机构
734		曲靖市珠江源水利风景区	2	长江
735		泸西县五者温泉水利风景区	2	珠江
736		普洱市梅子湖水利风景区	3	珠江
737		建水县绵羊冲水利风景区	5	珠江
738		景谷傣族彝族自治县昔木水库水利风景区	5	珠江
739		泸西县阿拉湖水利风景区	5	珠江
740		芒市孔雀湖水利风景区	5	长江
741		普洱市西盟县勐梭龙潭水利风景区	6	长江
742		保山市北庙湖水利风景区	6	长江
743		洱源县茈碧湖水利风景区	7	珠江
744		泸西县阿庐湖水利风景区	9	珠江
745	云南(23)	丘北县摆龙湖水利风景区	9	珠江
746		普洱市洗马河水利风景区	10	珠江
747		丽江市玉龙县拉市海水利风景区	11	长江
748		文山市君龙湖水利风景区	12	珠江
749		祥云县青海湖水利风景区	13	长江
750		宜良九乡明月湖水利风景区	15	长江
751		临沧冰岛水利风景区	15	长江
752		双柏查姆湖水利风景区	17	珠江
753		丘北纳龙湖水利风景区	17	珠江
754		丽江鲤鱼河水利风景区	18	长江
755		大姚蜻蛉湖水利风景区	18	长江
756		楚雄州青山湖水利风景区	18	长江
757		林芝市措木及日湖水利风景区	10	长江
758	西藏(3)	乃东区雅砻河谷水利风景区	13	长江
759		拉萨市拉萨河水利风景区	16	长江

序号	行政隶属	景区名称	批次	流域机构
760		铜川市锦阳湖水利风景区	2	黄河
761		汉中市石门水利风景区	2	长江
762		渭南市黄河魂水利风景区	3	黄河
763		安康市瀛湖水利风景区	4	长江
764		汉中市南郑区红寺湖水利风景区	4	长江
765		渭南市友谊湖休闲度假山庄水利风景区	5	黄河
766		西安市霸柳生态综合开发园水利风景区	5	黄河
767		商洛市丹江公园水利风景区	6	长江
768		潼关县金三角黄河水利风景区	6	黄河
769		汉中市城固县南沙湖水利风景区	7	长江
770		咸阳市郑国渠水利风景区	8	黄河
771		丹凤县龙驹寨水利风景区	9	长江
772		凤县嘉陵江源水利风景区	9	长江
773		宝鸡市千湖水利风景区	10	黄河
774		西安市汉城湖水利风景区	10	黄河
775		宝鸡市渭水之央水利风景区	11	黄河
776		商南县金丝大峡谷水利风景区	11	长江
777		太白县黄柏塬水利风景区	12	长江
778		西安市翠华山水利风景区	12	黄河
779		西安市灞桥湿地水利风景区	12	黄河
780	陕西(42)	宜川县黄河壶口瀑布水利风景区	13	黄河
781		神木市红碱淖水利风景区	13	黄河
782		鄠邑区金龙峡水利风景区	14	黄河
783		太白青峰峡水利风景区	14	黄河
784		合阳洽川水利风景区	14	黄河
785		丹凤桃花谷水利风景区	14	长江
786		柞水乾佑河源水利风景区	14	长江
787		西安世博园水利风景区	14	黄河
788		岐山岐渭水利风景区	14	黄河
789		汉阴凤堰古梯田水利风景区	14	长江
790		宝鸡太白山水利风景区	15	黄河
791		沣东沣河水利风景区	15	黄河
792		渭南卤阳湖水利风景区	15	黄河
793		眉县霸渭关中文化水利风景区	16	黄河
794		岚皋千层河水利风景区	16	长江
795		米脂高西沟水利风景区	16	黄河
796		延川乾坤湾水利风景区	17	黄河
797		西安渭河生态水利风景区	17	黄河
798		镇坪飞渡峡水利风景区	17	长江
799		安康任河水利风景区	18	长江
800		西安曲江池·大唐芙蓉园水利风景区	18	黄河
801		西安护城河水利风景区	18	黄河

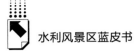

序号	行政隶属	景区名称	批次	流域机构
802		酒泉市金塔县鸳鸯池水库水利风景区	2	黄河
803		武威市凉州天梯山水利风景区	3	黄河
804		平凉市崆峒水库水利风景区	3	黄河
805		酒泉市赤金峡水利风景区	4	黄河
806		高台县大湖湾水利风景区	4	黄河
807		庄浪县竹林寺水库水利风景区	4	黄河
808		泾川县田家沟水利风景区	4	黄河
809		嘉峪关禹苑水利风景区	5	黄河
810		瓜州县瓜州苑水利风景区	5	黄河
811		临泽县双泉湖水利风景区	6	黄河
812		张掖市二坝湖水利风景区	6	黄河
813		张掖市大野口水库水利风景区	7	黄河
814		张掖市临泽县平川水库水利风景区	8	黄河
815		陇南市西和县晚霞湖水利风景区	8	黄河
816	甘肃(29)	山丹县李桥水库水利风景区	9	黄河
817		阿克塞县金山湖水利风景区	9	黄河
818		迭部县白龙江腊子口水利风景区	10	长江
819		临潭县冶力关水利风景区	10	黄河
820		民勤县红崖山水库水利风景区	11	黄河
821		敦煌市党河风情线水利风景区	11	黄河
822		甘肃庆阳南小河沟水利风景区	11	长江
823		玛曲县黄河首曲水利风景区	12	黄河
824		康县阳坝水利风景区	13	长江
825		卓尼县洮河水利风景区	13	黄河
826		两当云屏河水利风景区	14	长江
827		崇信龙泽湖水利风景区	14	黄河
828		肃南隆畅河风情线水利风景区	16	黄河
829		庆阳市庆阳湖水利风景区	16	黄河
830		景电水利风景区	17	黄河
831		互助土族自治县南门峡水库水利风景区	5	黄河
832		西宁市长岭沟水利风景区	5	黄河
833	青海(13)	黄南藏族自治州黄河走廊水利风景区	7	黄河
834		大通县黑泉水库水利风景区	8	黄河
835		循化县孟达天池水利风景区	8	黄河
836		互助县北山水利风景区	9	黄河

序号	行政隶属	景区名称	批次	流域机构
837	青海（13）	久治县年保玉则水利风景区	10	黄河
838		民和县三川黄河水利风景区	10	黄河
839		玛多县黄河源水利风景区	11	黄河
840		囊谦县澜沧江水利风景区	13	长江
841		海西州巴音河水利风景区	13	黄河
842		乌兰县金子海水利风景区	13	黄河
843		玉树通天河水利风景区	16	长江
844	宁夏（12）	青铜峡市唐徕闸水利风景区	4	黄河
845		中卫市沙坡头水利风景区	5	黄河
846		银川市艾依河水利风景区	6	黄河
847		石嘴山市星海湖水利风景区	7	黄河
848		灵武市鸭子荡水利风景区	10	黄河
849		石嘴山市沙湖水利风景区	11	黄河
850		中卫市腾格里湿地水利风景区	11	黄河
851		彭阳县茹河水利风景区	12	黄河
852		隆德县清流河水利风景区	13	黄河
853		银川市鸣翠湖水利风景区	13	黄河
854		彭阳阳洼流域水利风景区	16	黄河
855		银川黄河横城水利风景区	17	黄河
856	新疆（13）	拜城县克孜尔水库水利风景区	4	黄河
857		巴音郭楞州西海湾明珠水利风景区	4	黄河
858		伊犁州喀什河流域龙口水利风景区	5	黄河
859		和田市乌鲁瓦提水利风景区	5	黄河
860		吐鲁番市坎儿井水利风景区	6	黄河
861		塔城市喀浪古尔水利风景区	7	黄河
862		玛纳斯县石门子水库水利风景区	8	黄河
863		沙湾市千泉湖水利风景区	10	黄河
864		天山天池水利风景区	11	黄河
865		巩留县库尔德宁水利风景区	13	黄河
866		岳普湖县达瓦昆沙漠水利风景区	13	黄河
867		巩留县野核桃沟水利风景区	13	黄河
868		喀什吐曼河水利风景区	18	黄河

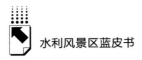

序号	行政隶属	景区名称	批次	流域机构
869		农八师石河子市北湖水利风景区	1	黄河
870		五家渠市青格达湖水利风景区	3	黄河
871		喀什市西海湾水库水利风景区	3	黄河
872		阿拉尔市塔里木多浪湖水利风景区	4	黄河
873	新疆兵团	阿克苏市千鸟湖水利风景区	4	黄河
874	（10）	奎屯市双湖水利风景区	4	黄河
875		石河子市巴音山庄水利风景区	5	黄河
876		石河子市桃源水利风景区	5	黄河
877		阿拉尔市塔里木祥龙湖水利风景区	5	黄河
878		北屯市福海县布伦托海西海水利风景区	6	黄河

注：资料数据来源由水利部景区办提供水利部公布的历年水利风景区名单。

B.13
2020年新增省级水利风景区

序号	省份	所在地区	景区名称
1	河北	沧州市	沧州捷地御碑苑水利风景区（大运河文化带）
2	辽宁	阜新市彰武县	彰武大清沟水利风景
3	吉林	辽源市东辽县	东辽县辽河水库水利风景区
4		白城市镇赉县	镇赉环城国家湿地公园（南湖）水利风景区
5	江苏	南京市	南京市溧水区无想寺水库水利风景区
6		无锡市	无锡市锡山区荡口古镇水利风景区
7		苏州市	苏州市石湖水利风景区
8		苏州市	苏州市吴江区潜龙渠水利风景区
9		盐城市	盐城市盐都区大马沟水利风景区
10		镇江市	镇江市谏壁抽水站水利风景区
11		泰兴市	泰兴市马甸水利枢纽水利风景区
12		金湖县	省石港抽水站水利风景区
13	福建	宁德市寿宁县	寿宁县斜滩水利风景区
14		邵武市	邵武市千岭湖水利风景区
15	江西	抚州市	宜黄县歌坪水利风景区
16		九江市都昌县	江西省鄱阳湖水文生态科技园水利风景区
17		九江市共青城市	鄱阳湖模型试验研究基地水利风景区
18	山东	济宁市高新区	济宁高新区十里水乡水利风景区
19		济宁市兖州区	济宁兖州区泗河水利风景区
20		济宁市金乡县	金乡县金沙湖水利风景区
21		山东省淄博市	山东水利技师学院萌源河水利风景区
22	河南	汝州市	汝州北汝河水利风景区
23		汝州市	汝州黄涧河水利风景区
24		洛阳市汝阳县	前坪水库水利风景区
25		信阳市	息县龙湖水利风景区
26	湖北	咸宁市	咸宁市通城云溪水库水利风景区
27	广西	桂林市灌阳县	灌阳县"红色沃土·幸福灌江"水利风景区

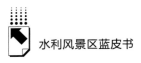

续表

序号	省份	所在地区	景区名称
28		德阳市	旌阳区邻姑泉水利风景区
29		德阳市	绵竹市鸳鸯湖水利风景区
30		德阳市	什邡市雍湖水利风景区
31	四川	广元市	朝天区双峡湖水利风景区
32		内江市	资中县沱江新画廊水利风景区
33		雅安市	石棉县安顺场水利风景区
34		雅安市	名山区月亮湖水利风景区
35		甘孜州	德格县温拖水利风景区

B.14
纳入国家4A级以上旅游景区的
国家水利风景区

序号	行政隶属	旅游景区名称	等级	水利风景区名称
1	水利部(1)	洛阳市黄河小浪底水利枢纽风景区	4A	黄河小浪底水利枢纽水利风景区
2	北京(1)	青龙峡旅游度假区	4A	怀柔区青龙峡水利风景区
3	天津(1)	天津欢乐谷	4A	东丽区东丽湖水利风景区
4	河北(7)	长寿山景区	4A	秦皇岛市燕塞湖水利风景区
5		沕沕水生态风景区	4A	平山县沕沕水水利风景区
6		武安京娘湖景区	4A	武安市京娘湖水利风景区
7		邢台前南峪生态旅游区	4A	邢台县前南峪生态水利风景区
8		襄都区紫金山景区	4A	邢台紫金山水利风景区
9		保定易水湖景区	4A	保定易水湖水利风景区
10		邯郸市广府古城景区	5A	邯郸广府古城水利风景区
11	山西(4)	汾河旅游区	4A	太原市汾河水利风景区
12		平顺县太行水乡风景区	4A	平顺县太行水乡水利风景区
13		盂县藏山风景区	4A	盂县藏山水利风景区
14		繁峙县滹源水利风景区	4A	繁峙县滹源水利风景区
15	内蒙古(6)	黄河三盛公水利风景区	4A	巴彦淖尔市黄河三盛公水利风景区
16		杭锦旗七星湖沙漠水利风景区	4A	鄂尔多斯市杭锦旗七星湖沙漠水利风景区
17		内蒙古敕勒川草原文化旅游区(哈素海)	4A	呼和浩特市敕勒川(哈素海)水利风景区
18		黄河河套文化旅游区	4A	巴彦淖尔市二黄河水利风景区
19		包头市南海湿地景区	4A	包头南海湿地水利风景区
20		鄂尔多斯马颤沟神龙寺水利风景区	4A	鄂尔多斯马颤沟神龙寺水利风景区

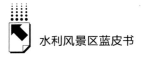
续表

序号	行政隶属	旅游景区名称	等级	水利风景区名称
21	辽宁(2)	喀左龙源湖旅游区	4A	喀左龙源湖水利风景区
22		苇海鼎翔生态旅游区	4A	兴隆台辽河鼎翔水利风景区
23	吉林(5)	净月潭风景名胜区	5A	长春市净月潭水库水利风景区
24		查干湖旅游度假区	4A	松原市查干湖水利风景区
25		鹭鸶湖旅游度假区	4A	东辽县鹭鸶湖水利风景区
26		嫩江湾国家湿地公园	4A	白城嫩江湾水利风景区
27		向海国家级自然保护区	4A	通榆向海水利风景区
28	黑龙江(10)	黑河市山口湖旅游景区	4A	五大连池市山口湖水利风景区
29		齐齐哈尔市龙沙公园	4A	齐齐哈尔市劳动湖水利风景区
30		哈尔滨太阳岛风景名胜区	5A	哈尔滨市太阳岛水利风景区
31		农垦当壁镇兴凯湖旅游度假区	4A	密山市当壁镇兴凯湖水利风景区
32		哈尔滨市白鱼泡湿地公园旅游区	4A	哈尔滨市白鱼泡水利风景区
33		鹤岗市清源湖旅游景区	4A	鹤岗市清源湖水利风景区
34		黑龙江新青国家湿地公园	4A	伊春市滨水新区水利风景区
35		伊春美溪回龙湾国家森林公园	4A	伊春回龙湾水利风景区
36		齐齐哈尔市泰来泰湖国家湿地公园旅游景区	4A	泰来泰湖水利风景区
37		哈尔滨市呼兰河口湿地公园景区	4A	呼兰河口水利风景区
38	上海(2)	淀山湖风景区(淀山湖湿地)	4A	青浦区淀山湖水利风景区
39		海湾区碧海金沙水利风景区	4A	海湾区碧海金沙水利风景区
40	江苏(22)	常州市天目湖景区	5A	溧阳市天目湖旅游度假水利风景区
41		江苏省徐州市云龙湖景区	5A	徐州市云龙湖水利风景区
42		淮安市洪泽湖古堰景区	4A	淮安市三河闸水利风景区
43		泰州市姜堰区溱湖旅游景区	5A	泰州市姜堰区溱湖水利风景区
44		南京金牛湖景区	4A	南京市金牛湖水利风景区
45		泰州市凤凰河水利风景区	4A	泰州市凤凰河水利风景区

续表

序号	行政隶属	旅游景区名称	等级	水利风景区名称
46		南京珍珠泉风景区	4A	南京市珍珠泉水利风景区
47		南京市天生桥景区	4A	南京市天生桥河水利风景区
48		徐州艾山九龙景区	4A	邳州市艾山九龙水利风景区
49		水绘园景区	4A	如皋市龙游水利风景区
50		江苏省连云港花果山景区	5A	连云港市花果山大圣湖水利风景区
51		盐城大纵湖旅游景区	4A	盐城市大纵湖水利风景区
52	江苏(22)	徐州市潘安湖湿地公园	4A	徐州潘安湖水利风景区
53		苏州昆山市锦溪古镇	4A	昆山明镜荡水利风景区
54		常州市天目湖景区	5A	溧阳南山竹海水利风景区
55		阜宁金沙湖旅游区	4A	阜宁金沙湖水利风景区
56		扬州运河三湾风景区	4A	扬州古运河水利风景区
57		宜兴市竹海风景区	4A	宜兴竹海水利风景区
58		淮安金湖荷花荡景区	4A	金湖荷花荡水利风景区
59		南京市玄武湖景区	4A	南京玄武湖水利风景区
60		泰州市凤城河风景区	4A	泰州凤城河水利风景区
61		淮安市涟水县五岛湖旅游区	4A	涟水五岛湖水利风景区
62		湖州太湖旅游度假区	4A	湖州市太湖水利风景区
63		浙江天台山风景名胜区	5A	台州市天台山龙穿峡水利风景区
64		湖州市安吉江南天池景区	4A	安吉县江南天池水利风景区
65		浙江玉环漩门湾国家湿地公园	4A	台州市玉环市玉环水利风景区
66	浙江(10)	遂昌县神龙谷景区	4A	遂昌县十八里翠水利风景区
67		松阳松阴溪景区	4A	松阳县松阴溪水利风景区
68		丽水市景宁中国畲乡之窗景区	4A	景宁畲族自治县畲乡绿廊水利风景区
69		雁荡山风景名胜区	5A	乐清中雁荡山水利风景区
70		丽水市云和梯田景区	4A	云和梯田水利风景区
71		浙中大峡谷	5A	金华浙中大峡谷水利风景区

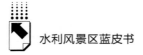

序号	行政隶属	旅游景区名称	等级	水利风景区名称
72		安徽省六安市万佛湖景区	5A	六安市龙河口（万佛湖）水利风景区
73		太平湖	4A	黄山市太平湖水利风景区
74		佛子岭景区	4A	六安市佛子岭水库水利风景区
75		龙子湖风景区	4A	蚌埠市龙子湖水利风景区
76		金寨县梅山水库景区	4A	金寨县梅山水库水利风景区
77		响洪甸水库景区	4A	六安市响洪甸水库水利风景区
78		花亭湖风景名胜区	4A	太湖县花亭湖水利风景区
79		青龙湾风景区	4A	宁国市青龙湾水利风景区
80		横排头风景区	4A	六安市横排头水利风景区
81		泾县桃花潭景区	4A	泾县桃花潭水利风景区
82		临淮岗景区	4A	霍邱县临淮岗工程水利风景区
83	安徽（28）	焦岗湖国家湿地公园	4A	郎溪县石佛山天子湖水利风景区
84		岳西天峡景区	4A	岳西县天峡水利风景区
85		滁州白鹭岛国际生态旅游度假区	4A	来安县白鹭岛水利风景区
86		大别山彩虹瀑布景区	4A	岳西大别山彩虹瀑布水利风景区
87		阜阳市颍上八里河景区	5A	颍上八里河水利风景区
88		合肥市肥东岱山湖度假区	4A	肥东岱山湖水利风景区
89		合肥滨湖国家森林公园	4A	合肥滨湖水利风景区
90		安徽悠然蓝溪文化旅游度假景区	4A	六安悠然蓝溪水利风景区
91		九华天池景区	4A	池州九华天池水利风景区
92		安徽皖南古村落景区	5A	黟县宏村·奇墅湖水利风景区
93		安徽宿州新汴河景区	4A	宿州新汴河水利风景区
94		芜湖陶辛水韵水利风景区	4A	芜湖陶辛水韵水利风景区
95		燕子河大峡谷区	4A	金寨燕子河大峡谷水利风景区
96		合肥市三河古镇景区	5A	肥西三河水利风景区
97		南陵大浦乡村世界	4A	南陵大浦水利风景区
98		石台县牯牛降风景区	4A	祁门牯牛降水利风景区
99		铜陵市天井湖景区	4A	铜陵天井湖水利风景区

续表

序号	行政隶属	旅游景区名称	等级	水利风景区名称
100	福建(13)	莆田市九鲤湖旅游区	4A	仙游县九鲤湖水利风景区
101		桃源洞风景名胜区	4A	永安市桃源洞水利风景区
102		福州市永泰天门山景区	4A	永泰县天门山水利风景区
103		龙岩市水上茶乡九鹏溪景区	4A	漳平市九鹏溪水利风景区
104		泰宁风景旅游区	5A	三明市泰宁水利风景区
105		南平市顺昌华阳山旅游景区	4A	顺昌县华阳山水利风景区
106		福建土楼—永定·南靖旅游景区	5A	南靖土楼水乡水利风景区
107		南平市邵武云灵山旅游景区	4A	邵武云灵山水利风景区
108		冠豸山风景名胜区	4A	连城冠豸山水利风景区
109		南平市天成奇峡旅游区	4A	邵武天成奇峡水利风景区
110		厦门天竺山森林公园	4A	厦门天竺山水利风景区
111		莆田市九龙谷生态旅游景区	4A	莆田九龙谷水利风景区
112		武平县梁野山风景区	4A	武平梁野山云礤溪水利风景区
113	江西(7)	庐山西海风景名胜区	5A	九江市庐山西海水利风景区
114		九仙湖风景区	4A	上饶市广丰区铜钹山九仙湖水利风景区
115		龟峰风景名胜区	5A	弋阳龟峰湖水利风景区
116		武宁西海湾景区	5A	武宁西海湾水利风景区
117		吉安市青原山景区	4A	吉安青原禅溪水利风景区
118		石城通天寨景区	4A	石城琴江水利风景区
119		江西省抚州市大觉山景区	5A	抚州大觉山水利风景区
120	山东(13)	枣庄滕州微山湖湿地红荷旅游区	4A	滕州市微山湖湿地红荷水利风景区
121		山东潍坊白浪河国家湿地公园	4A	潍坊市白浪河水利风景区
122		山东台儿庄运河国家湿地公园	4A	枣庄市台儿庄运河水利风景区
123		少海风景区	4A	胶州市少海水利风景区
124		泰山天颐湖旅游度假区	4A	泰安市天颐湖水利风景区
125		东平县东平湖景区	4A	东平县东平湖水利风景区
126		临沂天马岛旅游区	4A	莒南县天马岛水利风景区
127		沂南竹泉村旅游区	4A	沂南县竹泉水利风景区
128		单县浮龙湖生态旅游景区	4A	单县浮龙湖水利风景区
129		济宁市万紫千红生态养生旅游区	4A	泗水县万紫千红水利风景区
130		大乳山滨海旅游度假区	4A	乳山市大乳山水利风景区
131		泰安市泰山森林温泉旅游区	4A	泰安徂徕山汶河水利风景区
132		济宁市羊山古镇军事旅游区	4A	金乡羊山湖水利风景区

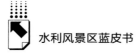

序号	行政隶属	旅游景区名称	等级	水利风景区名称
133	河南（12）	南湾湖风景区	4A	信阳市南湾湖水利风景区
134		焦作市云台山—神农山·青天河景区	5A	修武县云台山水利风景区
135		焦作市云台山—神农山·青天河景区	5A	焦作市博爱青天河水利风景区
136		安阳红旗渠·太行大峡谷旅游景区	5A	林州市红旗渠水利风景区
137		漯河市沙澧河景区	4A	漯河市沙澧河水利风景区
138		郑州黄河风景名胜区	4A	郑州市黄河生态水利风景区
139		焦作市武陟嘉应观景区	4A	武陟嘉应观黄河水利风景区
140		永城沱河日月湖水利风景区	4A	永城沱河日月湖水利风景区
141		周口太昊陵庙	4A	淮阳龙湖水利风景区
142		睢县北湖景区	4A	睢县北湖生态水利风景区
143		荥阳市古柏渡飞黄旅游区	4A	荥阳古柏渡南水北调穿黄水利风景区
144		安阳红旗渠·太行大峡谷旅游景区	5A	林州太行平湖水利风景区
145	湖北（6）	漳河风景名胜区	4A	荆门市漳河水利风景区
146		浧水旅游风景区	4A	荆州市浧水水利风景区
147		观音湖生态文化旅游度假区	4A	孝昌县观音湖水利风景区
148		长阳清江画廊景区	5A	长阳土家族自治县清江水利风景区
149		郧西天河旅游区	4A	郧西天河水利风景区
150		百里荒高山草原旅游区	4A	宜昌百里荒水利风景区
151	湖南（9）	长沙千龙湖生态旅游区	4A	长沙市千龙湖水利风景区
152		湖南阳明山国家森林公园	4A	双牌县阳明山水利风景区
153		紫鹊界梯田风景名胜区	4A	新化县紫鹊界水利风景区
154		衡阳市蔡伦竹海旅游风景区	4A	耒阳市蔡伦竹海水利风景区
155		常德柳叶湖旅游度假区	4A	常德市柳叶湖水利风景区
156		常德市清水湖旅游区	4A	汉寿清水湖水利风景区
157		东江湖风景名胜区	5A	资兴东江湖水利风景区
158		长沙市洋湖湿地公园	4A	长沙洋湖湿地水利风景区
159		永州浯溪碑林景区	4A	祁阳浯溪水利风景区

续表

序号	行政隶属	旅游景区名称	等级	水利风景区名称
160	广东（2）	清远市湟川三峡－龙潭文化生态旅游区	4A	连州市湟川三峡水利风景区
161		罗浮宫景区	4A	佛山乐从水利风景区
162	广西（5）	百色市德保县红叶森林旅游景区	4A	德保县鉴河水利风景区
163		来宾市象州古象旅游区	4A	象州县象江水利风景区
164		靖西龙潭鹅泉水利风景区	4A	靖西龙潭鹅泉水利风景区
165		都安澄江水利风景区	4A	都安澄江水利风景区
166		兴安灵渠景区	4A	桂林灵渠水利风景区
167	重庆（4）	重庆黔江小南海旅游景区	4A	黔江区小南海水利风景区
168		重庆市开州区汉丰湖景区	4A	开州区汉丰湖水利风景区
169		重庆璧山观音塘湿地公园	4A	璧山璧南河水利风景区
170		重庆丰都雪玉洞景区	4A	丰都龙河谷水利风景区
171	四川（18）	绵阳市仙海旅游景区	4A	绵阳市仙海水利风景区
172		尖山自然风景区	4A	自贡市尖山水利风景区
173		凉山州泸沽湖旅游景区	4A	盐源县凉山州泸沽湖水利风景区
174		青城山—都江堰旅游景区	5A	都江堰水利风景区
175		阿坝州汶川大禹文化旅游区	4A	汶川县水墨藏寨水利风景区
176		眉山市黑龙滩旅游景区	4A	眉山市黑龙滩水利风景区
177		南充市南部县升钟湖旅游景区	4A	南充市升钟湖水利风景区
178		大渡河金口大峡谷旅游景区	4A	乐山大渡河金口大峡谷水利风景区
179		乐山市犍为县嘉阳·桫椤湖景区	4A	犍为桫椤湖水利风景区
180		南充市蓬安县嘉陵第一桑梓旅游区	4A	蓬安嘉陵第一桑梓水利风景区
181		巴中市巴州区山水化湖景区	4A	巴中化湖水利风景区
182		西昌市邛海泸山风景名胜区	4A	西昌邛海水利风景区
183		泸州张坝桂圆林	4A	泸州张坝水利风景区
184		雅安市上里镇景区	4A	雅安陇西河上里古镇水利风景区
185		南江县醉美玉湖·七彩长滩旅游景区	4A	南江玉湖水利风景区
186		遂宁市观音湖湿地公园旅游景区	4A	遂宁观音湖水利风景区
187		广安市邻水县天意谷旅游景区	4A	广安天意谷水利风景区
188		诺水河风景名胜区	4A	巴中柳津湖水利风景区

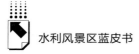

续表

序号	行政隶属	旅游景区名称	等级	水利风景区名称
189	贵州(7)	黔西南州贞丰三岔河景区	4A	贞丰县三岔河水利风景区
190		花溪天河潭景区	4A	毕节市天河水利风景区
191		毕节市威宁草海生态旅游度假区	4A	威宁草海水利风景区
192		黔南州福泉古城文化旅游景区	4A	福泉洒金谷水利风景区
193		黔南州贵定金海雪山景区	4A	贵定金海雪山水利风景区
194		遵义市仁怀中国酒文化城	4A	遵义茅台渡水利风景区
195		黔南州瓮安草塘千年古邑旅游区	4A	黔南州雍江水利风景区
196	云南(1)	普洱西盟勐梭龙潭景区	4A	普洱市西盟县勐梭龙潭水利风景区
197	陕西(18)	石门栈道景区	4A	汉中市石门水利风景区
198		瀛湖旅游景区	4A	安康市瀛湖水利风景区
199		郑国渠旅游景区	4A	咸阳市郑国渠水利风景区
200		丹江漂流	4A	丹凤县龙驹寨水利风景区
201		汉城湖公园	4A	西安市汉城湖水利风景区
202		陕西省商洛市金丝峡景区	5A	商南县金丝大峡谷水利风景区
203		陕西翠华山国家地质公园	4A	西安市翠华山水利风景区
204		黄河壶口瀑布风景名胜区	4A	宜川县黄河壶口瀑布水利风景区
205		神木红碱淖	4A	神木市红碱淖水利风景区
206		西安金龙峡风景区	4A	西安市鄠邑区金龙峡水利风景区
207				
208		陕西青峰峡森林公园	4A	太白青峰峡水利风景区
209		合阳洽川风景名胜区	4A	合阳洽川水利风景区
210		西安世博园	4A	西安世博园水利风景区
211		太白山旅游区	5A	宝鸡太白山水利风景区
212		延川县黄河乾坤湾旅游景区	4A	延川乾坤湾水利风景区
213		飞渡峡·黄安坝景区	4A	镇坪飞渡峡水利风景区
214		陕西西安大雁塔·大唐芙蓉园景区	5A	西安曲江池·大唐芙蓉园水利风景区
		西安城墙景区	5A	西安护城河水利风景区
215	甘肃(7)	玉门赤金峡旅游景区	4A	酒泉市赤金峡水利风景区
216		高台大湖湾文化旅游景区	4A	高台县大湖湾水利风景区
217		田家沟景区	4A	泾川县田家沟水利风景区
218		西和晚霞湖景区	4A	陇南市西和县晚霞湖水利风景区
219		临潭县冶力关风景区	4A	临潭县冶力关水利风景区
220		康县阳坝旅游景区	4A	康县阳坝水利风景区
221		裕固族旅游度假区	4A	肃南隆畅河风情线水利风景区

续表

序号	行政隶属	旅游景区名称	等级	水利风景区名称
222	青海(2)	青海北山国家森林公园	4A	互助县北山水利风景区
223		玉树称多拉布民俗村	4A	玉树通天河水利风景区
224	宁夏(6)	青铜峡黄河大峡谷旅游区	4A	青铜峡市唐徕闸水利风景区
225		中卫市沙坡头旅游景区	5A	中卫市沙坡头水利风景区
226		石嘴山市沙湖旅游景区	5A	石嘴山市沙湖水利风景区
227		腾格里沙漠湿地金沙岛旅游区	4A	中卫市腾格里湿地水利风景区
228		鸣翠湖国家湿地公园	4A	银川市鸣翠湖水利风景区
229		黄河横城旅游度假区	4A	银川黄河横城水利风景区
230	新疆(7)	乌鲁瓦提景区	4A	和田市乌鲁瓦提水利风景区
231		坎儿井乐园	4A	吐鲁番市坎儿井水利风景区
232		天山天池风景名胜区	5A	天山天池水利风景区
233		库尔德宁景区	4A	巩留县库尔德宁水利风景区
234		达瓦昆沙漠旅游风景区	4A	岳普湖县达瓦昆沙漠水利风景区
235		野核桃沟景区	4A	巩留县野核桃沟水利风景区
236		喀什地区喀什噶尔老城景区	5A	喀什吐曼河水利风景区
237	新疆建设兵团(1)	五家渠青格达湖旅游风景区	4A	五家渠市青格达湖水利风景区

B.15
纳入全国全域旅游示范区的
国家水利风景区

序号	行政隶属	批次	全域旅游示范区名称	水利风景区名称
1	北京市	首批	怀柔区	怀柔区青龙峡水利风景区
2		第二批	昌平区	昌平区十三陵水库水利风景区
3			门头沟区	门头沟区妙峰山水利风景区
4	河北省	首批	保定市易县	保定易水湖水利风景区
5		第二批	石家庄市平山县	平山县沕沕水水利风景区
6			秦皇岛市山海关区	秦皇岛市燕塞湖水利风景区
7			唐山市迁西县	迁西县潘家口水利风景区
8	山西省	第二批	晋城市泽州县	晋城市山里泉自然风光水利风景区
9	辽宁省	首批	本溪市桓仁满族自治县	本溪县关门山水利风景区
10	吉林省	第二批	梅河口市	梅河口市磨盘湖水利风景区
11			通化市集安市	集安市鸭绿江水利风景区
12	黑龙江省	首批	黑河市五大连池市	五大连池市山口湖水利风景区
13	上海市	首批	松江区	松江区松江生态水利风景区
14		第二批	青浦区	青浦区淀山湖水利风景区
15	江苏省	首批	徐州市贾汪区	徐州市金龙湖水利风景区
16		第二批	淮安市金湖县	金湖荷花荡水利风景区
17			无锡市宜兴市	宜兴市横山水库水利风景区
18			苏州市吴中区(2)	苏州市胥口水利风景区、苏州市旺山水利风景区
19			常州市溧阳市	溧阳市天目湖旅游度假水利风景区

续表

序号	行政隶属	批次	全域旅游示范区名称	水利风景区名称
20	浙江省	首批	湖州市安吉县(3)	湖州市安吉县天赋水利风景区、安吉县江南天池水利风景区、安吉县老石坎水库水利风景区
21			衢州市江山市(2)	江山市峡里湖水利风景区、江山市月亮湖水利风景区
22			宁波市宁海县	宁波市宁海县天河生态水利风景区
23		第二批	绍兴市新昌县	新昌县沃洲湖水利风景区
24			丽水市松阳县	松阳县松阴溪水利风景区
25			杭州市桐庐县	桐庐县富春江水利风景区
26	安徽省	首批	黄山市黟县	黟县宏村·奇墅湖水利风景区
27			六安市霍山县	六安市佛子岭水库水利风景区
28		第二批	六安市金寨县	金寨县梅山水库水利风景区
29	福建省	首批	福州市永泰县	永泰县天门山水利风景区
30			南平市武夷山市	武夷山市东湖水利风景区
31			龙岩市武平县	武平梁野山云礤溪水利风景区
32		第二批	三明市泰宁县	三明市泰宁水利风景区
33			三明市尤溪县	尤溪县闽湖水利风景区
34			泉州市德化县	德化县岱仙湖水利风景区
35	江西省	首批	吉安市井冈山市	井冈山市井冈湖水利风景区
36			抚州市资溪县	抚州大觉山水利风景区
37		第二批	赣州市石城县	石城琴江水利风景区
38			九江市武宁县	武陵岩桃源水利风景区
39			景德镇市昌江区	月亮湖水利风景区
40	山东省	首批	青州市(3)	青州市仁河水库水利风景区、青州弥河水利风景区、青州阳河水利风景区
41			济宁市曲阜市	曲阜沂河水利风景区
42		第二批	威海市荣成市	天鹅湖水利风景区
43			临沂市沂南县(2)	沂南县竹泉水利风景区、沂水河水利风景区
44			德州市齐河县	德州大清河水利风景区

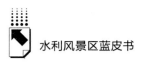

续表

序号	行政隶属	批次	全域旅游示范区名称	水利风景区名称
45	河南省	首批	焦作市修武县(2)	修武县云台山水利风景区
46			信阳市新县	信阳市香山湖水利风景区
47			济源市	济源沁龙峡水利风景区
48		第二批	安阳市林州市(2)	林州红旗渠水利风景区、太行平湖水利风景区
49			信阳市浉河区	信阳市南湾湖水利风景区
50			焦作市博爱县(2)	焦作市博爱青天河水利风景区
51	湖北省	首批	武汉市黄陂区	武汉市夏家寺水利风景区
52			恩施土家族苗族自治州恩施市	恩施市龙麟宫水利风景区
53			宜昌市夷陵区	宜昌百里荒水利风景区
54		第二批	黄冈市英山县	黄冈白莲河水利风景区
55	湖南省	首批	湘潭市韶山市	韶山市青年水库水利风景区
56		第二批	长沙市望城区	长沙市千龙湖水利风景区
57	广东省	第二批	梅州市梅县区	梅州市洞天湖水利风景区
58			韶关市仁化县	仁化县丹霞源水利风景区
59	广西壮族自治区	第二批	桂林市兴安县	桂林灵渠水利风景区
60	海南省	首批	保亭黎族苗族自治县	保亭毛真水库水利风景区
61	重庆市	首批	武隆区(2)	武隆区山虎关水库水利风景区、武隆阳水河水利风景区
62	四川省	首批	成都市都江堰市	都江堰水利风景区
63			广元市青川县	青川青竹江水利风景区
64	贵州省	首批	贵阳市花溪区	贵阳市松柏山水利风景区
65			六盘水市盘州市	六盘水市明湖水利风景区
66	西藏自治区	首批	拉萨市城关区	拉萨市拉萨河水利风景区
67	陕西省	第二批	安康市石泉县	安康市瀛湖水利风景区
68			商洛市柞水县	柞水乾佑河源水利风景区
69	甘肃省	首批	酒泉市敦煌市	敦煌市党河风情线水利风景区
70		第二批	平凉市崆峒区	平凉市崆峒水库水利风景区
71			嘉峪关市	嘉峪关禹苑水利风景区
72	宁夏回族自治区	首批	中卫市沙坡头区(2)	中卫市沙坡头水利风景区、中卫市腾格里湿地水利风景区
73		第二批	吴忠市青铜峡市	青铜峡市唐徕闸水利风景区
74			石嘴山市平罗县	石嘴山市沙湖水利风景区

续表

序号	行政隶属	批次	全域旅游示范区名称	水利风景区名称
75	新疆维吾尔自治区	首批	巴音郭楞蒙古自治州博湖县	巴音郭楞州西海湾明珠水利风景区
76	新疆生产建设兵团	第二批	第八师石河子市(3)	石河子市桃源水利风景区、石河子市巴音山庄水利风景区、农八师石河子市北湖水利风景区

注：截至 2020 年底，文化和旅游部发布了两批共 168 个国家全域旅游示范区。首批 2019 年 9 月 20 日发布，摘自《文化和旅游部关于公布首批国家全域旅游示范区名单的通知》，网址：http：//zwgk. mct. gov. cn/zfxxgkml/zykf/202012/t20201213_ 919409. html；第二批 2020 年 12 月 2 日发布，摘自《文化和旅游部关于公布第二批国家全域旅游示范区名单的通知（文旅资源发〔2020〕83 号）》，网址：http：//zwgk. mct. gov. cn/zfxxgkml/zykf/202012/t20201225_ 920093. htm。

B.16
纳入世界灌溉工程遗产的
国家水利风景区

序号	行政隶属	世界灌溉工程遗产名称	水利风景区名称	批准时间(年)
1	浙江	浙江丽水通济堰	丽水市南明湖及生态河川水利风景区	2014
2	福建	福建莆田木兰陂	莆田市木兰陂水利风景区	2014
3	湖南	湖南新化紫鹊界梯田	新化县紫鹊界水利风景区	2014
4	浙江	浙江湖州溇港	湖州吴兴太湖溇港水利风景区	2016
5	陕西	陕西泾阳郑国渠	咸阳市郑国渠水利风景区	2016
6	陕西	陕西汉中三堰(核心:山河古堰)	汉中市石门水利风景区	2017
7	宁夏	宁夏引黄古灌区	青铜峡市唐徕闸水利风景区	2017
8	福建	福建黄鞠灌溉工程	宁德霍童水利风景区	2017
9	四川	都江堰	都江堰水利风景区	2018
10	广西	灵渠	桂林灵渠水利风景区	2018
11	湖北	长渠	襄阳市三道河水镜湖水利风景区	2018
12	内蒙古	内蒙古河套灌区	巴彦淖尔市二黄河水利风景区	2019

注:世界灌溉工程遗产自2014年起开始评选,截至2020年,共入选24项。

B.17
纳入水利部水土保持科技示范园区的国家水利风景区

序号	行政隶属	水土保持科技示范园区名称	水利风景区名称
1	河北省	河北省邢台县前南峪科技园	邢台县前南峪生态水利风景区
2	山西省	山西省柳林县昌盛农场	吕梁市柳林县昌盛水保示范园水利风景区
3	江苏省	江苏省淮安市樱花园科技园	淮安市樱花园水利风景区
4	安徽省	安徽省凤台县茨淮新河八一林牧场	凤台县茨淮新河水利风景区
5	福建省	福建省龙岩市长汀科技园	长汀水土保持科教园水利风景区
6	福建省	福建省宁德市九都科技园	宁德水韵九都水利风景区
7	江西省	江西省水土保持科学研究院试验基地	德安江西水保生态科技园水利风景区
8	山东省	山东省广饶县孙武湖科技园	广饶县孙武湖水利风景区
9	山东省	山东省泗水县万紫千红科技园	泗水县万紫千红水利风景区
10	湖北	湖北省襄阳市三道河水库科技园	襄阳市三道河水镜湖水利风景区
11	湖北	湖北省竹山县霍河科技园	十堰太和梅花谷水利风景区
12	广东省	广东省茂名市小良科技园	茂名市小良水土保持水利风景区
13	广东省	广东省梅州市五华县科技园	梅州市洞天湖水利风景区
14	贵州省	贵州省龙里县羊鸡冲科技园	龙里市生态科技示范园水利风景区
15	陕西省	陕西省西安市汉城湖科技园	西安市汉城湖水利风景区
16	陕西省	陕西省咸阳市泾阳麦秸沟科技园	咸阳市郑国渠水利风景区
17	陕西省	陕西省商洛市丹凤县桃花谷科技园	丹凤桃花谷水利风景区
18	陕西省	陕西省米脂县高西沟科技园	米脂高西沟水利风景区
19	甘肃省	甘肃省泾川县田家沟科技园	泾川县田家沟水利风景区
20	甘肃省	黄委西峰站南小河沟试验场	甘肃庆阳南小河沟水利风景区
21	青海省	青海省西宁市长岭沟科技园	西宁市长岭沟水利风景区
22	宁夏区	宁夏彭阳县王洼科技园	彭阳阳洼流域水利风景区

注：水利部水土保持科技示范园区自 2007 年起已命名 146 个。

B.18
纳入全国水生态文明试点城市的国家水利风景区

	全国水生态文明建设（第一批试点验收城市）		
序号	行政隶属	试点	水利风景区
1	河北	邯郸市(5)	武安京娘湖水利风景区
			邯郸市东武仕水库水利风景区
			临漳邺城公园水利风景区
			魏县梨乡水城水利风景区
			邯郸广府古城水利风景区
2		邢台市(4)	邢台县凤凰湖水利风景区
			邢台县前南峪生态水利风景区
			邢台七里河水利风景区
			邢台紫金山水利风景区
3	内蒙古	乌海市(1)	乌海市乌海湖水利风景区
4	辽宁	大连市(1)	大连市碧流河水利风景区
5	吉林	吉林市(2)	吉林新安水库水利风景区
			吉林市松花江清水绿带水利风景区
6	黑龙江	哈尔滨市(6)	哈尔滨市白鱼泡水利风景区
			哈尔滨市西泉眼水利风景区
			哈尔滨市呼兰富强水利风景区
			哈尔滨市金河湾水利风景区
			哈尔滨长寿湖水利风景区
			哈尔滨市太阳岛水利风景区
7		鹤岗市(2)	鹤岗市清源水利风景区
			鹤岗市鹤立湖水利风景区
8	上海	青浦区(1)	青浦区淀山湖水利风景区
9	江苏	无锡市(3)	无锡市长广溪湿地水利风景区
			无锡新区梁鸿水利风景区
			无锡市梅梁湖水利风景区
10		徐州市(6)	徐州丁万河水利风景区
			徐州大沙河水利风景区
			徐州市金龙湖水利风景区

续表

全国水生态文明建设（第一批试点验收城市）			
序号	行政隶属	试点	水利风景区
10			徐州潘安湖水利风景区
			徐州市故黄河水利风景区
			徐州市云龙湖水利风景区
11		苏州市（2）	苏州市旺山水利风景区
			苏州市胥口水利风景区
12		扬州市（3）	扬州古运河水利风景区
			扬州市凤凰岛水利风景区
			扬州市瓜洲古渡水利风景区
13	浙江	宁波市（2）	宁波市宁海县天河生态水利风景区
			宁波东钱湖水利风景区
14		湖州市（3）	湖州市太湖水利风景区
			湖州市安吉县天赋水利风景区
			湖州吴兴太湖溇港水利风景区
15	福建	龙岩市长汀县（1）	长汀水土保持科教园水利风景区
16	江西	南昌市（1）	南昌市赣抚平原灌区水利风景区
17	山东	济南市（2）	济南百里黄河水利风景区
			济南市长清湖水利风景区
18		临沂市（2）	临沂市沂蒙湖水利风景区
			临沂沂沭河水利风景区
19	河南	郑州市（4）	河南黄河花园口水利风景区
			郑州市黄河生态水利风景区
			荥阳古柏渡南水北调穿黄水利风景区
			郑州龙湖水利风景区
20		许昌市（4）	许昌市白沙水库水利风景区
			禹州市颍河水利风景区
			许昌曹魏故都水利风景区
			许昌鹤鸣湖水利风景区
21	湖南	长沙市（5）	长沙市湘江水利风景区
			长沙市千龙湖水利风景区
			长沙市皂市水利风景区
			长沙市宁乡市黄材水库水利风景区
			长沙洋湖湿地水利风景区
22		郴州市（1）	郴州四清湖水利风景区

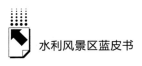

续表

全国水生态文明建设（第一批试点验收城市）

序号	行政隶属	试点	水利风景区
23	广东	广州市（2）	广州白云湖水利风景区
			广州花都湖水利风景区
24	广西	南宁市（2）	南宁市大王滩水利风景区
			南宁市天雹水库水利风景区
25	海南	琼海市（1）	琼海合水水库水利风景区
26	重庆	永川区（1）	永川区勤俭水库水利风景区
27	四川	成都市	都江堰水利风景区
28		泸州市（1）	泸州张坝水利风景区
29	贵州	黔西南布依族苗族自治州（1）	贞丰县三岔河水利风景区
30	云南	普洱市（1）	普洱市洗马河水利风景区
31	陕西	西安市（8）	西安市霸柳生态综合开发园水利风景区
			西安市汉城湖水利风景区
			西安市翠华山水利风景区
			西安市灞桥湿地水利风景区
			西安世博园水利风景区
			西安渭河生态水利风景区
			西安曲江池·大唐芙蓉园水利风景区
			西安护城河水利风景区
32	甘肃	张掖市（3）	张掖市二坝湖水利风景区
			张掖市大野口水库水利风景区
			张掖市临泽县平川水库水利风景区
33	青海	西宁市（1）	西宁市长岭沟水利风景区
34	宁夏	银川市（3）	银川市艾依河水利风景区
			银川市鸣翠湖水利风景区
			银川黄河横城水利风景区

全国水生态文明建设（第二批试点验收城市）

序号	行政隶属	试点	水利风景区
1	北京	门头沟区（1）	门头沟区妙峰山水利风景区
2	内蒙古	呼伦贝尔市（1）	牙克石市凤凰湖水利风景区
3	辽宁	铁岭市（1）	铁岭凡河水利风景区

序号	行政隶属	试点	水利风景区
			全国水生态文明建设（第二批试点验收城市）
4	吉林	长春市（4）	长春市新立湖水利风景区
			长春市石头口门水库水利风景区
			长春市净月潭水库水利风景区
			长春双阳湖水利风景区
5		白城市（2）	白城嫩江湾水利风景区
			白城市嫩水韵白水利风景区
6		南通市（1）	如皋市龙游水利风景区
7		淮安市（6）	淮安市三河闸水利风景区
			淮安市水利枢纽水利风景区
			淮安市古运河水利风景区
			淮安市樱花园水利风景区
			淮安市清晏园水利风景区
			淮安市古淮河水利风景区
8	江苏	泰州市（4）	泰州市引江河水利风景区
			泰州市凤凰河水利风景区
			泰州千垛水利风景区
			泰州凤城河水利风景区
9		宿迁市（3）	宿迁宿城古黄河水利风景区
			宿迁市中运河水利风景区
			宿迁六塘河水利风景区
10		盐城市（2）	盐城市通榆河枢纽水利风景区
			盐城市大纵湖水利风景区
11		温州市（2）	永嘉黄檀溪水利风景区
			乐清中雁荡山水利风景区
12		衢州市（3）	衢州市信安湖水利风景区
			衢州马金溪水利风景区
			衢州市乌溪江水利风景区
13	浙江	嘉兴市（1）	嘉兴海盐鱼鳞海塘水利风景区
14		丽水市（5）	丽水市南明湖及生态河川水利风景区
			云和梯田水利风景区
			景宁畲族自治区畲乡绿廊水利风景区
			松阳县松阴溪水利风景区
			遂昌县十八里翠水利风景区

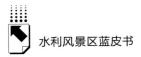

续表

全国水生态文明建设（第二批试点验收城市）

序号	行政隶属	试点	水利风景区
15	安徽	合肥市（1）	合肥滨湖水利风景区
16		芜湖市（2）	芜湖市滨江水利风景区
			芜湖陶辛水韵水利风景区
17		蚌埠市（2）	蚌埠市龙子湖水利风景区
			蚌埠市淮河蚌埠闸枢纽水利风景区
18		淮南市（1）	淮南市焦岗湖水利风景区
19		全椒县（1）	全椒襄河水利风景区
20		利辛县（1）	亳州市白鹭洲水利风景区
21	福建	莆田市（2）	莆田市木兰陂水利风景区
			莆田九龙谷水利风景区
22		南平市（1）	南平市延平湖水利风景区
23	江西	萍乡市（1）	萍乡市明月湖水利风景区
24	山东	青岛市（3）	胶州三里河公园水利风景区
			莱西市莱西湖水利风景区
			胶州市少海水利风景区
25		滨州市（6）	滨州市中海水利风景区
			山东滨州黄河水利风景区
			滨州市三河湖水利风景区
			滨州市小开河灌区水利风景区
			滨州秦皇河水利风景区
			滨州韩墩引黄灌区水利风景区
26		泰安市（3）	泰安徂徕山汶河水利风景区
			泰安市天平湖水上公园水利风景区
			泰安市天颐湖水利风景区
27		烟台市（2）	烟台芝罘大沽夹河水利风景区
			烟台牟平沁水河水利风景区
28	河南	洛阳市（4）	黄河小浪底水利枢纽水利风景区
			洛阳市陆浑湖水利风景区
			河南故县洛宁西子湖水利风景区
			洛阳孟津黄河水利风景区
29		焦作市（4）	焦作市群英湖水利风景区
			河南孟州黄河开仪水利风景区
			焦作市博爱青天河水利风景区
			武陟嘉应观黄河水利风景区
30		南阳市（2）	南阳市龙王沟水利风景区
			南阳市鸭河口水库水利风景区

续表

序号	行政隶属	试点	水利风景区
			全国水生态文明建设(第二批试点验收城市)
31	湖北	武汉市(3)	武汉市夏家寺水利风景区
			武汉市江滩水利风景区
			武汉金银湖水利风景区
32		襄阳市(1)	襄阳市三道河水镜湖水利风景区
33		潜江市(1)	潜江田关岛水利风景区
34	湖南	湘西州凤凰县(1)	凤凰县长潭岗水利风景区
35		芷江侗族自治县(1)	芷江侗族自治县和平湖水利风景区
36		株洲市(1)	株洲湘江风光带水利风景区
37	广东	惠州市(1)	惠州市白盆湖水利风景区
38		珠海市(1)	珠海竹洲水乡水利风景区
39	广西	桂林市(1)	桂林灵渠水利风景区
40	海南	保亭黎族苗族自治县(1)	保亭毛真水库水利风景区
41	重庆	璧山区(2)	璧山区大沟水库水利风景区
			璧山璧南河水利风景区
42	四川	遂宁市(2)	遂宁市琼江源水利风景区
			遂宁观音湖水利风景区
43		乐山市(1)	乐山大渡河金口大峡谷水利风景区
44	贵州	贵阳市(3)	贵阳市松柏山水利风景区
			贵阳市金茫林海水利风景区
			贵阳市永乐湖水利风景区
45		黔南州(1)	黔南州雍江水利风景区
46	云南	丽江市(2)	丽江市玉龙县拉市海水利风景区
			丽江鲤鱼河水利风景区
47	甘肃	敦煌市(1)	敦煌市党河风情线水利风景区
48	宁夏	石嘴山市(1)	石嘴山市星海湖水利风景区

注：全国水生态文明城市是水利部按照党中央关于生态文明建设的部署要求，2013 年、2014 年启动了 105 个水生态文明城市建设试点，探索了不同类型的水生态文明建设模式和经验；2018 年、2019 年水利部通过全国水生态文明建设试点验收城市分别有 41 个和 58 个。

B.19
纳入国家水情教育基地的
国家水利风景区

序号	行政隶属	国家水情教育基地名称	水利风景区名称	年份批次
1	江苏	河道总督府(清晏园)	淮安市清晏园水利风景区	2016 年第一批
2	内蒙古	黄河水利文化博物馆	巴彦淖尔市二黄河水利风景区	
3	江苏	宿迁水利遗址公园	宿迁六塘河水利风景区	
4	山东	戴村坝	东平县东平湖水利风景区	2017 年第二批
5	水利部	小浪底水利枢纽工程	黄河小浪底水利枢纽水利风景区	
6	河南	驻马店市"75.8"防洪教育基地	驻马店市板桥水库水利风景区	
7	四川	都江堰水利工程	都江堰水利风景区	
8	宁夏	宁夏水利博物馆	青铜峡市唐徕闸水利风景区	
9	江苏	江都水利枢纽工程	江都区水利枢纽水利风景区	
10	河南	红旗渠	林州市红旗渠水利风景区	
11	江苏	泰州引江河工程	泰州市引江河水利风景区	
12	湖北	长渠	襄阳市三道河水镜湖水利风景区	
13	湖南	韶山灌区	湘潭韶山灌区水利风景区	
14	内蒙古	黄河三盛公水利枢纽	巴彦淖尔市黄河三盛公水利风景区	2019 年第三批
15	湖北	三峡试验坝陆水水利枢纽工程	陆水水库水利风景区	
16	陕西	汉城湖	西安市汉城湖水利风景区	
17	浙江	太湖溇港文化展示馆	湖州吴兴太湖溇港水利风景区	
18	新疆	新疆坎儿井研究会吐鲁番坎儿井乐园	吐鲁番市坎儿井水利风景区	
19	江西	江西水土保持生态科技园	德安江西水保生态科技园水利风景区	

续表

序号	行政隶属	国家水情教育基地名称	水利风景区名称	年份批次
20	广西	广西桂林市灵渠	桂林灵渠水利风景区	
21	湖北	湖北武汉节水科技馆	武汉市江滩水利风景区	
22	湖北	长江丹江口水利枢纽工程	丹江口大坝水利风景区	
23	山东	山东沂蒙水利建设展览馆（沂蒙水文化博物馆）	临沂市沂蒙湖水利风景区	
24	福建	福建长汀县水土保持科教园	长汀水土保持科教园水利风景区	2020 年第四批
25	湖北	湖北蕲春县大同水库	蕲春大同水库水利风景区	
26	江苏	江苏安澜展示园（淮安水利枢纽）	淮安市水利枢纽水利风景区	
27	河北	河北保定水利博物馆	保定易水湖水利风景区	
28	青海	青海玉树"三江源"水情教育基地	玉树通天河水利风景区	

注：水利部 2016 年到 2020 年已批准第一批（8 家）、第二批（12 家）、第三批（14 家）和第四批（29 家）国家水情教育基地，共 63 家。

B.20
纳入水工程与水文化有机融合
案例的国家水利风景区

序号	案例名称	管理单位名称	水利风景区名称	时间
1	江苏省江都水利枢纽工程	江苏省江都水利工程管理处	江都区水利枢纽水利风景区	2017年（第一届）
2	浙江省曹娥江大闸枢纽工程	浙江省绍兴市曹娥江大闸管理局	绍兴市曹娥江大闸水利风景区	
3	福建省莆田市木兰陂水利工程	福建省莆田市木兰溪防洪工程建设管理处	莆田市木兰陂水利风景区	
4	河南省郑州市黄河花园口险工工程	河南省郑州黄河河务局惠金黄河河务局	河南黄河花园口水利风景区	
5	重庆市开州区水位调节坝工程	重庆市开州区水位调节坝管理处	开州区汉丰湖水利风景区	
6	四川省都江堰水利工程	四川省都江堰管理局	都江堰水利风景区	
7	陕西省西安市汉城湖综合治理工程	陕西省西安市西北郊城市排洪渠道管理中心	西安市汉城湖水利风景区	
8	宁夏回族自治区艾依河水利工程	宁夏回族自治区艾依河管理局	银川市艾依河水利风景区	
9	陆水试验枢纽	长江陆水试验枢纽管理局	陆水水库水利风景区	2019年（第二届）
10	小浪底水利枢纽工程	小浪底水利枢纽管理中心	黄河小浪底水利枢纽水利风景区	
11	黄河三盛公水利枢纽工程	内蒙古自治区黄河工程管理局	巴彦淖尔市黄河三盛公水利风景区	
12	三河闸与洪泽湖大堤工程	江苏省洪泽湖水利工程管理处	淮安市三河闸水利风景区	
13	泰州引江河高港枢纽	江苏省泰州引江河管理处	泰州市引江河水利风景区	
14	泉州市金鸡拦河闸	泉州市金鸡拦河闸管理处	泉州金鸡拦河闸水利风景区	
15	人民胜利渠	河南省人民胜利渠管理局	武陟嘉应观黄河水利风景区	

注：资料来源水利部文明委 2017 年《关于水工程与水文化有机融合案例的通报》和 2019 年《关于第二届水工程与水文化有机融合案例的通报》。

B.21
纳入示范河湖的国家水利风景区

序号	行政隶属	示范河湖	水利风景区
1	江苏省	徐州市大沙河丰县段	徐州大沙河水利风景区
2	山东省	临沂市沂河	沂河刘家道口枢纽水利风景区
3	重庆市	丰都县龙河	丰都龙河谷水利风景区
4	四川省	西昌市邛海	西昌邛海水利风景区
5	甘肃省	石羊河	民勤县红崖山水库水利风景区
6	贵州省	赤水河	遵义茅台渡水利风景区
7	福建省	莆田市木兰溪	莆田市木兰陂水利风景区
8	黑龙江省	松花江佳木斯段	佳木斯市柳树岛水利风景区

注：资料来源 2019 年 11 月水利部办公厅《关于开展示范河湖建设的通知》；网址：http：//www. gov. cn/xinwen/2019 – 11/11/content_ 5450971. htm。

B.22

"十三五"时期各地水利风景区相关政策法规

序号	名称	颁布时间	核心内容	颁布单位
1	《福建省水利风景区管理办法》(福建省人民政府令第169号)	2016.1	水利风景区建设是水生态文明建设的重要组成部分,属社会公益性事业,其主要功能是保护水资源、修复水生态、弘扬水文化,维护水利工程、普及水利科技,开展水生态文明教育,发展水生态旅游	福建省人民政府
2	《关于加快推进水利风景区建设的意见》(陕政办发[2016]70号)	2016.7	统筹生态文明建设与水利基础设施建设,有计划、有重点地建设一批水利风景区,形成布局合理、类型齐全、管理科学、效益显著的精品水利风景区,覆盖全省主要江河、湖泊和大中型水利工程的水利风景区网络体系	陕西省人民政府办公厅
3	江苏南京市政府关于印发《南京市生态保护补偿办法》的通知	2016.9	第九条重要生态保护区域补偿实行综合补偿与分类补偿有机结合的方式,该条目涉及水利风景区补偿标准条款	南京市人民政府
4	《滨州市水利风景区管理办法》(2016年滨州市人民政府令第2号/2019年滨州市人民政府令第6号修正)	2016.12/2019.8	水利风景区建设是水生态文明建设的重要组成部分,属社会公益性事业,其主要功能是保护水资源、发展水生态旅游、维护水生态环境;水利风景区建设和保护管理资金以政府投资为主;实行多渠道筹集。鼓励社会资本投资建设水利风景区	山东省滨州市人民政府

264

续表

序号	名称	颁布时间	核心内容	颁布单位
5	《关于印发四川省水利风景区(河湖公园)建设发展规划的通知》	2016.12	提出 2025 年前,我省将重点打造岷江、嘉陵江、长江四川段三个重点风光带,并建成 18 个精品水利风景区,60 个重点水利风景区,334 个一般水利风景区	四川省水利厅、发展改革委、环保厅、旅游发展委
6	《福建省水利风景资源评价标准》(DB35/T 1627-2016)	2016.12	标准规定水利风景资源类型体系,以及水利风景资源评价的技术与方法	福建省水利厅
7	《湖北省水利发展"十三五"规划》	2016.12	第七章加强水生态文明建设,维护河湖健康中提出:要推进绿色水能资源开发;加强水文化建设。推进水利风景区创建,打造一批工程安全有保障、生态环境效益显著、改善人居环境明显、水利科普文化特色鲜明的国家级和省级水利风景区	湖北省人民政府
8	《关于健全生态保护补偿机制的实施意见》(川办发[2016]109 号)	2016.12	探索开展水利风景区生态补偿试点,建立以市场机制和社会投入为主的多元化补偿机制	四川省人民政府办公厅
9	《关于全面深化落实河长制进一步加强治水工作的若干意见》(浙委办发[2017]12 号)	2017.6	提升河道水环境改造。实施河湖绿道、景观绿带、堤防闸坝水环境治理等工程。开展河湖综合整治,创建以河湖或水利工程为依托的国家水利风景区 8 处,实现河湖环境整洁优美、水清岸绿	浙江省人民政府
10	《关于创建精品示范水利风景区的指导意见》	2017.9	形成一批水利精神、水文化、水文化底蕴深厚的水文化型精品示范水利风景区	福建省水利厅
11	《江苏省生态河湖行动计划(2017—2020 年)》(苏政发[2017]130 号)	2017.10	推进水利风景区等建设,到 2020 年,新建省级以上水利风景区 55 家	江苏省人民政府
12	《广西创建全域旅游示范区工作方案》(桂政办发[2018]7 号)	2018.1	旅游与农业、林业、水利融合;打造特色旅游景区;提升旅游住宿品质;实施旅游绿环境绿化美化工程	广西壮族自治区人民政府

续表

序号	名称	颁布时间	核心内容	颁布单位
13	《福建省水利风景区评价标准》(DB35/T1692-2017)	2018.1	现有行业标准(SL300-2013)基础上,结合本省实际制定	福建省水利厅
14	《南通市水利工程管理条例》	2018.3	第二十五条市、县(市、区)人民政府应当以水利工程为依托,根据其风景资源与环境条件,对可以开展观光、娱乐、休闲、度假或者科普、文化、教育等活动的区域,建设水利风景区,并加强管理	南通市人民代表大会常务委员会
15	《关于加快推进水利风景区建设的指导意见》(大水河库[2018]43号)	2018.3	为深入贯彻落实党的十九大关于生态文明建设的战略部署,积极践行"绿水青山就是金山银山"的绿色发展理念,加快推进水利风景区建设,提高大连市水利风景资源开发利用水平	大连市水务局
16	《江西省耕地草地河湖休养生息规划》	2018.3	结合水利风景区,五河等重要江河源头生态空间保护与修复,实施退耕还湖还湿,封育河源、水源涵养等措施,确定水源涵养保护区范围,在边界设立明确的地理界标志和警示标志,强化人河湖排污口监管和整治	江西省国土资源厅
17	《吉林省2018年河长制、湖长制考评细则》	2018.4	着力开展水生态系统保护和修复考核项目中赋予水利风景区建设与管理相关工作10分的加分项	吉林省河长制办公室
18	《吉林省水利厅印发关于加快水利旅游产业发展的实施意见》	2018.7	明确发展目标到2020年,全省共建成省级水利风景区60家以上,其中:国家级水利风景区30家以上	吉林省水利厅
20	《四川省河湖公园评价规范》(DB51-1/T2503-2018)	2018.8	河湖公园是指由政府划定和管理的河流、湖泊及其沿岸山林、农田、城市(村镇)水系等,以保护性利用河湖及其沿岸地区自然资源和人文资源及其景观为目的,兼有环境保护、科普教育、游憩、社区发展,科学研究等功能,实现河湖及其沿岸资源有效保护和合理利用的特定区域	四川省水利厅

续表

序号	名称	颁布时间	核心内容	颁布单位
21	《关于全面落实湖长制的实施意见》（川委办〔2018〕33号）	2018.10	加快河湖公园（水利风景区）、水美新村等建设，为建设美丽四川，推动形成人与自然和谐发展现代化建设新格局提供制度保障	四川省人民政府
22	《关于进一步推进全省"厕所革命"工作的意见》（川办发〔2018〕88号）	2018.11	加强全省风景名胜区、水利风景区、地质公园、森林公园、乡村旅游景区、博物馆等厕所建设与管理，其设计、建设与改造要与当地文化元素、地域特色相融合	四川省人民政府
23	关于印发《四川省河湖公园建设试点实施方案（2019—2025年）》	2018.12	各地按照《四川省水利风景区（河湖公园）建设发展规划（2016—2025年）》提出的建设任务，建设时序结合当地实际开展河湖公园试点建设	四川省水利厅
24	《关于大力发展文旅经济 加快建设文化强省旅游强省的意见》	2019.4	推动文旅与农业、林业、水利、气象等融合发展。依托自然生态资源、特色文化资源、乡村文化资源，发展具有旅游功能的定制农业、特色农业、会展农业、家庭农场，支持发展山地度假、森林观光、水利旅游，建设美丽休闲乡村、农业公园、湿地公园、河湖公园、森林公园、森林人家、森林小镇、水利风景区、水美新村、专题博物馆、艺术村，试点建设一批中国天然氧吧、省级气象公园，特色气候小镇	四川省人民政府
25	《吉林省2019年河湖长制考核细则》（吉河办〔2019〕17号）	2019.6	把全面完成河湖"清四乱"且无反弹，超额完成河湖管理范围划定任务，河湖长制工作受到上级表彰，健全各项制度，水利风景区各项制度，积极申报水利风景区等设为50分的加分项	吉林省河长制办公室
26	《云南省美丽河湖建设行动方案（2019—2023年）》（云南省总河长令第5号）	2019.6	要推进水利风景区建设，推出生态环境优美、文化品位较高的一批精品、重点水利风景区，助推传统水利转型升级，助力全省产业发展	云南省河长制办公室

267

续表

序号	名称	颁布时间	核心内容	颁布单位
27	《福建省水利风景区标识系统建设技术指南》(DB35/T1834－2019)	2019.7	规定水利风景区标识牌建设的基本原则,分类与建设内容,制作与安装以及管理	福建省水利厅
28	关于印发《贵州省加快生态旅游发展实施意见》的通知(黔旅改组发〔2019〕4号)	2019.12	加强生态游产品建设中,推动水利旅游示范项目建设,要结合实际推进水利工程设施绿化改造,打造一批水利旅游风景道等建设。要推进水生态绿道建设,开发水利工程科普展示,水科普博览,水文化博物馆等项目	贵州省旅游发展和改革领导小组
29	《河南省大运河文化保护传承利用实施规划》	2020.1	核心区指大运河主河道流经的40个县(市、区);拓展区指主河道流经的洛阳,郑州,开封,商丘,焦作,新乡,鹤壁,安阳,濮阳9个省辖市除核心区之外的地域范围;辐射区指除核心区和拓展区之外的省域范围	河南省人民政府办公厅
30	江苏省《关于促进大运河文化带建设的决定》(江苏省人大常委会公告第25号)	2020.1	十一,县级以上地方人民政府及其生态环境,水利,住房和城乡建设等部门应当采取有效措施完善基础设施建设,提升水功能区水质,提高考核断面水质达标率;恢复和改善陆生,水生动物生存环境,保护生物多样性;建设水利风景区和美丽乡村,打造水文化地标	江苏省人民政府
31	《河北省河湖保护和治理条例》(河北省第十三届人民代表大会第三次会议通过)	2020.3	第二十六条明确"鼓励各地结合水利工程的兴建和改造,建设水利风景区,改善水生态环境,拓展水利的社会服务功能。"	河北省人民政府
32	《2020年云南省全面推行河(湖)长制工作要点》(云南省总河长令第6号)	2020.3	组织推进一批湖泊,河流(河段)水库水源地,水利风景区的美丽河湖评估工作,营造河湖造福人民的良好氛围	云南省河长制办公室
33	关于印发《2020年全省河湖管理工作要点》的通知	2020.3	第一章"美丽河湖"建设中将水利风景区建设作为重点工作	浙江省水利厅办公室

续表

序号	名称	颁布时间	核心内容	颁布单位
34	《2020年四川省全面深化河长制湖长制工作要点》	2020.3	继续推进河湖公园建设改革试点和美丽新村建设	四川省河长制办公室
35	关于印发《关于加强美丽示范河湖建设的指导意见（试行）》的通知（鲁河长办字〔2020〕2号）	2020.3	加强水文化挖掘、保护和弘扬，加强水文化科普和宣传教育，组织重点媒体进行宣传与广泛传播报道，营造公众共同参与的良好氛围，打造有文化气息的河湖，不断满足人民日益提高的文化生活需求	山东省河长制办公室
36	《浙江省大运河文化保护传承利用实施规划》	2020.4	覆盖杭州、宁波、湖州、嘉兴、绍兴五市沿大运河的25个县（市、区），"1+5"战略定位成为了浙江大运河文化带建设的重要依托	浙江省发展改革委、自然资源厅、文化和旅游厅、宣传部等
37	《吉林省2020年河长制湖长制考核细则》（吉河办〔2020〕9号）	2020.4	数考核区域内获批1处国家级水利风景区得10分，获批1处省级水利风景区得5分的加分项	吉林省河长制办公室
38	《吉林省2020年河长制湖长制工作要点》	2020.4	继续推进河湖型水利风景区创建	吉林省河长制办公室
39	《吉林省创建"美丽河湖"活动方案》	2020.4	结合水利风景区创建，融人治水精神、地域人文、特色风貌等形成河湖水文化	吉林省河长制办公室
40	关于印发《吉林省省级水利风景区复核评价工作方案》的通知（吉水河函〔2020〕16号）	2020.5	对全省41个评满3年评价"吉林省水利风景区"开展复核评价；复核评价不合格取消"吉林省水利风景区"称号，备子摘牌	吉林省水利厅
41	《关于促进乡村旅游高质量发展若干措施的通知》（桂政办发〔2020〕44号）	2020.7	依托森林、水域、医药等资源发展康养旅游，建设森林人家、水利风景区和乡村康养小镇	广西壮族自治区人民政府办公厅
42	关于印发《云南省美丽河湖评定指南（试行）》的通知	2020.7	在推进美丽河湖建设的分类中，将水利风景区作为类型之一推进建设工作	云南省河（湖）长制领导小组

续表

序号	名称	颁布时间	核心内容	颁布单位
43	关于印发《辽宁省"大禹杯"（河湖长制）竞赛考评方案》的通知	2020.7	奖项设置中将水利风景区作为加分项	辽宁省人民政府办公厅
44	印发《关于高质量建设万里碧道的意见》	2020.7	广东万里碧道是以水为纽带，以江河湖库及河口岸边带为载体，统筹生态、安全、文化、景观和休闲功能建立的复合型廊道	广东省委广东省人民政府
45	《关于深入推进美丽江苏建设的意见》	2020.8	着力塑造"水韵江苏"人文品牌	江苏省人民政府
46	《江苏省水利风景区评价规范》（DB32/T3840－2020）	2020.8	调整扩充评价指标，增加对水利主体功能、水利文化科普建设的评价内容，突出强调主控型指标的导向作用，使其更精准地指导风景区当前建设管理和未来提质增效工作	江苏省水利厅
47	关于印发《海南省水利风景区建设工作方案》的通知	2020.9	积极探索"互联网＋水利风景区""文化创意＋水利风景区"等融合创游模式，推进水利风景区建设不断提档升级	海南省水务厅河湖管理处
48	《江苏省大运河河道水系治理管护专项规划》	2020.9	江苏省大运河文化保护传承利用实施规划专项规划，助力大运河打造成高品位的文化长廊、高颜值的生态长廊、高水平的旅游长廊	江苏省水利厅
49	《贵州省水利＋旅游融合发展规划》	2020.11	水利工程以利用水资源为主要目的，通过科学合理利用水资源，进而使水资源得到更好的保护，与风景名胜区、湿地公园、森林公园、自然保护区等各种自然型水利，释放水利的旅游价值和对开放水利的旅游资源利用，重点研究在水利建设当中应如何有效选择性地融入旅游元素，为旅游业的发展搭建平台	贵州省水利厅和文化和旅游厅
50	《省级美丽示范河湖评定标准及评分细则（试行）》	2020	将水利风景区作为加分项	山东省河长制办公室
51	《省级美丽示范河湖评定办法（试行）》	2020	省级美丽示范河湖是指责任体系完善、基础工作扎实、管理保护规范、水域岸线空间管控严格、河湖管护成效明显、河湖文化内涵提升的河湖	山东省河长制办公室

Abstract

The Development Report of China Water Parks (2021) is divided into four parts: general report, special reports, typical reports and appendix, consisting of a total of twenty-two chapters.

The general report analyzes the basic situation, management situation, development characteristics and existing problems of the development of China water Parks during the "13th Five-Year Plan" period, especially in 2020, summarizes the development results and basic experience, grasps the development opportunities and challenges, forecasts the development trend, and prospects countermeasures and suggestions. The special report elaborates the connotation, ideas, tasks and measures of high-quality development of Water Parks, discusses the thinking of the planning of Water Parks in the new era, prospects the development ideas of Water Parks under the background of rural revitalization strategy, and analyzes the implementation approaches of the protection, inheritance and utilization of water conservancy heritage of the Yellow River Basin Water Parks. The high-quality development measures of Water Parks under the construction of the Grand Canal cultural belt in Jiangsu Province are discussed.

The development report of typical provincial cities and scenic spots summarized the typical practice results and experiences of water conservancy landscape construction and management in Henan and Fujian provinces, and put forward the countermeasures and suggestions. The typical practice results and experiences of construction and management of Sanhezha Water Park in Huai'an, Qingyang Lake Water Park in Qingyang and Tai Lake Lougang Water Park in Wuxing district, Huzhou are analyzed.

Keywords: Water Parks; Poverty-alleviation; Integrative Development

Contents

General Report

Abstract：2020 is the year to achieve the goal of building a moderately prosperous society in an all-round way, and the year to win the battle against poverty as well as the end of the 13th five-year plan. This report focuses on the development trends of Water Parks in 2020 and the construction achievements during the "Thirteenth Five-Year Plan" period. This paper makes a comprehensive analysis on the amount, structure and distribution of Water Parks, the management status of institutions, systems, planning and publicity, and the development characteristics of innovation driven, integrated development, co-construction and sharing. The shortcomings of Water Parks in management system, high-quality development and cultural excavation are put forward; Based on the four dimensions of ecology, economy and society, culture and poverty alleviation, the development effect of Water Parks was summarized. Focusing on integrated development, coordinated innovation, strengthening supervision, expanding platform and promoting culture, this paper summarizes the basic experience of Water Parks. On this basis, closely linked to the national macro policy, industry and social hot spots, fully grasp the opportunities and challenges faced by the development of Water Parks, predict the new pattern, new situation,

new trend and new normal of the future development of Water Parks, and put forward the countermeasures and suggestions to promote the high-quality development of Water Parks.

Keywords: Water Parks; Integrative Development; Poverty-alleviation

Special Report

B. 2   Connotation, Ideas, Tasks and Measures of High-quality

Development of Water Parks   / 043

Abstract: The high-quality water resources and good ecological environment of Water Parks provide strong support for high-quality development. This report puts forward the connotation of high-quality development of Water Parks with the goal of improving people's well-being and continuously providing high-quality water conservancy ecological products. It also clarifies the general idea of Building Water Parks with quality upgrading, balanced development and efficient management. The main tasks for the high-quality development of high-quality scenic spots, cultural scenic spots, and smart scenic spots have been clarified, as well as the main measures to promote high-quality development, such as strengthening supervision, classification guidance, optimizing layout, cultural and tourism integration, highlighting demonstrations, and innovating systems and mechanisms, so as to provide for the development of Water Parks.

Keywords: Water Parks; High-quality Development; Water Conservancy Ecological Products

B. 3   Consideration on the Planning of Water Parks in the

New Era   / 061

Abstract: The new era of ecological civilization put forward new

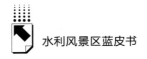

requirements for Water Park Planning. This report summarizes the planning requirements of each development stage of Water Park, puts forward the fundamental follow, main purpose pursuit, goal orientation and basic principles of Water Park Planning in the new era. It also clarifies the planning development concept, planning coordination, convergence ideas, key construction contents and other compilation problems. The report analyzes the planning principles, planning scope and functional zoning of Water Park in the new era construction projects and measures, providing basic research for the planning of Water Parks in the new era.

Keywords: Water Parks; Planning Compilation; Ecological Civilization

B.4　Ideas for the Development of Water Parks under the

　　Background of Rural Revitalization　　　　　　／082

Abstract: As an important carrier of water conservancy industry to support Rural Revitalization Strategy, Water Parks provide a foundation for improving rural living environment, inheriting local culture and helping rural industrial transformation and development. This report combs the construction requirements of Water Parks under the background of rural revitalization, analyzes the effectiveness of construction and problems of Water Parks. Starting from rural Water infrastructure and comprehensive of rural environment and cultural science construction, the main tasks for the development of Water Parks are proposed from the aspects of consolidating and upgrading existing scenic spots, creating scenic spots, as well as cultivating model scenic spots. It provides ideas for the development of Water Parks under the background of Rural Revitalization.

Keywords: Water Parks; Rural Revitalization; Rural Culture

B.5　Construction and Protection of Water Parks of Yellow River Basin, as well as the Inheritance and Utilization of Water Conservancy Heritage　　　　　　　　　/ 093

Abstract: The water conservancy heritage in the Yellow River Basin is an important embodiment of the Yellow River culture, an important resource for the construction of Water Parks in the Yellow River Basin, and an important starting point for telling the "Yellow River story" in the new era. Based on the cognition of the current situation of the water conservancy heritage resources' development and the construction of Water Parks in the Yellow River Basin, group development, coordination of the protection and development, the construction path of Water Parks is proposed from the perspective of the value of water conservancy heritage in the Yellow River Basin. Also, from the perspective of heritage investigation, protection and restoration, the paper puts forward protection and utilization strategies. From the aspects of infrastructure construction, tour line design and cultural tourism product development, the paper proposes cultural tourism promotion strategies. From the dimensions of connotation expression and image promotion, the paper puts forward communication expression strategies.

Keywords: Water Parks; The Yellow River Basin; Water Heritage

B.6　Research on the High-quality Development of Water Parks from the Perspective of the Construction of the Grand Canal Cultural Belt
—Taking Jiangsu Province as an example　　　　　　/ 107

Abstract: The construction of Water Parks is not only a vivid practice to boost the construction of the Grand Canal cultural belt, but also an important carrier of the construction of the Grand Canal National Cultural Park. Starting

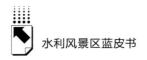

from the relationship between the Grand Canal cultural belt and the construction of Water Parks, this paper focuses on combing the water conservancy scenic resource base, the current situation and achievements of the construction of Water Parks in the Grand Canal cultural belt (Jiangsu section). Thus revealing the common problems faced by the construction and development of Water Parks in the Grand Canal cultural belt, and analyzing the objective situation of the development of Water Parks in the Grand Canal cultural belt to explore the future development goal of the scenic spot as well as put forward the development measures and implementation guarantee in order to provide reference for high-quality construction and development of the Grand Canal cultural belt Water Park.

Keywords: Water Parks; Grand Canal Cultural Belt; High-quality Development

Development Report of Typical Provinces and Scenic Areas

B.7 Development Report of Water Parks in Henan Province

/ 127

Abstract: Henan province is across the Huai river, the Yangtze river, the Yellow River, the Hai river basin, the water conservancy scenery resources is rich, the people live near the water, the city is built according to the water, the civilization rises because of the water. In the past two decades, Henan Province has actively promoted the construction of Water Parks, and achieved remarkable achievements, which greatly met the increasing needs of the people for a better life. This report fully analyzes the present situation of Henan water Park development basis, summarizes the main results obtained, analysis of the current main problems and facing opportunity and challenge, and prospects the development situation and direction of the Water Parks, and from the sound system and mechanism, strengthening supervision and management, supplement the connecting the short board, etc, put forward the corresponding countermeasures

and Suggestions.

Keywords: Water Park; Henan Province; The Yellow River Basin

B.8   Development Report of Water Park in Fujian Province

/ 148

Abstract: the mountainous terrain, warm and humid climate and scattered water conservancy projects have created rich water conservancy landscape resources in Fujian. In recent years, Fujian Water Park has achieved great development, which has contributed to promoting the construction of ecological civilization, promoting economic and social development, and meeting the increasing needs of the people for a better life. This report comprehensively analyzes the development status of Fujian Water Park, summarizes the experience and practice in the construction and management of Water Park and the main results achieved, studies the current existing deficiencies and the situation and opportunities faced, and looks into the development direction of Water Park. And put forward countermeasures and suggestions from the aspects of strengthening top-level design, improving supervision ability, creating "Happy River and Lake Scenic Spot", and integrating and innovating development.

Keywords: Water Park; Development; Happy Rivers and Lakes

B.9   Development Report of Sanhezha Water Park in Huai'an

/ 165

Abstract: Three River Sluice Water Park has a beautiful ecological environment, a long history of water engineering and a profound water culture. Since it was established as a national Water Park in 2003, relying on the sluice, levee, lake, river, four characteristic resources fully tap which contain natural and

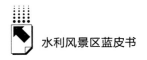
cultural resources, effective integration of cohesive material and hongze lake levee engineering, the two big engineering area and distinctive linkage development, made significant cultural, economic, social and ecological benefits, The company has accumulated good practical experience in planning and guidance, building high-quality products, focusing on ecology, focusing on culture, diversified investment and win-win cooperation.

Keywords: Sanhezha Water Park; Water Conservancy Project; Water Culture

B.10　Development Report of Qingyang Lake Water Park in Qingyang　　　　　　　　　　　　　/ 178

Abstract: Qingyang Lake Water Park in Qingyang is built on Qingyang Lake and North Lake rainwater collection and storage and soil and water conservation projects. It is a water and soil conservation type scenic area based on the gully terrain of Dongzhi tableland and has the benefit of fixing ditches and preserving tableland. The scenic spot has explored and formed a multi-dimensional development mode of " Party building leading, government leading, multi-organizing, and residents' participation ". It has effectively utilized rainwater resources according to local conditions, improved the city's flood control ability, prevented soil erosion, and provided water source guarantee for agricultural irrigation and urban ecological water. To form a collection of urban flood control, agricultural irrigation, water and soil conservation, gully fixing and tableland protection, comprehensive utilization of water resources, ecological environment education, fitness and leisure and other functions as one of the water Park.

Keywords: Qingyang Lake Water Park; Water and Soil Conservation; Solid Groove Tableland

B. 11　Development Report of Taihu Lake Lougang Water Park in
　　　　Wuxing District, Huzhou　　　　　　　　　　　　　/ 191

Abstract：Wuxing Taihu Lake Lougang Water Park in Huzhou is an irrigation area-type Water Parks built on the basis of "World Irrigation Engineering Heritage-Taihu Lake Lougang". Since its establishment as a national Water Park approved by the Ministry of Water Resources in 2017, the administrative departments at all levels have adhered to the original intention and mission of serving the revitalization of the countryside, and strived to transform the scenic area's "beautiful ecology" and "beautiful resources" into a "beautiful economy", and basically achieved The development goal of "make the environment more beautiful, make the industry more prosperous, and make the people richer". At the same time, the integration of the construction of the scenic spot and the protection of the world's irrigation engineering heritage fully reflect the connotative characteristics and cultural heritage of the scenic spot, which has made the comprehensive image of Taihu Lougang Water Park in Wuxing comprehensively improved, becoming a city that realizes Huzhou's water ecological civilization as well as an important support for the integrated development of beautiful countryside and lakeside.

Keywords：Taihu Lake Lougang Water Park; Hengtang Zonglou; World Irrigation Engineering Heritage

IV　Appendices

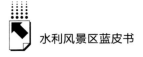

权威报告·一手数据·特色资源

皮书数据库
ANNUAL REPORT(YEARBOOK)
DATABASE

分析解读当下中国发展变迁的高端智库平台

所获荣誉

- 2019年，入围国家新闻出版署数字出版精品遴选推荐计划项目
- 2016年，入选"'十三五'国家重点电子出版物出版规划骨干工程"
- 2015年，荣获"搜索中国正能量 点赞2015""创新中国科技创新奖"
- 2013年，荣获"中国出版政府奖·网络出版物奖"提名奖
- 连续多年荣获中国数字出版博览会"数字出版·优秀品牌"奖

成为会员

　　通过网址www.pishu.com.cn访问皮书数据库网站或下载皮书数据库APP，进行手机号码验证或邮箱验证即可成为皮书数据库会员。

会员福利

- 已注册用户购书后可免费获赠100元皮书数据库充值卡。刮开充值卡涂层获取充值密码，登录并进入"会员中心"—"在线充值"—"充值卡充值"，充值成功即可购买和查看数据库内容。
- 会员福利最终解释权归社会科学文献出版社所有。

数据库服务热线：400-008-6695
数据库服务QQ：2475522410
数据库服务邮箱：database@ssap.cn
图书销售热线：010-59367070/7028
图书服务QQ：1265056568
图书服务邮箱：duzhe@ssap.cn

社会科学文献出版社 皮书系列
SOCIAL SCIENCES ACADEMIC PRESS (CHINA)
卡号：867516118819
密码：

基本子库
SUB DATABASE

中国社会发展数据库（下设 12 个子库）

整合国内外中国社会发展研究成果，汇聚独家统计数据、深度分析报告，涉及社会、人口、政治、教育、法律等 12 个领域，为了解中国社会发展动态、跟踪社会核心热点、分析社会发展趋势提供一站式资源搜索和数据服务。

中国经济发展数据库（下设 12 个子库）

围绕国内外中国经济发展主题研究报告、学术资讯、基础数据等资料构建，内容涵盖宏观经济、农业经济、工业经济、产业经济等 12 个重点经济领域，为实时掌控经济运行态势、把握经济发展规律、洞察经济形势、进行经济决策提供参考和依据。

中国行业发展数据库（下设 17 个子库）

以中国国民经济行业分类为依据，覆盖金融业、旅游、医疗卫生、交通运输、能源矿产等 100 多个行业，跟踪分析国民经济相关行业市场运行状况和政策导向，汇集行业发展前沿资讯，为投资、从业及各种经济决策提供理论基础和实践指导。

中国区域发展数据库（下设 6 个子库）

对中国特定区域内的经济、社会、文化等领域现状与发展情况进行深度分析和预测，研究层级至县及县以下行政区，涉及省份、区域经济体、城市、农村等不同维度，为地方经济社会宏观态势研究、发展经验研究、案例分析提供数据服务。

中国文化传媒数据库（下设 18 个子库）

汇聚文化传媒领域专家观点、热点资讯，梳理国内外中国文化发展相关学术研究成果、一手统计数据，涵盖文化产业、新闻传播、电影娱乐、文学艺术、群众文化等 18 个重点研究领域。为文化传媒研究提供相关数据、研究报告和综合分析服务。

世界经济与国际关系数据库（下设 6 个子库）

立足"皮书系列"世界经济、国际关系相关学术资源，整合世界经济、国际政治、世界文化与科技、全球性问题、国际组织与国际法、区域研究 6 大领域研究成果，为世界经济与国际关系研究提供全方位数据分析，为决策和形势研判提供参考。

法律声明

　　"皮书系列"（含蓝皮书、绿皮书、黄皮书）之品牌由社会科学文献出版社最早使用并持续至今，现已被中国图书市场所熟知。"皮书系列"的相关商标已在中华人民共和国国家工商行政管理总局商标局注册，如LOGO（ ）、皮书、Pishu、经济蓝皮书、社会蓝皮书等。"皮书系列"图书的注册商标专用权及封面设计、版式设计的著作权均为社会科学文献出版社所有。未经社会科学文献出版社书面授权许可，任何使用与"皮书系列"图书注册商标、封面设计、版式设计相同或者近似的文字、图形或其组合的行为均系侵权行为。

　　经作者授权，本书的专有出版权及信息网络传播权等为社会科学文献出版社享有。未经社会科学文献出版社书面授权许可，任何就本书内容的复制、发行或以数字形式进行网络传播的行为均系侵权行为。

　　社会科学文献出版社将通过法律途径追究上述侵权行为的法律责任，维护自身合法权益。

　　欢迎社会各界人士对侵犯社会科学文献出版社上述权利的侵权行为进行举报。电话：010-59367121，电子邮箱：fawubu@ssap.cn。

社会科学文献出版社